文化引领与信念坚守

 陈辉　主编

中国海洋大学出版社

·青岛·

图书在版编目（CIP）数据

文化引领与信念坚守 / 陈辉主编 . —青岛：中国
海洋大学出版社，2023.10

ISBN 978-7-5670-3406-8

Ⅰ . ①文… Ⅱ . ①陈… Ⅲ . ①中小学教育－教育研究
Ⅳ . ① G632.0

中国国家版本馆 CIP 数据核字（2023）第 190269 号

WENHUA YINLING YU XINNIAN JIANSHOU
文化引领与信念坚守

出版发行	中国海洋大学出版社
社　　址	青岛市香港东路 23 号　　　　邮政编码　266071
出 版 人	刘文菁
网　　址	http://pub.ouc.edu.cn
电子信箱	appletjp@163.com
订购电话	0532－82032573（传真）
责任编辑	滕俊平　　　　　　　　　　　电　　话　0532－85902342
装帧设计	青岛汇英栋梁文化传媒有限公司
印　　制	青岛国彩印刷股份有限公司
版　　次	2023 年 10 月第 1 版
印　　次	2023 年 10 月第 1 次印刷
成品尺寸	185 mm × 260 mm
印　　张	16.25
字　　数	368 千
印　　数	1—3000
定　　价	69.00 元

发现印装质量问题，请致电 0532-58700166，由印刷厂负责调换。

▶ 2018 年 1 月，阳信县"三名"建设工程第五次专业成长论坛举办

▶ 2018 年 7 月，阳信县名教师、名班主任人选到鲁迅故里研学

▶ 2019 年 3 月，阳信县"三名"建设工程第六次专业成长论坛举办

▶ 2020 年 9 月，阳信县教育干部"三专"提升培训暨第七次"三名"人选专业成长论坛举办

▶ 2020 年 9 月，阳信县第七次"三名"建设工程论坛表彰命名第三批名校长、名班主任、名教师

▶ 2018 年 7 月，阳信县义务教育段名教师、名班主任人选到浙江大学进行集中培训

▶ 2018 年 5 月，阳信县"三名"建设工程小学教师第二协作组在商店镇进行送培志愿服务

▶ 2018 年 6 月，阳信县"支持乡村振兴三名人选送培志愿服务"中小学校长协作组研讨会召开

▶ 2019 年 11 月，省市县三级名师及人选工作座谈会召开

▶ 2019 年 11 月，阳信县 2019 届新教师进行入职第二阶段集中培训

▶ 2018 年 7 月，阳信县名校长人选及全县教育干部到嘉兴南湖中共一大会址接受党性教育

▶ 2019 年 6 月，《现代教育》刊发阳信专刊

▶ 2020 年 9 月，山东省教育厅官网对阳信县"三名"建设工程进行了宣传报道

▶ 2021 年 5 月，阳信县"三名"建设工程初中教师第一协作组进行研讨交流活动

▶ 2021 年 5 月，阳信县"三名"建设工程小学教师第一协作组进行研讨交流活动

▶ 2018 年 7 月，阳信县高中名班主任、名教师人选及中层干部参加新高考相关研修班培训

▶ 2020 年 8 月，阳信县"齐鲁名师""齐鲁名校长"人选参加全省集中培训

▶ 2020 年 9 月，"三名"人选进行经典诵读

▶ 2020 年 9 月，阳信县"三名"建设工程部分人选荣退仪式

▶ 2020 年 10 月，《中国教育报》宣传阳信二中的办学业绩

▶ 2019 年 9 月，"三名"人选在阳信县庆祝教师节晚会上倾情演绎《花开三名》

▶ 自 2018 年 11 月，阳信县名教师丁雪莲被选派赴加拿大埃德蒙顿孔子学院支教

▲2018 年 8 月，董雯雯入选教育部乡村优秀青年教师培养奖励计划

▶ 2019 年 12 月至 2020 年 4 月，"齐鲁名校长"朱洪彬赴新加坡南洋理工大学研修

▶ 2020—2021 年，阳信县名班主任张艳飞发表的部分作品

▶ 2021 年 7 月，阳信县义务教育段名班主任、名教师人选到南京师范大学进行集中培训

▶ 2021 年 7 月，阳信县教体局局长刘兆忠参加县义务教育段名班主任、名教师人选暑期培训开班典礼并讲话

▶ 2021 年 7 月，阳信县名班主任、名教师人选考察南京行知小学

▶ 2021 年 7 月，阳信县新入职教师培训导师团中的部分"三名"人选受到表彰

▶ 2021 年 10 月，阳信县义务教育段"三名"人选暨教育干部"三专"提升培训活动举行

阳信县"名校长名班主任名教师"建设工程核心文化

工程主题

师德和师能兼修　生命与使命同行

工作目标

传播先进理念　引领专业发展　奠基未来名家　追梦教育幸福

培养途径

理论提升　专家引领　同伴互助　自我反思

会徽解读

以专业发展为导向,以阅读积累为根基,用爱心和责任在中小学校长、班主任、任课教师三个专业领域精心培养名副其实的学术带头人。会徽以绿色铺边,时刻提醒我们铭记"教育是农业而不是工业",要心怀敬畏之心,尊重教育规律,遵循人才成长规律,守望一方净土,建设绿色、环保工程。

生命因使命而精彩

  作为教育人，一直以来，我对自己曾经工作过的阳信县魂牵梦绕，尤其让我感到自豪和幸福的是"阳信教育"这张亮丽名片。历届阳信县委、县政府高度重视教育工作，阳信教育人默默奉献，初心如磐，不断书写阳信教育的光明未来。正是这张名片成就了阳信孩子的美好未来，正是这张名片提升了阳信教师队伍的幸福指数，加快了阳信教师队伍建设的步伐。

  如何让教师队伍建设朝着最优化方向发展？阳信县教育和体育局（简称"教体局"）立足现实、着眼未来、科学规划，构建了县域整体连贯推进"名师、名班主任、名校长"培养发展新模式，创造性地贯彻了国家倡导的建设县域教师专业发展支持服务体系的要求，为经济欠发达地区的教师队伍建设和教育高质量发展提供了宝贵经验与典型案例。

  阳信县"三名"建设工程牢牢把握"师德和师能兼修，生命与使命同行"的主题，以"传播先进理念、引领专业发展、奠基未来名家、追梦教育幸福"为工作目标，走"理论提升、专家引领、同伴互助、自我反思"之路，在修为与逐梦、守正与创新中走过了十年荣耀征程，无愧为国家教育体制改革试验区试点项目的成功范例，值得我们所有教育人借鉴学习、推广应用。

  十年征程，阳信"三名"人心怀仁爱之心，启迪学生心智，以教育家为榜样，坚守教育初心，引导学生全面发展，引领教师队伍专业发展。十年征程，阳信"三名"人扎实努力，在研读经典中感悟智慧，在培训学习中汲取知识，在跟岗研修中体验管理，在成长论坛中交流心得。十年征程，阳信县"三名"建设工程团队已发展到 400 多人，各人选得到最优化发展，切实引领了全县教师队伍的专业化发展。

  一路走来，阳信"三名"人有心铸血浇的艰辛跋涉，有矢志不渝的默默耕耘，

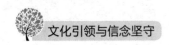

更有梦想成真的累累硕果。一路走来,阳信"三名"人依次达到了"制度设计与创新培养""生命价值与教育情怀""文化引领与信念坚守"三重境界,品牌效应凸显。截至目前,阳信县有"山东省特级教师"4人、"齐鲁名校长"4人、"齐鲁名师"8人、"齐鲁名班主任"3人、"渤海英才·十佳滨州名师"11人。他们都出自阳信县"三名"建设工程团队。

　　捧读这本《文化引领与信念坚守》,我深深地感受到阳信县教育和体育局对阳信县"三名"建设工程的高端定位,真实领略到阳信"三名"人的教育情怀,切实体悟到阳信"三名"人的教育理念。本书中的典型经验、研修体会、教育艺术、教研论文和读书心得等,展现了阳信教育人"躬耕教坛、强国有我"的志向和抱负,展现了阳信"三名"人大力弘扬教育家精神的"大先生"品格和胸怀。

　　我们相信,在阳信"三名"人的引领下,阳信教育一定会点亮每一个阳信孩子的心灵,引领他们逐梦远方。阳信教育呵护下的生命一定会无比幸福和异常精彩!

滨州市教育局党组书记、局长 李火

2023 年 7 月

目录

1

领导讲话

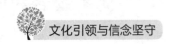
千里求学，续航赋能浴火重生
牢记使命，为党育人为国育才

阳信县教育和体育局党组书记、局长　刘兆忠

尊敬的邵院长、张主任，各位"三名"人选：

在两地培训机构的精心运作下，山东省阳信县义务教育段"三名"人选第四次集中培训班今天在享有"东方最美丽校园"美誉的南京师范大学随园校区正式开班了。我谨代表山东省阳信县教育和体育局对培训班的顺利开班表示热烈祝贺，对南京师范大学教师教育学院管理团队所做的准备和付出，对前来授课的邵泽斌副院长等专家表示衷心感谢！

阳信地处鲁北平原，总面积793平方千米，总人口46万，现有各级各类中小学88所，在校生60000余人，专任教师4100余名。自2010年开始实施"名校长名班主任名教师"建设工程（简称"三名"建设工程），秉承"为阳信未来教育家奠基"的培养目标，致力于探索经济欠发达地区干部、教师专业发展的新路径。2011年4月，"三名"建设工程被确定为国家教育体制改革试验区试点项目；近年来涌现出一批在区域有一定影响力的学科领军人物。王立新受聘担任国家教育行政学院及山东省"互联网＋教师专业发展"信息技术应用能力培训专家；董雯雯被教育部遴选确定为全国首批乡村优秀青年教师奖励培养计划人选；2019年5月，在第三期"齐鲁名校长"、第四期"齐鲁名师"评选中，我县有三位校长、四位教师入选；总结我县"三名"建设工程实践探索与成果的《文化引领与信念坚守》一书继《生命价值与教育情怀》《制度设计与培养创新》出版后即将付梓。

江苏自古文化底蕴雄厚，名人大家英才辈出、群星灿烂。如今江苏基础教育均衡发展，"苏派"教育引领全国。南京师范大学是中国高等师范教育在南方的发祥地，是享誉全国的名校。经过反复考察，局党组慎重做出决定，2021年的"三名"建设工程培训请南京师范大学帮助设计和规划。今天我与部分局班子成员带领全县义务教育段"三名"人选100余人，怀着虔诚的心来到南京师范大学，就是要学习南京师范大学引领教师专业成长的"真经"，领悟"苏派"教育的成功经验，以期突破"三名"人选专业发展的瓶颈，引领阳信基础教育实现高质量发展。在此，对全体学员提出三点希望和要求。

第一，提高政治站位，强化使命担当。全国上下依然沉浸在庆祝中国共产党百年华诞的喜庆氛围中，培训班在历史文化名城南京拉开帷幕，具有特殊的意义。"滚滚长江淘尽千古英雄，虎踞龙盘今胜昔，天翻地覆慨而慷！"希望各位人选牢记立德树人初心，不忘为党育人、为国育才使命，通过四天的培训，德业兼修，融会贯通，勇于清零，为培养堪当民族复兴大任的时代新人而续航赋能，浴火重生。

第二，坚持底线思维，确保安全守纪。要一切行动听指挥，自觉遵守纪律要求，确保人身及财物绝对安全。各协作组负责人、各职能工作部门要履职尽责，协助代表团做好管理工作。

第三，自觉为人师表，塑造良好形象。在南京参训期间，要模范遵守社会公德、职业道

德,优化个人品德,塑造好山东阳信教育人的形象。

最后预祝阳信县"三名"人选第四次集中培训班圆满成功!

谢谢大家!

（本文为2021年7月19日作者在阳信县"三名"人选第四次集中培训开班式上的致辞）

不忘初心、牢记使命,
推进"三名"建设工程再攀新高峰

阳信县人民政府教育督导室主任　李连波

各位"三名"人选:

今天我们在这里集会,举行"三名"建设工程第五次专业成长论坛。刚才我们共同观看了浓缩"三名"建设工程七年实践与探索历程的专题片,为续聘及第二批阳信县名校长、名班主任、名教师颁发了荣誉证书,等会儿还要安排齐爱军、吕秋月、张秀男三位人选进行主题发言。下面根据集体研究的意见我讲三个问题。

一、回望前行的足迹,七年"三名"实践给了我们什么

阳信县"三名"建设工程,已经历经了七年的春华秋实。在这七年的光阴流转中,"三名"建设工程已经由一株幼苗慢慢成长为一棵苗壮的大树。"三名"建设工程从实施到发展壮大,带给我们很多欢笑、荣耀,也带给我们很多感慨、思考。我们为取得的成绩欢欣鼓舞,更为每一个阶段的艰辛探索而倍感欣慰。

首先,"三名"建设工程树立了一面旗帜。"三名"建设工程,敞开胸怀,吸纳了众多以专业发展为乐、以教书育人为业、以振兴阳信教育为己任的校长、班主任、教师。他们在"三名"建设工程这面旗帜下,发展目标更加明确,成长路径更加明晰,行走步伐更加有力。旗帜的作用就是引领,就是感召,就是激励。七年间,"三名"建设工程发挥着旗帜作用,激励着"三名"人选强素质、练内功。所有"三名"人选不论是在业务能力、个人修为方面,还是在示范引领方面,都表现出了应有的素养和品格高度。"三名"旗帜的力量,让我们在教师专业发展方面取得了一个又一个突破:继王立新荣膺"全国模范教师"之后,齐爱军、孙希山被评选为第九批"山东省特级教师",吕秋月被推选为中职系列"齐鲁名师"人选。他们取得的成绩在阳信教育史上具有里程碑意义。

其次,"三名"建设工程培植了一种文化。我们欣喜地看到,"三名"建设工程已经成为一种教育文化。这种文化,更体现在所有"三名"人选的精神气质和为人处世上。在各种层次的外出学习培训活动中,我们阳信"三名"人选,总能表现出谦谦君子之风、彬彬有礼之举、虚心求学之气、谨言慎行之神。因为他们知道,每一个人都代表着阳信教育的形象,代表着"三名"建设工程团队的形象。在平时的工作中,"三名"人选也能时刻以精益

求精、力求完美的标准要求自我,他们懂得学无止境的道理,把孜孜以求、上下求索作为自己攀登教育顶峰的方式,这些都是他们在"三名"建设工程这一熔炉里锻造出的习惯。"三名"建设工程作为一种引领教师专业发展的文化,已经唤醒、激励了很多人。

再次,"三名"建设工程创造了一个品牌。我们摸着石头过河,付出了很多汗水和心血,开创了适合阳信师资队伍可持续发展的道路。两次大型集中培训、两次分组培训、四次专业成长论坛、十余次协作组活动、七期会刊、52期学习简报、150多万字的工作量,记载了我们为品牌构建而努力的每一步。更让我骄傲的是,汇集了所有"三名"人选智慧和心血的《生命价值与教育情怀》《制度设计与培养创新》正式出版发行,把我们的成功经验铭记在阳信教育史册中。这个品牌,属于每一位"三名"人选,这是我们的荣耀,更是我们的责任。

二、立足新时代,以党的十九大精神指导"三名"建设工程深入实施

我们应立足新时代,站在新起点,谋划新作为,以党的十九大精神为统领指导"三名"建设工程深入实施。

一要谋划专业发展。在基础教育阶段,"有学上"不再是突出问题,而"上好学"、接受更加优质的教育成为人民美好生活需要的重要内容。我们将进一步解放思想,积极作为,坚定"走出去、请进来"的发展战略,加强与知名院校、优质培训机构的合作,增强培训的针对性和实效性,助推工程人选专业发展。

二要坚持师德为先。教师是太阳底下最光辉的职业,其一言一行对学生有着最深刻、最直接的影响,而且其一举一动也往往成为社会风尚的标杆。深入实施"三名"建设工程,就是要自觉加强师德师风建设,引导"三名"人选以德立身、以德立学、以德施教、以德育德,让广大教师成为引导学生健康成长、引领社会良好风尚的重要力量。

三是切实向乡村倾斜。落实乡村教师支持计划,补强乡村教师队伍短板弱项,努力让每个乡村孩子都能享受公平而有质量的教育。我县基础教育还存在城乡、区域、学校之间的差距,择校热、大班额等问题还非常突出。我们要借助自上而下实施的乡村振兴战略,实现政策、资金、人才、培训等向乡村学校倾斜,将乡村教师支持计划落到实处,提高乡村学校管理水平,使乡村教师专业水平得以提升。

四是坚定文化自信。习近平总书记指出,文化自信是一个国家、一个民族发展中最基本、最深沉、最持久的力量。实施"三名"建设工程的重要使命之一是引领广大干部和教师践行社会主义核心价值观,推动中华优秀传统文化创造性转化、创新性发展。要按照不忘本来、吸收外来、面向未来的原则,持续推动工程人选对传统文化的学习和吸收。2018年1月16日教育部召开了记者会,就2017年高中新修订课标中加强社会主义核心价值观、中华优秀传统文化、革命文化、社会主义先进文化、国家安全和法制教育等进行了解读。我们要对教育政策的变化进行关注,以更好地指导教育教学。

三、不忘初心、牢记使命,在修己育人的事业中提升自我

一要坚持学习积累,夯实专业成长根基。学习与积累是教育智慧的源泉,更是专业成

长的不二法门。"三名"人选要注重阅读积累,坚持写教育随笔。今天安排了各人选的自修任务,并再一次向各人选推荐国学经典书籍,目的是促使各位向先贤借智慧,在为学、为师、修身、做事等方面溯本求源,获取不竭的精神力量。

二要躬于实践,充分发挥示范引领作用。"三名"人选,有的是校长,有的是学校中层干部,有的是骨干教师,都是学校的中流砥柱。你们要立足自身岗位,勇挑重担,甘于奉献,在教书育人的实践中砥砺品行、增长智慧、实现自我。

同志们!本次论坛的举办标志着阳信"三名"建设工程实施进入第三个培训周期。让我们在局党委的正确领导下,创新工作,积极作为,为推动新时代全县教育事业科学发展做出新的更大的贡献!谢谢大家!

（本文为 2018 年 1 月 26 日作者在阳信县"三名"建设工程第五次专业成长论坛上的讲话文稿）

持续赋能领航,再谱精彩华章

阳信县人民政府教育督导室主任　李连波

各位"三名"人选:

今天我们在这里集会,举行"三名"建设工程第六次专业成长论坛。刚才我们共同欣赏了部分人选带来的经典诵读节目展示,等会儿张艳飞、董雯雯、孙婷婷三位人选还要分享专业发展经验。借此机会,我讲三个方面的问题。

一、回望过去,劳动与收获让岁月无悔

2018 年,在局党委的正确领导下,阳信继续进行国家教育体制改革试验区试点项目——"三名"建设工程。我想用五句话概括这一年的艰辛劳动与丰硕收获。

一是专题培训高端难忘。7 月,分三批组织"三名"人选、教育干部、研训人员共 206 人走进浙江大学,参加综合素质能力提升及新高考改革培训。先进的教育思想、高端的专家资源、精细的组织管理让我们享用了一场培训盛宴。

二是协作组活动精彩纷呈。4—6 月,八个协作组开展了"支持乡村振兴——'三名'人选送培志愿服务"活动。12 月,六个协作组开展了"聚焦高效课堂,落实核心素养,推进专业成长"专题研讨。各协作组根据各自实际,精准谋划活动主题,精心组织实施,务实高效,直接受益教师超过 600 人。

三是优异业绩令人惊羡。依托"三名"建设工程平台,各人选厚德博学,积极作为,带领学生在高考、中考中屡创佳绩,个人在一项项教学比赛、推荐遴选、实践展示活动中斩金夺银。商店镇大韩小学青年教师董雯雯情系乡村教育,经过逐级推荐,入选全国首批优秀乡村教师培养奖励计划（全国共 300 名）,成为滨州市唯一获此殊荣的人选。阳信一中青年

教师张艳飞将传统文化创造性融入班级管理中,用不到一年的时间先后在《班主任之友》《班主任》《德育报》等报刊发表论文13篇。阳信实验小学青年教师孙婷婷致力于信息技术与课堂教学的深度融合研究,自2015年起参加教育先行者团队,在全国各地做报告几十场。阳信二中教师刘明被评为滨州英才。在第三届"齐鲁名校长"、第四届"齐鲁名师"市级遴选中,推荐到省参评的11名校长、园长中,我县占4人,34名教师中,我县有8人,全市45名推荐人选,我县以12人遥居各县市区首位。我县教师队伍建设的实践经验也引起了媒体与上级领导的关注。山东省教育厅官网、《山东教师报》先后对我县的职初培养工程进行了宣传报道。

四是团队精神不断凝练。"师德和师能兼修,生命与使命同行"的核心文化已经成为各人选的文化特质,讲大局、讲担当、讲奉献,人选走到哪里就把"三名"精神带到哪里,团结协作、共同成长、共同进步蔚然成风。

五是示范引领作用日益凸显。一年来,各人选牢记使命,无论是在新入职教师和班主任的培训现场,还是在惠及千家万户的空中课堂;无论是跟岗导师团队,还是乡村教师特岗……你们无愧于"阳信教育的中流砥柱"这一称号,阳信县为拥有这样一支团队而感到骄傲和自豪。

自古学问无遗力,人间万事出艰辛。一年来,"三名"建设工程共组织了协作组活动14场,撰写培训心得和专业成长总结材料560余篇,编发工作简报24期,累计近60万字。通过系列培训和考核,各工程人选坚定了信仰、拓宽了视野、激发了思考、启迪了智慧、提升了能力。

二、展望未来,总书记重要讲话为我们定向领航

教师是教育发展的第一资源,教师队伍建设是重要的基础工作。党的十八大以来,以习近平同志为核心的党中央高度重视教师队伍建设,提出了一系列新理念、新思想、新观点。习近平总书记先后对广大教师提出了"四有"好老师、"四个引路人""四个相统一"的要求,即要有理想信念、有道德情操、有扎实学识、有仁爱之心;做学生锤炼品格的引路人、学习知识的引路人、创新思维的引路人、奉献祖国的引路人;坚持教书和育人相统一,坚持言传和身教相统一,坚持潜心问道和关注社会相统一,坚持学术自由和学术规范相统一。2018年是中国教育史特别是教师队伍建设史上不寻常的一年,年初中共中央、国务院出台了《关于全面深化新时代教师队伍建设改革的意见》(中发〔2018〕4号),9月10日召开了全国教育大会。习近平总书记在大会上的重要讲话,凸显了教育在党和国家事业中的基础性、先导性、全局性地位。我们要认真学习领会,全面准确把握习近平总书记重要论述的科学内涵和精髓要义,将其作为今后教育工作与自身专业发展的根本遵循和行动指南,自觉将贯穿其中的坚定信仰、务实作风、创新精神和科学方法落实到教书育人的行动中。

三、立足当下,为阳信教育高质量发展引领示范

立德树人是"三名"人选的行为自觉。培养什么人、怎样培养人、为谁培养人是教育

的根本问题。我们要树立正确的人才观、质量观，从我做起，扭转不科学的评价导向，把立德树人成效作为检验学校一切工作的根本标准，切实在坚定理想信念、厚植爱国情怀、加强品德修养、增长知识见识、培养奋斗精神、增强综合素质上下功夫，培养德智体美劳全面发展的社会主义建设者和接班人。

涵养师德是"三名"人选专业发展的首要标准。"三名"人选更应是师德的典范，要结合全市"师德建设年"教育实践活动，落实好教师职业行为"十项准则"。要根据省市县"担当作为、狠抓落实"的工作要求，认真查摆自身在工作状态、精神面貌、学术态度等方面的问题。培养热爱教育的定力、淡泊名利的操守，真正承担起传播知识、传播思想、传播真理，塑造灵魂、塑造生命、塑造新人的时代重任。

赋能领航是"三名"人选的崇高使命。专业成长只有起点没有尽头，师训办今年将安排名校跟岗与分组培训、组织专家送教送培等活动为"三名"人选持续赋能。希望大家对标先进，高点站位，心中拥有高远的理想，脚下做好踏实的工作，继续为全县干部教师示范领航。

同志们，阳信县实施"三名"建设工程已进入了第十个年头，今年也是第三期培训的收官之年。今年年底，一大批人选将修业期满，这是为加快青年教师成长、吐故纳新而做出的制度性安排。"十年磨一剑，今日露锋芒"，岁月留痕、青春无悔，时光见证了我们探索的艰辛和付出，也见证了每一位人选的成熟与成长。"新竹高于旧竹枝，全凭老干为扶持；明年再有新生者，十丈龙孙绕凤池。"让我们在局党委的坚强领导下，珍惜荣誉，积极作为，为推进自身专业成长、推动全县教育优质均衡发展再立新功！

谢谢大家！

（本文为2019年3月27日作者在阳信县"三名"建设工程第六次专业成长论坛上的讲话文稿）

十年艰辛铸就辉煌，使命担当传承发扬

阳信县教育教学服务中心主任　李连波

各位"三名"人选：

受疫情影响，"三名"人选第三批认定与第四批选拔工作推迟了五个月，距离上次召开"三名"人选专业成长论坛整整过去了一年半，作为补偿，本次论坛召开时间长达两天。昨天我们与300多位教育干部共同聆听了李志刚、党朝荣两位专家的报告，刚才为新命名的第三批阳信名校长、名班主任、名教师颁发了证书。在这里，谨代表局党委对表彰的第三批名校长、名班主任、名教师及入选的第四批"三名"人选表示祝贺！

一、十年探索厚积薄发，理念和初心历久弥坚

坚持改革创新。把国家及省市关于教师队伍建设的基本精神与阳信的具体实际相结

合,坚持改革创新。一是加强统筹协调。县"三名"建设工程领导小组成员包括教师和教研、基教、人事、计财等科室负责人及分管局长,利于整合资源,形成合力。二是注重建立运行保障机制,创造性建立人选协作交流、帮携带动、动态管理等系列制度,确保了工程高效运行。三是坚持知行合一。"三名"人选必须具备较深的理论功底和较丰富的教育积淀。我们坚持在选拔笔试中通考教育教学理论,看重课题研究与专业论文发表,同时更注重工作实绩,"赛马"而不"相马",因此经过严格考核所命名的人选在业内能服众。

坚持文化浸润。对"三名"建设工程,我们当事业来追求,以文化来发展,注重发挥培训文化的引领、浸润作用。"三名"建设工程实施之初,就确定了主题词、工作目标、发展路径,设计了会徽,创立了学术交流平台会刊和简报。"师德和师能兼修,生命与使命同行"的品牌文化已经成为"三名"人选的精神特质。

坚持高端引领。工程实施之初,我们就坚定了"为阳信未来教育家奠基"的理念,注重高端引领对工程人选专业发展的作用。每一次都诚心选择合作伙伴,精心筛选授课专家,细心设计呈现方式。张思明、王建宗、成尚荣、杨瑞清、高金英等一批名师大家走进了"三名"课堂。先进的教育思想、顶级的专家资源、精细的组织管理让学员享用了一场场培训盛宴。

坚持师德为先。十年来,我们始终坚持"师德和师能兼修,生命与使命同行",把涵养师德作为"三名"人选专业发展的首要标准,人选选拔实行师德考评一票否决制。培养他们热爱教育的定力、淡泊名利的操守,立德树人已成为"三名"人选的行为自觉。

遵循育人规律。一是坚持实事求是,从阳信实际出发,做实功,求实效,走适合县情的专业发展之路。二是坚持公平公正,让想发展的有机会,让能发展的有舞台,让发展好的有地位。三是发挥人选的首创精神,通过"引路子、搭台子、压担子、结对子"等方式,让他们在教育教学一线发挥示范引领作用,在风雨中锻造筋骨,在解决疑难问题中展露才华。

二、十年磨剑铸就品牌,梦想与坚守创造辉煌

唤醒了专业发展自觉。十年来,一批优秀教师和校长加速成长,他们积极进取、德业双修,在全县教育系统产生了强大感召力,唤醒了广大干部教师的专业发展自觉。

改变了行为方式。"三名"建设工程重视阅读积累的工作导向、宽进严出的选拔机制、协作共进的成长方式、积极健康的职业追求,改变了教师的工作、学习、生活方式与心智模式,广大干部教师成了"三名"建设工程的积极追随者。

引领了师德风尚。"三名"人选讲大局、讲担当、讲奉献,团结协作、共同成长、共同进步的师德风尚蔚然成风。

促进了城乡均衡。"三名"人选牢记使命和责任,致力于"传帮带",推动了县域教育均衡发展和乡村振兴。

我县"三名"建设工程及教师队伍建设的实践经验也引起了各级领导和媒体的关注。国家教育行政学院全国中小学校长培训办公室主任于维涛欣然为"三名"专著作序,省教科院教师发展中心主任许爱红、省师资培训中心主任毕诗文等对我县"三名"建设工程给予了热切指导。山东省教育厅官网、《山东教育报》先后对我县"三名"建设工程的创新实践与

成效进行了宣传报道。2019年6月,《现代教育》第12期刊发《乡村振兴·阳信专刊》。2019年12月,省教师队伍建设评估调研组认为,阳信"三名"建设工程取得的经验对于培训经费严重不足的贫困县难能可贵,有很强的借鉴推广价值,已作为突出案例上报省教育厅。

三、十年树木百年树人,使命和责任传承发扬

我县实施"三名"建设工程已进入了第11个年头,完成了三个培训周期,已命名阳信名校长11人、名班主任18人、名教师53人,共计82人。综合年龄(校长1975年前出生、教师1977年前出生)、周期(已满三个周期)、层级(获得市级以上"三名"称号)三个条件考量,将有53位名校长、名班主任、名教师退出"三名"行列,这是为加快青年教师成长、吐故纳新而做出的制度性安排。退群而不褪色,使命与生命同行。经过"三名"建设工程的培养和历练,人选的视野更宽阔、能力更全面、人格更健全,衷心希望各位人选在教育教学与管理一线宏图大展,再立新功。

新加入"三名"的人选,入选不是终点,只是开端;取得荣誉证书不是目的,只是阶梯。使命和责任赋予你们更重的任务、更多的担当。近期师训办对当前的168名人选根据岗位变化进行了结构性重塑,高端、丰富的培训必将为你们加快专业发展搭建更加广阔的平台。

各位新老"三名"人选,立德树人是我们的初心,为党育人、为国育才是我们的崇高使命,探索新时代教育教学方法、提升教书育人本领是我们的行动指南。让我们在局党委的正确领导下,珍惜荣誉,积极作为,为推动全县教育高质量发展做出新的更大的贡献!

谢谢大家!

(本文为2020年9月27日作者在阳信县"三名"建设工程第七次专业成长论坛上的讲话文稿)

实施"三名"建设工程,提升"三专"水平,推进全县教育高质量发展

阳信县教育教学服务中心主任　刘德强

尊敬的南京师范大学专家,阳信县义务教育段"三名"人选,各位校长、主任、老师:

大家上午好!

金秋十月,硕果飘香。承载着南京师范大学各位领导、"苏派"专家和局党委的无限期待,阳信县义务教育段"三名"人选暨教育干部"三专"提升培训今天开班了。首先,我代表县委教育工委、教体局党委对培训班的成功举办表示热烈祝贺!向南京师范大学汤振纲教授等专家不辞舟车劳顿来我县传经送宝表示衷心感谢!向精心谋划、组织本次培训的双方团队成员及第二实验中学的志愿者表示亲切慰问!

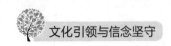

精心组织实施"三名"人选培训是落实市委、市政府"83"重点工程"四名引育"计划的具体实践；锤炼新时代教育干部"三专"特质，提升专业知识、专业思维、专业能力，打造教育家型干部是推进我县教育高质量发展的必然要求。

江苏自古文化底蕴雄厚，名人大家英才辈出。如今，江苏基础教育均衡发展，"苏派"教育引领全国。南京师范大学是中国高等师范教育在南方的发祥地，是享誉全国的名校。南京师范大学教师教育学院的领导、专家以山不辞土、海不辞水的胸襟，帮助我们提升教育干部和骨干教师的整体素质，为我们制订了一系列科学、翔实的培训方案，包括近期实施的义务教育段教育干部跟岗培训方案。希望各位"三名"人选、各位教育干部认真学习南京师范大学引领教师专业成长的真经，领悟"苏派"教育的成功经验，以期突破"三名"人选专业发展的瓶颈，提升教育干部的专业知识、专业思维、专业能力，引领阳信基础教育实现高质量发展。希望各位把握好江苏教育名家来我县送教的机会，在这两天的时间内排除各项干扰，端正参训心态，聚精会神听讲，内化吸收，力求将培训作用最大化。

各位专家，阳信县历史悠久，文脉悠长，虽然经济欠发达，但阳信人守信重诺、干事创业有魄力。我相信，在南京师范大学各位领导和专家的指导下，阳信的教育事业一定会有新的更大的发展。

最后祝各位专家在阳信讲学期间工作顺利、心情愉快，预祝全县义务教育段"三名"人选暨教育干部"三专"提升培训圆满成功！

谢谢大家！

（本文为2021年10月16日作者在阳信县义务教育段"三名"人选暨教育干部"三专"提升培训班上的致辞）

此情可待成回忆，信仰之火已点燃

阳信县教体局师训办公室主任　陈辉

尊敬的浙江大学继续教育学院的汤主任，培训班各位学员：

阳信县名班主任、名教师第三次集中培训班经过培训主办方——浙江大学继续教育学院项目团队的精心运作和全体学员的积极努力，今天就要圆满结业了。作为主管科室负责人和本次培训领队，此时此刻，盘点归去的行囊，我感慨多多，收获满满。

与名家结缘，拓宽了视野。深度对话，是教育教学的新追求，教师发展要用好自己的"比较"优势；教育不是雕刻而是唤醒，简单是大智慧；音乐点亮人生，名师成长更需人文滋养……这些观点如明灯，照亮了我们前行的路。

与同伴互助，感受到了团体的力量。近90名学员一起学习、生活了六天，见贤思齐，互相学习。

六天里，大家珍惜机会、文明守纪、分工明确、履职尽责，培训达到了预期目标，受到了

培训方管理服务人员的普遍好评。我为这样一支优秀团队感到骄傲和自豪！

在盘点培训收获之时，我也为学员家人给予的无私支持而感动。此时此刻，我郑重地向你们的家人表达敬意，阳信教育的发展和进步离不开他们的辛勤付出。尤其要向你们的爱人表示谢意，在你们离家学习的日子里，是他们承担了更多的责任；向你们的孩子表示歉意，这几天他们少了父母的陪伴，但成长在一个名师的家庭里是他们的幸运，孩子未来的成就或许藏在父母今天努力地工作与学习里。

我还要为培训主办方的辛勤付出表示感谢，遇到你们是我们的幸运，你们烹制的"教育大餐"让"培训改变气质"的期许落地生根。

六天的杭州之旅转瞬将成为美丽的回味。培训即将结束，成长永无止境，教然后知困，学然后知不足。把今天的感动和收获转变成行动自觉与人生信仰，为学生的发展和幸福奠基，为自己的事业和人生添彩。

各位学员，你们的成长进步是"三名"建设工程推进的原动力。"常为深爱含泪水，唯恐蹉跎误苍生"是我内心的真实写照，我将把对"三名"的理解和对你们的深爱隐藏在今后的不懈探索和严格要求中！

（本文为2018年7月13日作者在全县名班主任、名教师培训班结业仪式上的讲话文稿）

高端的培训盛宴，撼人的心灵洗涤

阳信县教体局师训办公室主任　陈辉

尊敬的浙江大学继续教育学院的骆主任、汤主任，培训班的各位校长、主任：

在阳信县教体局党委的领导下，在浙江大学继续教育学院的精心运作下，以秘金亭主任为团长的阳信县名校长及教育干部研训人员培训班圆满完成各项任务就要结业了。刚刚我们观看了项目办精心制作的专题片，倍感亲切。盘点六天培训的收获，不禁感慨万千。

一是坚持初心，坚定信仰。通过聆听专家报告，特别是到嘉兴南湖革命纪念馆参观考察，重温入党誓词，全体学员接受了一次深刻的党性教育。为什么要坚持初心？为什么要参加培训？一系列问题都在这里找到了答案。

二是激发思考，启迪智慧。培训过程中，专家报告掀起了一场场头脑风暴，引导我们审视教育的过去、现在和未来。专家报告既站在理论高地，又处在实践前沿：教育要树立学生是第一立场、教师是第一资源、阅读是第一课程的思想；学校要提供适性教育，要有青春的气息；化解学校风险要坚持法治思想、底线思维；提升领导力要加强有效沟通；提高国学修养等。这些新理念、新思想将为阳信教育的发展提供了理论指引。

三是深度交往增进了友谊。六天时间里，各位校长、主任为了共同的理想聚集在一起，学习上互相鼓励，生活上互相关心。大家深度交往，见贤思齐，相见恨晚。

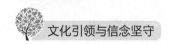

此刻，我要为参训的所有校长、主任点赞，你们把无形的规章记在心上，把办人民满意教育的责任扛在双肩，用行动证明你们不愧是阳信教育的中流砥柱！

此刻，我还要对浙江大学继续教育学院提供的周到服务表示感谢，温馨的教室、可口的饭菜、丰富的课程让我们享用不尽，你们诠释了"求是创新"的浙大精神。遇见你们，是我们的幸运，花谢花会再开，我们还会再来！

诚然，我们的教育还不完美，经费匮乏、超大班额、职业倦怠、师资短缺……专家告诉我们：教育就是一个不完美的人带着一群不完美的人追求完美的过程，尽管"雄关漫道"，但责任与使命让我们义无反顾、不敢懈怠。江浙人才辈出给我们的启示之一就是，教育要努力营造适于学生成长的土壤，让阳信的孩子接受更好的教育就是支撑我们的强大精神力量。

一个人可以不成功，但不能拒绝成长。六天的培训，我们收获了成长，我们的眼睛更加明亮，头脑更加清醒，步履更加坚定。让我们带着沉甸甸的收获上路，以此为新的起点，沿着落实学生核心素养、促进教师专业成长、推动学校内涵提升的道路攻坚克难，勇毅前行！

（本文为 2018 年 7 月 19 日作者在全县名校长及教育干部研训人员培训班结业仪式上的讲话文稿）

专业发展无穷期，十年辛苦不寻常

阳信县教体局师训办公室主任　　陈辉

各位"三名"人选、同志们：

全县教育干部"三专"提升培训暨"三名"建设工程第七次专业成长论坛历时两天，圆满完成了预定程序就要闭幕了。本次论坛，我们聆听了李志刚、党朝荣两位专家的精彩报告；30 余位"三名"人选激情诵读了《花开三名》；李连波主任做了题为"十年艰辛铸就辉煌，使命担当传承发扬"的主旨报告，希望"三名"人选不忘立德树人的初心，牢记为党育人、为国育才的崇高使命，探索新时代教育教学方法，提升教书育人本领，珍惜荣誉，积极作为，为推动全县教育高质量发展做出新的更大的贡献；县教育科学研究中心副主任黄春燕做了题为"课题研究成就卓越教师"的专题报告，为今后开展课题研究提供了专业引领与指导；县语委办王珊、文玉燕、孙婷婷就行文规范、新闻撰写、自媒体工具运用进行了业务培训；"三名"建设工程张付亭、刘明、宋立芹分别从读书、学课、研究等角度分享了自己的专业成长心得，为"三名"新人提供了宝贵经验；共同观看了"三名"十年奋斗历程专题片。

本次论坛，理念高端、内容翔实、方式多元、反响强烈，入脑入心、触动心灵的培训给大家献上了一份精美的"营养套餐"。在论坛即将结束之际，我想从以下六个方面与各位

探讨。

一、"三名"建设工程十年实践的坚守

坚持改革创新。我们把国家及省市关于教师队伍建设的精神同阳信的具体实际相结合,坚持改革创新。

坚持文化浸润。实施"三名"建设工程,我们当事业来追求,以文化来发展,注重发挥培训文化的引领、浸润作用。

坚持师德为先。十年来,我们始终坚持"师德和师能兼修,生命与使命同行"的宗旨,把涵养师德作为"三名"人选专业发展的首要标准,人选选拔实行师德考评一票否决制。

坚持高端引领。工程实施之初,我们就坚定了"为阳信未来教育家奠基"的理念,注重高端引领对工程人选专业发展的作用。

遵循育人规律。一是坚持实事求是,二是坚持公平公正,三是注重发挥创新精神。

一、"三名"建设工程的选拔机制

"三名"人选的遴选标准:宽进,不拘一格选人才——有追求、能吃苦、肯奉献。

报名无门槛,不限人数;材料打分,不限件数;理论考试,考察基本理论素养和文化积淀;能力测评,注重课堂实操;师德考察,实行一票否决制。

"三名"人选的认定标准:严出,吹尽狂沙始见金——有能力、有担当、有形象。

第一批:人选 90 名,期中考评合格 67 名,期末认定名校长 4 人、名班主任 4 人、名教师 13 人,共 21 人;

第二批:人选 100 名,期中考评合格 92 名,期末认定名校长 4 人、名班主任 2 人、名教师 11 人,共 17 人;

第三批:人选 135 名,期中考评合格 113 名,期末认定名校长 3 人、名班主任 12 人、名教师 29 人,共 44 人;

第四批:人选 139 名。

三、"三名"建设工程十年实践的影响

唤醒了教师的专业发展自觉。十年来,一批优秀教师和校长加速成长,他们德业双修、积极进取,在全县教育系统产生了强大感召力,唤醒了广大教师的专业发展自觉。

改变了教师的行为方式。"三名"建设工程重视阅读积累的工作导向、宽进严出的选拔机制、协作共进的成长方式、积极健康的职业追求,改变了教师的工作、学习、生活方式与心智模式,广大干部教师成了"三名"建设工程的积极追随者。

引领了师德风尚。"三名"人选讲大局、讲担当、讲奉献,引领形成了团结协作、共同成长、共同进步的师德风尚。

促进了城乡均衡。"三名"人选牢记使命和责任,致力于"传帮带",推动了县域教育均衡和乡村振兴。

四、安排近期的几项工作

（1）为方便工作建立第四批"三名"人选微信群。

（2）会后分组交流，秘书长建立协作组联系群，完善有关信息。

（3）将于 2020 年 10—11 月安排一次协作组活动，内容以交流本次论坛的收获、感受为主，谋划今后的专业发展。

（4）荐读书籍《论语》《大学》《中庸》《苏轼十讲》随后配发。

（5）启动"卓越人才培养计划"，谋划专题培训。

各位"三名"人选、同志们，当代作家柳青说过，人生的道路虽然漫长，但紧要处只有几步，尤其是在年轻的时候。路遥更有"只有宗教般的意志和初恋般的激情，人才可能成就某种事业"的体悟，让我们珍惜荣誉，积极作为，以"师德和师能兼修，生命与使命同行"为宗旨，为了实现自身的精神丰盈和全县教育高质量发展做出新的更大的贡献！

（本文为 2020 年 9 月 27 日作者在阳信县"三名"建设工程第七次专业成长论坛上的讲话文稿）

历尽天华成此景，人间万事出艰辛

阳信县教体局师训办公室主任　陈辉

各位统稿人员、各位文稿作者：

我县"三名"建设工程专著继 2017 年出版《制度设计与培养创新》《生命价值与教育情怀》之后，从今年 3 月 24 日正式启动第三册《文化引领与信念坚守》的编纂工作至今已历时半年。今天在阳信县第一实验学校召开第四次统稿会，参会人员是六位统稿人员和50 余位文稿作者。主要任务是对征集的文稿进行精加工、再梳理，达到出版水平。工作程序是：我作为主编就文稿修改提出概括性意见，然后各统稿人员分组进行个性化指导，最后就文稿框架进行研究讨论。

一、通报编纂工作进展情况

（1）2021 年 3 月 24 日，召开协作组负责人暨书籍编纂征稿会，发布《文化引领与信念坚守》征稿启事，分十大板块向新老"三名"人选征集文稿。

（2）4 月 8 日，成立《文化引领与信念坚守》编委会，对征集的十大板块素材分工梳理。

（3）4 月 28 日，统稿人员召开第一次统稿会，形成《文化引领与信念坚守》第一次编辑纪要，提出修改建议并下发通知再次征集文稿。

（4）7 月 13 日，统稿人员召开第二次统稿会，汇报文稿收集情况，研究讨论形成各板块框架。

（5）8 月 2 日，统稿人员召开第三次统稿会，各统稿人员提交候选文稿 156 篇，形成第

一稿,共 349691 字。

（6）9 月 30 日,主编重塑结构,删"课例""叙事",增"引领""导语""艺术",共 11 个板块,候选文稿 134 篇,形成第二稿,共 291673 字、30 张照片。

（7）10 月 10 日,各统稿人员再一次审核修改书稿,形成第三稿,共 135 篇文章、294655 字、30 张照片。

二、基本框架

书稿含领导讲话、诗语抒怀、新闻纪实、引领传承、首席导语、成长足迹、典型经验、教育艺术、教研论文、研修体会、读书心得等板块。

各统稿人员以对事业、对人选、对阳信教育高度负责的精神任劳任怨,精益求精,无私奉献。虽然统稿工作是对原有文稿进行遴选、校订,但对众多稿件去粗取精、去伪存真也绝非易事。虽然不可能做到"批阅十载、增删五次",却也发扬了"板凳要坐十年冷,文章不写半句空"的严谨精神。对比前两册,本册着意凸显"文化"与"信念",可读性更强,我们对此充满期待。

三、修改要求

一要端正态度:认真再认真,细心又细心。

二要把握关键:思想观念要与时俱进不落伍;逻辑思维要严谨清晰不紊乱;语言表达要言简意赅不重复;文字风格要清新平实不浮躁;标点字句要使用准确不出错。

三是方法与程序:打印文稿反复推敲;整体规划框架结构;布局谋篇提炼观点;遣词造句字斟句酌;准确表述力求精美;纸质打印交付编辑。

四、后续跟进措施

充分听取意见,切实把有引领高度、有专业深度、有人情温度的文章遴选出来,增强可读性与示范性,最大限度体现阳信"三名"人选的教育智慧与人文情怀。

印制第四稿清样,统稿人员再次修订。

提交出版社,详细磋商出版事宜。

五、体会感悟

历尽天华成此景,人间万事出艰辛。世上没有白走的路,没有人能随随便便成功。

"三名"丛书第三册《文化引领与信念坚守》编纂工作被列为阳信县教体局重点工作。我们是开创者,也是坚守者。目的是把五年的实践探索与成果充分展现出来,带着光芒与温度,带着执着与坚韧,特别是着意推出一批新人来激励自己、鼓舞同行、启迪后人,我们一定要做到,也一定能够做到。

行百里者半九十,慎始而善终,让我们共同努力、享受成功!

（本文为 2021 年 10 月 26 日作者在本书第四次统稿会上的讲话文稿）

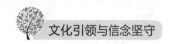

新起点初心如磐，新征程使命在肩

阳信县教体局师训办公室主任　陈辉

各位"齐鲁名师""齐鲁名校长"人选：

大家上午好！

今天是个特殊的日子。三年前的今天，2019年5月16日，省教育厅网站公示第三届"齐鲁名校长"人选、第四届"齐鲁名师"人选，我县进入会评答辩阶段的三位校长、四位教师全部入选（此前吕秋月入选第二批"齐鲁名师"），在省市内产生了强烈反响，创造了阳信教师队伍建设史上的奇迹。弹指间三年过去，八位人选完成了全部培训课程并参加了第一轮结业答辩。今天应洪彬校长邀请，我们相约在阳信二中，主要任务是：回顾分享三年来的专业成长经历、收获和感悟；推荐介绍外地的好经验、好做法；对阳信教师队伍建设特别是推进干部教师专业发展提出中肯的意见、建议；为迎接近期的最后一轮结业答辩相互交流、切磋。

一、令人难忘的激动时刻

忘不了，2月1日晚8：00左右，市教育局网站发布市级遴选名单，共44人，阳信有12人入选，我激动得一夜没睡好。

忘不了，5月7日下午，进入省级会评阶段的七人参加预答辩，我送走几位点评专家后对你们说："阳信有七个人同时向'齐鲁名师''齐鲁名校长'发起冲击，这注定是阳信教育发展史上的一件大事，原先我多次讲要享受过程，但现在是要结果的时候了，距省答辩只有两三天时间了，你们还需要我做些什么？我还能为你们做些什么？"此时我的声音有些哽咽。

更忘不了，5月16日上午9：46，爱军发微信给我："陈主任，'齐鲁名师''齐鲁名校长'公示结果，阳信七人全都过了！"我不相信这是真的，打开省教育厅网站证实了爱军的结论后，立即在阳信"三名"微信群报告喜讯。洪彬打来电话，听到一句"陈主任……"时我们两人喜极而泣，一句话也说不出来……

二、扬长补短共谋发展

各位人选结合阳信实际，就如何推动干部、教师专业发展，切实加强和改进师训干训工作提出了中肯意见和建议。

如优化新入职教师培训模式，培育我县教师培训工作的新亮点；

如筹划名师、名校长工作联盟，形成各阶段教育学习共同体，发挥名师、名校长的引领带动作用；

如筑牢教师职业认同，为教师队伍的持续发展奠基；

如探寻名师引领新路径，争取实现省内外专家跟踪指导，加速专业成长步伐。

这些意见建议非常有建设性,充分反映了你们的事业心、责任感,我会将这些如同金子般宝贵的意见建议收集好,并及时向局领导汇报。

三、百尺竿头任重道远

通过你们的发言,我欣喜地感受到,通过国内外高端培训、培养,你们的教育视野和做人做事格局有了新的提升,对名师名校长的使命与责任有了新的理解和担当,你们对教育事业的热爱、对提升自身教育能力的渴求溢于言表。你们正从会管理的校长、有经验的老师转变为懂哲学的校长、会思考的老师。

有爱心才会有教育,有梦想才会有未来。永不言弃、互助共进是我们推进专业成长的宝贵经验,你们的成功入选极大地增强了我县竞评省级名师、名校长的信心。慎始而敬终则无败事,各位人选要认真学习交流先进经验,取长补短,准备好最后阶段的论文答辩,力争全部通过省教育厅的期终考核。当然,荣获"齐鲁名师""齐鲁名校长"称号只是在管理育人、教书育人道路上的副产品。新起点、新征程,孕育着新机遇、新希望,必将呼唤新担当、新作为。希望大家不忘立德树人初心,以更高的目标追求卓越,以更深的情怀涵养师德,以史严的标准修身律己,在阳信教育这方热土上示范引领,建功立业,书写无愧于人生追求,无愧于领导嘱托,无愧于学生家长期待的精彩华章。

(本文为2022年5月16日作者在阳信县"齐鲁名师""齐鲁名校长"人选座谈会上的讲话文稿)

诗语抒怀

阳信县 2019 年庆祝教师节颁奖晚会原创节目《花开"三名"》诗文

我自豪,我是"三名"人选

序

与你相约
在十年以前
你给了我一个远方
更给了我同行的伙伴
从此
我多了一个称谓:"三名"人选

第一篇　思高行远

我自豪,我是"三名"人选
北师大的木铎金声
犹在耳畔
海尔文化
让我懂得
教育者的胸怀
应该如大海般浩瀚
浙大的智慧相约
让我明白
教育,就是以身示范

我的课堂里
有李白的飘逸
有定理的规范
有英语的洋气
也有群星璀璨
我们把课堂
打造成孩子们
成长的乐园

我的锦瑟里
有流水潺潺

我的棋局里
有如画的江山
我的笔墨里
有浮云蛟龙
有"君子"牡丹

学习简报,"三名"期刊
让"三名"人的智慧沉淀
培训,跟岗,挂职,沐浴经典
我们一起筑梦的日子
五彩斑斓

第二篇　沐浴经典

我自豪,我是"三名"人选
我们的根在经典
《大学》告诉我们:道法自然
大学之道,在明明德,在亲民,在止于至善
知止而后有定,定而后能静,静而后能安,安而后能虑,虑而后能得
物有本末,事有终始。知所先后,则近道矣
致知在格物。物格而后知至,知至而后意诚,意诚而后心正,心正而后身修,身修而后家齐,家齐而后国治,国治而后天下平
修身,齐家,治国,平天下
家,国,天下
智慧,心血,汗水
只为桃李芬芳,花开满园

第三篇　花开满园

我自豪,我是"三名"人选
作为名教师的他,对你说——
"三名"是我的理想,我愿每一个孩子都能长成自己应有的模样
感恩"三名",我愿做阳光雨露,和孩子一起成长

作为名班主任的他,对你说——
"三名",是我的力量
班主任,是距离学生心灵最近的那个人,是足以让学生铭记一生的那个人
感恩"三名",我愿用我的光,擦亮学生生命的亮

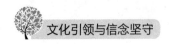

作为名校长的他，对你说——

"三名"，是我的动力，它给了我办好一所学校、造福一方百姓的力量

"三名"，是我的信仰，它就像是一束光，引领我初心不改、使命不忘，在办人民满意的教育之路上，以满腔的血，发出隽永的亮

感恩"三名"，我愿肩扛教育的明天

尾　声

是啊，感恩"三名"
"三名"是我最美的遇见
"三名"就是一棵大树
根植在梨乡的沃土
头顶着教育振兴的蓝天

2017—2020年新入职教师线上线下一体化培训结业式县级导师团队诵读诗文

奔涌吧，后浪

从2017年到2021年
四年的日月穿梭
我们用心
为新入职教师的健康成长培植最温暖的土壤

从100人到569人
增加的不是数字
而是我们用情
为新入职教师的成长积蓄的更多能量

从不到10人到如今64人的导师团队
扩充的不是队伍
而是我们用智
为新入职教师的职初之旅装上的更多行囊

我是你的导师，更是你的朋友
我们一起努力，一起成长
每一个网络研修的日子

我们隔屏相望
感受知识的美好
倾听思想拔节的声响
你的作业完成得越来越好
你的总结写得越来越棒
你的坚持也给了我无尽的力量

我是你的导师，更是你的战友
我们一起打拼，一起缔造教育的山高水长
每一次线下活动，我们都激情分享
你的思考越来越深邃
你的见解越来越闪光
看到你的进步，我的喜悦溢满心房

还记得每一次提醒你读书打卡
催促你完成培训总结
其实我知道，当时的你，肯定有些埋怨
责怪我铁石心肠

犹记得每一次研修的数据通报
还有批评你的毫不留情
其实我知道，那时的你，肯定有些不解
质疑我有些疯狂

现在，我可以骄傲地告诉你
不是我不解人意，不是我不近人情
只因为
责任在肩
初心不改
使命不忘

现在，我可以自豪地告诉你
扶你上马，送你一程
我已见证了你的蜕变
这也是属于我的荣光

也许，刚入职的你

有过懈怠，有过彷徨
我要对你说
谁的第一步不曾纠结
谁的青春不曾迷惘
只要你埋下教书育人的种子
就不怕烈日骄阳
只要你坚定美好的教育梦想
就不怕风雨铿锵

也许，刚入职的你
想过逃离，想过放弃
我要对你说
没有一份努力不被铭记
没有一份坚持会被遗忘
只要你眷恋着那书声琅琅
就要义无反顾，披荆斩浪

我要感谢你
因为你的勤奋与认真
让我看到了自己
当初的模样

我要感谢你
因为你的朝气与灵气
让我看到了阳信的教育
正孕育着更大的希望

结业不是结束，学无止境，成长无疆
愿你用更多的学识壮大自己
教育是一生的修炼
你需要带着坚韧自由翱翔

散会不是散场，激情退却，信念珍藏
愿你明白
教书，是永远的使命
育人，是一生的担当
你要带着梦想上路，不负期望

奔涌吧,后浪
愿你把激情燃烧成更多的光芒
愿你带着情怀扬帆远航

奔涌吧,后浪
坚守着为党育人的使命
坚守着为国育才的信仰

奔涌吧,后浪
用你的智慧
耕耘满园芬芳

奔涌吧,后浪
用你的才华
振兴大关梨乡

"三名",芬芳几度

劳店镇中学　张如意

十年
不到一个地支的轮回
却值得我
用一生守护
因为
那一段写满传奇的岁月
是我
最大的幸福

难忘
每一次求学路上的欢歌
还有
风尘仆仆
重温当学生的时光
听一听专家的叮嘱
接受心灵的洗礼

那也是一种幸福

难忘
每一次协作组活动的智慧互动
还有学知不足
向优秀的同伴学习
见贤思齐
那也是一种领悟

难忘
每一期简报上
都有思想的珍珠
每一次捧读
都有几多感动
还有教育的温度

时光清浅
十载风雨相伴
芬芳几度
"三名"的名片
亮了

那些见证我们成长的照片
定格了记忆
藏在
我的心灵深处
每一次打开它
总有一张张脸庞
远了又近
总有一个个故事
清晰了
又模糊

我注定要与"三名"
别离
别离的
还有前行的伙伴

属于我的"三名"时光
注定要悄然落幕

不舍
依旧是满满的不舍
不舍的
还有天边的晚霞
路旁的朝露
朝花可曾夕拾
我与"三名"
从此
相忘于江湖

但我没有遗憾
因为
我已把师德和师能兼修的
信念
浸入心
刻进骨
我已把生命与使命同行的
誓言
当成
奋斗的全部

感恩"三名"
让成长路上的我
不再孤独
它让我明白
教育是一种信仰
成就学生
发展自己
我的人生旅程
才不会荒芜

感恩"三名"
它让青春不老
让我童心永驻

它让我知道
教育需要情怀
才能不负
学生的清澈生命
苍天厚土

再见
"三名"
感谢你在我的生命里
芬芳一度
挥手道别
转身
星辰永在
痴心不改
就是我
对"三名"
最真的祝福

"三名",将与我同在

劳店镇中学　张如意

十年磨成一剑
在这个秋日
绽放
最绚丽的色彩
三千多个日夜轮回
我在"三名"的征途上
遇到了星空
大海

难忘每一次培训
聆听教诲
收获精彩
难忘每一次的论坛
教育论道

静待花开

那一期期简报
把每一次的收获
认真记载
那一本本会刊
会铭记
我每一次的激情澎湃

"三名"
给了我什么
一段难忘的经历
师德和师能兼修
永远热爱
给了我一份信仰
生命与使命同行
初心不改
给了我一个目标
为党育人
为国育才

十年
我得到了什么
写作的自觉
研究的自发
人生的自律
还有
对美好教育的
坚守与等待

今日
我与"三名"道别
谨以此诗
向"三名"表白
"三名"
你将与我同在

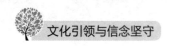

沁园春·阳信"三名"

阳信二中　张子春

筚路蓝缕,十年深耕,阳信"三名"

搭学习平台,南下北上,请进走出,指路灯明

简报会刊,山海留踪,国家省市皆摘星

十年矣,看品牌熠熠,园圃飔菁

师德师能俱升,生命使命一路同行

望四批来者,英姿俊爽,浩气勃发,朝气充盈

吐故纳新,长江奔涌,相马得来皆群英

展望眼,我梨乡杏坛,百圣齐鸣

我心中的"三名"

金阳街道张黄小学　郭书国

曾经,"三名"是一种向往

如雷贯耳的名师翘楚

梨乡杏坛的大家文章

北师大的木铎金声幽远

海尔文化伴随着碧海青天的声浪

神圣的殿堂

美丽的风景在前方

后来,"三名"是一种荣幸

融入"三名"大家庭

近距离接触那位把"三名"做成经典的可敬师长

理解"三名"的主题内涵

传诵经典文化里的华章

协作组里智慧碰撞

石元有火,互击乃发灵光

西湖的水光潋滟

浙大的激情七月

第一次远足,聆听名师教诲

醍醐灌顶,群情激荡

静下心来修身
课例打磨高效课堂
课题研究深化主张
读书写作不断成长

现在,"三名"是一种砥砺
"三名"成就最好的自己
化蛹成蝶,华丽转身飞向远方
我留下来,砥砺前行
是为了超越自己,超越梦想

有一种爱,叫援疆

阳信县教体局　王学民

锦秋的九月
带着党交给的援疆使命
带着家乡领导的殷切期望
带着自己的理想和信念
从渤海之滨,来到了大漠边陲
走,到祖国最需要的地方去
为国家分忧,为山东争光,为新疆奉献,为人生添彩

选择了援疆,就是选择了奉献
选择了援疆,就是选择了无悔
深夜里年迈父母的叮咛常在耳畔
"孩子,放心吧,工作需要你,父母支持你"
妻子"家里有我"
同事好友"家里有事,有我们"
让我无比感动
增强了我援疆的信心与决心
多少个不眠之夜
常常思考,援疆为了什么,为了谁
孩子们一张张稚嫩脸庞、一双双求知的眼睛
触动着我的心灵,让我明白了,援疆的初心与使命
用我们先进的教学理念
用我们满腔的热血

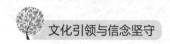

为新疆的教育增砖添瓦

一年援疆路,一生援疆情
既然来了,就要把它走好,走成人生最精彩的一程
水土不服,气候恶劣
阻挡不了我援疆的满腔热情
阻挡不了我对新疆教育的爱
一年虽短,时间有限,但是鲁疆教育的情怀无限
援疆是一段历史,援疆是一种精神,援疆更是一种骄傲
努力做到"团结、交流、奉献"
不负党和国家的重托,牢记"文化润疆"使命
把满腔援疆之爱洒向新疆大地
让援疆成为我一生的财富
让援疆成为我美好的回忆

（原文发表于 2020 年 12 月《新疆文学》,有修改）

新闻纪实

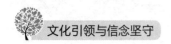

我县参评滨州市第二期"三名"建设工程成绩优异

滨州市第二期"三名"培养工程人选评选活动于2016年11月结束,市教育局近日下发了《关于公布滨州市第二期"三名"培养工程人选的通知》,在200名人选中我县7名校长、18名教师、6名班主任共31人榜上有名。本次评选,市教育局将400个推荐指标以注册教师为基数,按比例分配到各县区,我县分配推荐指标44个,最终以70.45%的推报入选率位列全市七县区之首。

各人选要以此为契机,不断提高师德修养和专业水平,在促进教育管理和教师专业发展中发挥示范、引领和辐射作用,为加强我县教师队伍建设,提高教育核心竞争力,推动教育改革发展做出更大的贡献。

立志欲坚不欲锐,成功在久不在速

——阳信县"三名"建设工程中小学班主任协作组活动纪实

2016年12月30日,阳信县"三名"建设工程中小学班主任协作组成员届满总结述职活动在阳信县实验中学举行,阳信县教体局师训办公室主任、县"三名"建设工程领导小组办公室主任陈辉,阳信县实验中学部分班主任代表应邀参加活动。

第一阶段,各人选从师德表现、自主学习、工作业绩、科研成果、作用发挥、社会影响等方面,总结自2013年7月至2016年11月期间的个人专业发展情况。

第二阶段,全体与会人员或背或唱或演,分享自己三年来感受最深的经典句段。"雅言传承文明,经典浸润人生。"经典是人类的文化财富。吟之诵之,自觉铭记于心,外化于行,必将使自己终身受益,并惠及学生与家人。

第三阶段,协作组负责人进行了总结。陈辉主任谈了自己对本次活动的感受,总结了实施"三名"建设工程以来取得的成效,寄语大家要拓宽视野、放大格局,决不能小成即满、沾沾自喜;要自我加压、精益求精,不能"称忙道老言弃",专业能力提升有起点,但没有尽头;要广交师友、善于学习,学经典、学榜样;埋怨不如改变,摆正心态,快乐工作。

本次活动得到了阳信县实验中学领导、老师的大力支持,让全体与会人员感到了寒冬腊月里的丝丝温暖,也激发了大家的活动热情。相信,这样有明确活动主题、有名师智慧思考、有互动思辨的协作组活动,必将给每一位教师带来更多的思考和收获。

"立志欲坚不欲锐,成功在久不在速",我们将以这次届满总结述职活动为新的起点,牢记"生命与使命同行"的理念,不忘初心,继续前行,用爱心和智慧为阳信教育也为自己的幸福人生再谱精彩的华章!

"三名"春风浓,十里桃花香

2017 年 3 月 1 日,阳信县"三名"建设工程初中教师组成员届满总结述职活动在劳店镇中学举行。初中教师组人选、劳店镇学区骨干教师代表共计 30 余人参加。

活动第 阶段,各人选根据自己对"三名"建设工程的理解以及加入工程以来的所思所想、所得所悟,从师德锤炼、培训学习、教学实践、理论提升、工作业绩等几个方面做了精彩分享。

活动第二阶段,协作组组长、县教研室副主任潘云钊就"如何做学生真正喜欢的老师"展示了相关的案例,分享了自己的心得,鼓励全体人选要做有人文情怀的老师,对照指标,寻找差距,坚守教育良知,做学生生命中的贵人。

活动第三阶段,县教体局师训办公室主任、县"三名"建设工程领导小组办公室主任陈辉语重心长地谈了开展本次活动的深切感受,总结了我县实施"三名"建设工程以来取得的成效,提炼了"三名"文化的精髓,勉励全体人员见贤思齐,学然后知不足;希望全体人员不忘初心,提升境界,让阅读成为习惯,摒弃功利思想,牢记"生命与使命同行"的初衷,砥砺前行,发展自我,成就学生。

我们必将带着领导嘱托,修身养德,教书育人,为学生成长助力,为自己的人生添彩。

使命重在担当,实干铸就辉煌

2017 年 3 月 9 日,阳信县"三名"建设工程小学教师组成员届满总结述职活动在金阳街道中心幼儿园举行。参加本次交流会的共计 20 余人。县教体局师训办公室主任、县"三名"建设工程领导小组办公室主任陈辉全程参与了本次活动。

第一阶段,各人选围绕师德表现、自主学习、工作业绩、科研成果、作用发挥、社会影响等几个方面做了汇报。

第二阶段,县教研室张秀男老师就传统文化中蕴含的教育智慧进行了解读和分析。

第三阶段,陈辉主任语重心长地谈了开展本次活动的深切感受,总结了我县实施"三名"建设工程以来取得的成效,寄语"三名"人选,再次明确了开展"三名"活动的意义和价值。"三名"建设工程作为一种文化已经深入人心,各"三名"人选要淡泊名利、学会坚守;坚持读书学习,领悟传统文化的精髓;遵循规律,不忘初心,增加生命的宽度和厚度。

使命重在担当,实干铸就辉煌!牢记"生命与使命同行"的理念,不忘初心,让"三名"文化根植于阳信每个教育工作者的内心! 2017 年的春天,撸起袖子加油干,共同谱写阳信教育的新乐章!

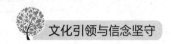

师德和师能兼修，生命与使命同行

——阳信县"三名"建设工程第五次专业成长论坛成功举行

2018年1月26日，阳信县"三名"建设工程第五次专业成长论坛在阳信县第一实验学校成功举行。县教育督导室主任李连波，阳信县第一实验学校校长单云军，教体局师训办公室主任陈辉、副主任黄春燕以及"三名"人选和各学区、县直学校师训干部共200余人参加论坛。

论坛开始，全体与会人员共同观看了总结"三名"建设工程七年实践历程的专题片，接着为第二批阳信县名校长、名班主任、名教师，合格续任的首批阳信县名校长、名班主任、名教师及为新入职教师暑假培训做出突出贡献的授课教师颁奖。李连波主任发表了热情洋溢的讲话，先是深情回顾了"三名"实践的收获；接着从谋划专业发展、坚持师德为先、切实倾斜乡村、坚定文化自信四个方面阐述了以党的十九大精神指引"三名"建设工程深入实施的重大举措；最后对各位人选提出了殷切期望，希望大家不忘初心、牢记使命，坚持学习与积累，躬于探索与实践，切实发挥好示范引领作用。

主题论坛阶段，省特级教师、翟王镇学区主任齐爱军论述了修身、治校、齐家的重要性，以自己的亲身经历讲述校长是以学识、格局把握学校发展的掌舵人，要以"齐家之心治校，以育子之心育人"。"齐鲁名师"（中职系列）吕秋月以"我的专业成长之路，向下扎根，努力生长"为题，从立德树人、科研促教、同伴互助、学做教师四方面阐述了自己不平凡的专业成长经历。最后，县教研室初教科副科长、数学教研员张秀男做国学启蒙辅导报告，通过解读《论语》，讲述了许多为人处世的道理，使大家对教育的本真、本原有了新的理解，引导我们从传统文化中汲取力量。

师训办公室主任陈辉主持论坛，他希望各人选认真领会李主任讲话精神，学习借鉴优秀人选的先进事迹，并在教育教学实践中贯彻落实。陈主任还就"三名"人选加强自主研修、发挥示范引领、结对指导青年教师、谋划2018年专题培训、期中考核等事项进行了安排部署。

"师德和师能兼修，生命与使命同行。"2018年县"三名"建设工程又开始了新的航程，让我们撸起袖子加油干，共同谱写阳信教育的新华章！

不忘初心，在积极进取中提升自我
牢记使命，在奉献协作中成就团队

——阳信县召开"三名"建设工程协作组负责人会议

2018年3月23日，阳信县"三名"建设工程协作组负责人会议在教体局召开，县教体局师训办公室主任陈辉、副主任黄春燕以及"三名"建设工程各协作组组长、副组长、秘书长、副秘书长共30余人参加。

黄春燕副主任就行文规范和简报编辑格式做了专题讲座。要求一是做到文本撰写观点凝练，写出思想高度、专业精度和教育温度；二是笔法要老练，坚持落细落实落小，论点聚焦，文风平实；三是语言要精练，言简意赅，留有空间；四是格式要规范，字体、字号、间距包括单位、称谓要准确。

陈辉主任一是对协作组章程进行了说明，就机构设置、工作理念等做了解读，为今后协作组开展活动提供了规范和遵循。二是就2018年拟开展的重点工作进行了安排部署，包括集中培训、主题论坛、协作组活动、城乡结对帮扶等事宜。三是就"梨乡教书育人好团队"创建标准、开展"支持乡村振兴送培志愿服务"行动、学习共同体构建、加强宣传等几项具体事务与各协作组负责人进行研讨、交流。四是就重视传统文化学习、届中考核、"三名"人选暑期集中培训方案等征询意见。

陈辉主任在总结讲话时指出，弹指一挥间，我县启动"三名"建设工程已经进入第九个年头，高端引领、改革创新、敬畏规律、公平公正、求是求效、群众路线是我们宝贵的经验总结。工程的意义和价值不在于评出了多少"三名"人选，而是它改变了一批干部教师的行为方式。新时代要有新作为，新使命要有新担当，各组负责人要团结带领全体人选克服浮躁情绪、功利思想、本领恐慌等问题，在积极进取中提升自我，在奉献协作中成就团队，永远致力于自身人格的不断完善，永远致力于综合素养的不断提高，立德树人、教书育人、立己达人，续写"三名"建设工程的精彩华章，为引领全县干部教师专业发展、办人民更加满意的教育做出新的贡献！

阳信县"三名"建设工程公众号创建成功

2018年3月24日，阳信县"三名"建设工程微信公众号创建成功，从此，阳信县"三名"建设工程增加了一个交流平台，打开了一扇崭新的宣传窗口，也建立了一个共同的精神家园。此微信公众号应需而创，将与"三名"人共创阳信精彩教育。

这里是所有"三名"人精神之家园、思想之沃土。在这里，我们会传达教育精神，传播教育思想，记录精彩活动，赏析成长案例，共享成长经验，感受教育美好。愿"三名"建设工程微信公众号为阳信教育生活添彩，为"三名"建设工程增色，为人选成长助力。

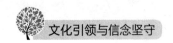

构建高效课堂，提升核心素养

——阳信县"三名"建设工程初中教师第二协作组举行"支持乡村振兴送培志愿服务"活动

2018年4月12日，县"三名"建设工程初中教师第二协作组在洋湖乡中学举办了"支持乡村振兴送培志愿服务"活动。县教研室副主任、协作组组长潘云钊主持活动，洋湖乡中学校长陈军，县教体局师训办王学民、王珊老师，洋湖乡学区师训办主任李云飞，"三名"建设工程初中教师第二协作组全体成员、洋湖乡中学相关学科骨干教师共计40余人参加了活动。

活动以同课异构的方式拉开序幕。首先观看了洋湖乡中学赵敏、牛玉婷老师和县"三名"人选刘淑霞、吴秀华老师执教的观摩课。课堂精彩纷呈，教学设计思路清晰，学生学习兴趣浓厚，充分体现了新课标以学为主体、以教为主导的要求；采用问题导学，注重知识的生成过程，提升了学生的核心素养。课后执教人进行了说课，王宝亮、许洪国、毛慧杰、冯伟建、樊雷、王洪建等协作组成员进行了评课。

王伟燕、樊雷等协作组成员分别就如何提高课堂效率、促进专业发展的策略等进行了专题发言。王伟燕结合教学案例从解读高效课堂的标准、如何备课上课及课堂评价的有效手段和方法等方面进行了深入的讲解；樊雷从定位、学习、机遇、反思、担当五个方面详细介绍了自己的专业成长历程。陈军校长对各位成员表示感谢，并号召洋湖乡中学的全体教师学习借鉴各成员的典型工作经验，不断提升教师专业素养，从而提高课堂教学水平。

最后潘云钊副主任对协作组的前期工作情况进行了总结，对近期工作进行了部署，并对"三名"人选提出更高的要求。潘主任指出，协作组全体教师要以此为契机，构建高效课堂，提升学生核心素养，发挥好示范引领作用，积极开展课题研究，提高教师专业水平，努力做学生钦佩、家长信赖、社会满意的优秀教师。

"三名"送培，协作共赢

——阳信县"三名"建设工程小学教师第二协作组举行"支持乡村振兴送培志愿服务"活动

2018年4月28日，阳信县"三名"建设工程小学教师第二协作组"支持乡村振兴送培志愿服务"活动在商店镇小桑学校举办。本次行动旨在"支持中央乡村振兴战略，推进县域教育均衡发展"，发挥"三名"人选的示范引领作用，进一步提高课堂效率，打造高效课堂，提升学科素养，提高育人质量。该协作组组长、县教研室初教科副科长张秀男主持活动，县教体局师训办王学民、王珊，商店镇小桑学校中层以上干部，协作组全体成员及商店镇小学数学、科学学科所有任课教师参加了活动。

活动第一环节是课堂教学观摩。孙婷婷、张超、宋春珍、李晓艳、丁斌五位"三名"人选执教了观摩课。课堂精彩纷呈,学生学习、探究兴趣浓厚,借助师生共同打造的"问题链",学生进入积极的思维状态,把探究学习逐步引向深入。教师不仅注重学法指导,而且重视学生的健康发展,提升了学生的学科素养,提高了育人质量。

第二环节针对数学和科学进行说课与议课。执教老师先进行说课,协作组老师和其他观课老师进行了议课。围绕真正提高学生的核心素养、提高教学质量,老师们直言不讳,集思广益,每位老师都表达了自己的想法,毫无保留,在讨论中共同进步,共同提高,使观摩活动达到一个新高潮。

第三环节是活动总结及协作组工作任务安排。首先,小桑学校校长杨建军、商店镇学区师训干部李兵等先后发言,阐释了活动开展的意义和效果,并号召老师们行动起来,打造高效课堂。然后,张秀男副科长对协作组的前期工作情况做了总结,对近期工作进行了部署,并要求协作组全体教师以此为契机,构建高效课堂,提高育人质量,发挥好示范引领作用。

丰富自身内涵,培育教育情怀

——阳信县"三名"建设工程中小学班主任协作组举行"支持乡村振兴送培志愿服务"活动

2018年5月4日,阳信县"三名"建设工程中小学班主任协作组"支持乡村振兴送培志愿服务"活动在流坡坞镇曹集学校举行。县教体局师训办主任陈辉、流坡坞镇学区主任董建民、曹集学校校长孙佃国、协作组全体成员及流坡坞学区各中小学骨干班主任共计50余人参加了活动。

活动以班级主题教育班会的方式拉开序幕。温店镇中心小学的商玉燕老师、水落坡镇中学的肖书华老师执教了主题教育班会课。商老师的班会课"学《弟子规》做文明小学生",循循善诱,从朗读到理解,对学生进行孝敬父母、关爱亲人的传统文化教育,启迪学生的心灵。肖老师的"看魅丽中国,做文明学生"选题符合新时代的文明要求,内涵丰富,选择材料典型、形象,符合学生的年龄特征和心理水平,通过看视频、图片、宣誓,制作文明树等具体活动把主题表现得淋漓尽致,使学生的思想境界得到提高。

郭洪喜、孙娜、高月、杨俊红四位协作组成员分别就班主任实践管理工作进行了专题分享。他们深入浅出地交流了各自的班级管理经验,既有郭老师魄力型的管理方式,又有孙老师爱心型的管理模式,还有高老师、杨老师智慧型的管理模式,带给大家全新的感受。接下来是教师评议、分享教育名言或自我介绍。协作组成员精彩的发言让大家感受到他们渴望成长的教育情怀。

董建民主任发表了热情洋溢的致辞,对协作组成员来流坡坞镇交流分享工作经验表示感谢,希望协作组成员珍惜县教体局搭建的平台,加速推进自身专业成长。

陈辉主任做总结讲话，首先对流坡坞学区、曹集学校及执教观摩课教师的精心准备表示感谢，以"不负韶华，在立德树人的平凡岗位上建功立业；青春无悔，在实现人生价值的诗和远方放飞梦想"寄语协作组各班主任；对于加强传统文化学习，他借用著名书画家范曾《国学开讲》栏目序"以霜雪之洁励其品，以岱宗之高崇其志，以潭壑之深勉其学，以大地之博厚其德"与大家共勉。陈主任指出，新时代对广大教师提出了新要求，"三名"人选要有新作为，应努力做到以下三点：仰望星空，要树立教育信仰，要立志做"奠基学生发展与幸福的教学良师和人生导师"；抬头看路，要承担更重的任务，学会"双翼飞翔"，既要教好书，还要管好班；反省自身，要有更高的专业成长追求，让内涵发展成为主线，让读写成为习惯。

春风化雨，砥砺前行

——阳信县"三名"建设工程高中教师协作组活动纪实

在高中教育深化改革的大背景下，为加快名师队伍建设，提高教师的专业素养，2018年4月26日，阳信县"三名"建设工程高中教师协作组研讨交流活动在阳信一中举行。县教育督导室主任李连波、阳信一中副校长周主军、县教体局师训办主任陈辉及协作组28名成员全部参加了研讨交流。

本次活动分三个阶段进行。第一阶段的课堂观摩，由阳信一中孙立珍老师、阳信二中吴子胜老师执教地理课"交通运输方式和布局"和政治课"经济全球化的趋势"。课堂教学有条不紊，课堂设计，环环相扣，剖析深入，详略得当，引人入胜。

第二阶段分别由阳信二中刘明、阳信一中张艳飞、阳信第二实验中学李立峰、阳信职业中专袁广西四位老师做有关课堂教学经验和班主任管理经验的分享。刘明老师深入剖析了高中的教学目标等问题，并指出要挖掘课堂的人文素养等，"深度教学，回归本然"，教出学科的真味道。张艳飞老师将传统文化和教学实际相结合，指出要在学生中弘扬"良知"精神。李立峰老师提出，教师要"用心做事，潜心育人"，培养学生力争上游的"狼性"精神。袁广西老师提出要对学生"用心管理"，并指出对学生的管理要精细化，强能力、长本事。

第三阶段，协作组组长范德新安排近期工作，寄语各位老师要突出团队意识，保持积极心态，发挥示范引领作用。

李连波主任在总结讲话中深入分析了当前高中教育的形势，对"三名"人选提出了殷切希望和要求，强调"三名"人选要高点定位，摆正教书育人和专业成长的关系、专业成长与引领带动的关系。

阳信县"三名"建设工程各人选将牢记使命，在教书育人的漫漫征程中不忘初心、砥砺前行。

最美的教育最简单

——阳信县"三名"建设工程学前教育协作组活动纪实

为支持中央乡村振兴战略、推进县域教育均衡发展、发挥"三名"人选的示范引领作用,2018年4月19日,县"三名"建设工程学前教育协作组活动在金阳街道中心幼儿园举行,学前教育协作组全体成员及部分乡镇骨干教师共50余人参加了活动。协作组组长、金阳街道中心幼儿园园长王书敏主持活动,县教体局师训办主任陈辉、金阳街道学区主任高清国应邀参加研讨交流。

活动开始之前,金阳街道中心幼儿园的孩子们表演了魔方复原大比拼,孩子们精彩的展示赢得了在场领导和老师的热烈掌声。

本次活动分两个阶段进行。第一阶段的名师课堂观摩,分别由阳信实验幼儿园宋立芹、信城街道中心幼儿园樊淑玲执教综合活动"像狼一样嚎叫"和科学活动"沉与浮"。两节课精彩纷呈,运用了故事、游戏、实验等多种教学方法,让孩子由乐到思、由思到做。选用的教学元素贴近孩子的生活,引发了孩子的共鸣,通过感知、体验、表现三大板块,让孩子学到了知识、锻炼了技能,更升华了情感。

第二阶段是听课、评课、议课。"三名"人选及参会教师分两组进行听课、评课、议课活动,分别听取了小班、中班、大班教师执教的常态课,然后小组内集中点评。在听课的过程中所有参与人员都以学生的心态向授课教师学习,又以专业教师的角度进行同课异构。大家就幼儿园课堂教学中存在的问题进行积极探讨,畅所欲言,青年教师提出新观点,骨干教师传授好的经验,一场幼儿园教学研讨头脑风暴就此拉开序幕!

在评课、议课环节,现场的名园长、名教师从教学实际出发谈感受、说思路,共同探讨幼儿园教学策略。协作组组长王书敏指出,年轻的幼儿园教师要在课堂教学中下功夫,多向有经验的教师学习,善于反思,勤于积累,让自己快速成长起来。宋立芹老师则用自己的教学经验举例说明,教学的一切灵感来源于孩子,要关注孩子的整体发展,用专业教师的视角,去引领每一个孩子健康发展!樊淑玲老师用鲜活的事例说明,只有注重自身学习,充实自己,才能发展孩子。

最后,陈辉主任总结本次活动,畅谈自己的感受与期许,希望所有参会教师借助"三名"建设工程这个平台,与更优秀的人在一起,认识自我、提升内涵、读懂孩子、创新工作。

当孩子们遇到困难时,我们会和他们一起想办法解决问题;

游戏中,我们是孩子们的伙伴和朋友;

阅读,让我们与孩子们的心很近很近;

提供营养健康的膳食,让孩子们吃得健康;

孩子们依偎在我们的怀抱中寻求心灵的抚慰;

帮助孩子们养成良好的生活习惯和自理能力;

孩子们在我们的陪伴下安静入睡;

每天的晨午检让孩子们远离疾病；

为孩子们营造适宜的教育环境。

这就是我们——幼儿园教师。

学前教育协作组，用行动诠释着幼儿园教育的特殊性、全面性和启蒙性，大手与小手、县城与乡村一起携手并肩向前走，全县的幼教人同怀一个信念——"最美的教育最简单"，共创阳信县学前教育新前景！

同课异构促成长，聚焦高效提素养

——阳信县"三名"建设工程小学教师第一协作组举行"支持乡村振兴送培志愿服务"活动

2018年4月23日，阳信县"三名"建设工程小学教师第一协作组在河流镇中心小学举行"支持乡村振兴送培志愿服务"活动，协作组成员及河流镇学区小学语文、英语学科教师共50余人参加了活动。

送培活动主题是"同课异构促成长，聚焦高效提素养"。本次活动分同课异构课堂观摩、诊断性评课议课、名师汇报交流、读书阅读感悟四个环节进行。语文、英语两学科采取同课异构的形式同时进行。来自阳信县第三实验小学的刘召英、阳信县第一实验学校的丁媚清和河流镇中心小学的郭洪生、李雪营四位优秀老师各执教了一节观摩课，四位老师以独具特色的文本解读方式、教学理念、教学方式，为我们呈现了精彩课堂。

县"三名"人选文玉燕做了题为"我们的'三名'"的分享。她的"三名"之旅让我们对"三名"建设工程有了新的认识。"三名"建设工程代表了一个优秀教师群体，代表了一种信念，更代表了一种文化。她相信在"三名"这个平台上每个人都会遇见更好的自己。

县教体局师训办主任陈辉进行总结讲话，对"三名"人选提出三点希望：一是奋斗不止，做终身学习的践行者；二是传承创新，做优秀文化的传播者；三是奉献协作，做团队发展的引领者。

本次活动进一步推动了优质教育资源辐射乡村学校常态化，为构建以城带乡、整体推进、均衡发展的义务教育机制提供了有力支撑。

立德树人重孩子素养提升，关注细节促学校内涵发展

——阳信县"三名"建设工程中小学校长协作组研讨会顺利召开

为加强协作组成员之间的相互交流与学习，推进学校管理内涵发展，2018年6月26日上午，阳信县"三名"建设工程中小学校长协作组研讨会在阳信县劳店镇中心小学顺利

举行。县教体局督导室主任李连波、师训办主任陈辉全程参与,协作组成员、劳店镇学区及河流镇学区的骨干校长共计30多人参加活动。

研讨会历时半天,第一项,劳店镇中心小学校长田国军介绍了该校的教育发展情况;第二项,协作组成员就各自学校的管理亮点进行了分享交流;第三项,观看了劳店镇中心小学学生的素养展示;第四项,陈辉主任部署协作组下一步的任务;第五项,李连波主任总结讲话,肯定了"三名"建设工程开展以来取得的成绩,也对协作组成员今后的专业发展提出了殷切的希望。

接天莲叶无穷碧,映日荷花别样红

——浙江大学培训纪实

2018年7月8日凌晨四点,阳信县"三名"人选第一批学员87人千里奔赴浙江大学参加第三次集中培训。

7月9日上午八点,我们在浙江大学举行了简短的开班仪式。浙江大学继续教育学院培训部主任李笑月致辞,从学术水平、科研水平、服务社会水平三个方面介绍了浙江大学,要求我们怀揣名教师、父母、浙大学生三重身份,把心安放在教室里,怀着"空杯"心态接受培训。

阳信县教体局师训办主任陈辉在动员讲话中首先代表全体学员感谢县教体局为我们提供了这样难得的学习机会,感谢浙江大学继续教育学院为我们烹制的"专业大餐";希望在培训中,通过专家引领、名师带动、同伴互助、文化熏陶和自我反思,全体参训学员在理论理念、教育实践、研究能力等方面有新的提升,切实破解工作疑点问题。陈主任对全体学员提出三点希望和要求:第一,珍惜机会。要以强烈的使命感和积极进取的精神风貌参加培训,确保培训效益最大化。第二,确保安全,遵守纪律。第三,树立良好形象。要模范遵守社会公德、职业道德,优化个人品德,塑造好山东阳信教育人的形象。陈主任说:"希望每个人的气质里,藏着他读过的书、走过的路、受过的培训。"

风送荷香满园,浙大提升历练

7月的杭州,骄阳似火。2018年7月9日,阳信县"三名"人选在阳信县教体局的精心组织下在浙江大学参加了"三名"综合素质提升培训班学习。

开班仪式上,浙江大学继续教育学院的李笑月主任对浙江大学的建校历史和文化理念进行了介绍,并对全体学员提出了拥有"空杯"心态、放下面子、学有收获的要求和希望,同时做了安全提醒。县教体局师训办主任陈辉也做了激情洋溢的讲话,并对本次培训提出了殷切期望和纪律要求。

浙江省教育厅副总督学缪水娟老师在报告"基于核心素养的学校课程教学改革"中阐述了对学生核心素养培养的认识,分析了我国学生发展核心素养的背景,结合发达国家基础教育的现状,理性提出了我国基础教育存在的问题。之后缪老师建议我们,对自己任教学科的核心素养及课程标准要有精确的定位,这样才能培养出合格的社会公民。

浙江省特级教师、杭州市上城区教育局副局长王莺在"深度对话,教育教学的新追求"报告中用生动幽默的语言分享了自己成长的过程,让我们对课堂教学有了更智慧、更理性的思考。

浙江大学教授、国家二级心理咨询师龚惠香在"了解情绪,管理情绪"报告中让我们对核心素养、课堂教育教学、控制情绪等有了更深入的认识。龚惠香教授说,控制好情绪,快乐从心开始。俗话说,甘瓜苦蒂,天下物无全美。作为普通人,我们虽然不完美,但我们可以热爱生活,喜欢旅游,喜欢读书,喜欢花草,追求美好的一切;作为教育工作者,我们可以把对生活的热爱传递给学生,控制好自己的情绪,把理智、乐观、积极的心态"过渡"给学生。生活中虽有这样或那样的烦恼,但我们可以管理好自己的情绪,客观理智地认识生活中的烦恼和不足。我们和学生都是不完美的,但是我们一直走在追求完美的路上。

郑国强老师就"班主任技能之案例分析"为我们做了详细讲解。郑老师的讲座不仅理论联系实际,而且音频、视频俱全。尤其是他对案例的分析,既有理论基础,又贴近现实,对我们今后的班级管理实践有很大的帮助。

西子湖畔话教育,浙大园中聆妙音

——阳信县教育干部及研训人员培训班开班纪实一

2018年7月15日上午,阳信县教育干部及研训人员培训班在浙江大学华家池校区正式开班。阳信县各中小学校长等共75人参加了培训,县教体局教研室主任秘金亭、县教体局师训办主任陈辉出席开班仪式。

开班式上,浙江大学继续教育学院培训部副主任骆晓青首先介绍了浙江大学的发展简史和杭州的经济、文化、教育发展状况以及培训班前期的筹备情况。秘金亭主任代表教体局做动员讲话。秘主任指出,到浙江大学进行高端培训,是阳信县教体局党委着眼于教育干部素质提升做出的一项决策,希望全体学员珍惜宝贵的学习机会,及时转变身份,着力在思想观念上有新转变,在教育实践上有新突破,实现不忘初心、坚定情怀、愉快学习、提升业务、加深友谊等六大目标,并对参训学员提出了三项纪律要求。

学员纷纷表示一定会珍惜本次培训机会,上课严守课堂纪律,保持良好形象,以高度的责任感和使命感全身心地投入学习培训中。

承典塑新，力行致远

——阳信县"三名"建设工程高中教师协作组杭州研训纪实一

2018年7月23日，按照县教体局的统一安排，阳信县"三名"建设工程高中教师协作组一行46人赴浙江学习，学习内容主要包括新高考背景下的课程设置、选课走班、学生评价实践策略等。

本期研修班为期六天。研修过程中，我们先后聆听了杭州高级中学蔡小雄校长的"从文化自觉中寻找新高考前进的动力"、浙江省丽水中学梅进德主任的"全新生涯规划教育模式下普通高中生涯规划教育体系构建"、浙江省柯桥中学徐建明副校长的"新高考下选课指导与走班教学的实践及探索"、浙江省教育厅副总督学缪水娟的"新高考背景下的学校课程与教学改革"、海宁高级中学赵琴副校长的"新高考背景下高中德育深度转型"以及浙江省教育厅质量检测中心方张松主任的"教育评价改革转型与教学质量管理"等报告。这些专家的报告，不仅有理论，也有实践案例、数据支撑，深入浅出，语言风趣幽默。

培训的六天里，我们相聚在我国首批新高考改革试点区——浙江杭州，共同探寻新一轮高考改革的真谛，研讨新政落地的方法与策略，明晰新时代教师转型发展的趋势与路径，近距离感受、体验高中教育变革的新样态。六天里，来自全国九个省份的老师朝夕相处，同窗共读，互助互学，不仅丰厚了自己的学养，也增进了相互的了解，加深了彼此的友谊。我们聆听专家、一线校长的新政解读、经验分享，体验醍醐灌顶的快意，感受茅塞顿开的酣畅；我们与同道人倾谈共勉，深度探讨新政下的课程设置、选课走班、生涯规划、班级管理以及教师应对之策。

不虚此行！

醉美高考景，最忆杭州行

——阳信县"三名"建设工程高中教师协作组活动纪实二

2018年7月23日，在县教体局的精心组织下，阳信县"三名"建设工程高中教师协作组赶赴风光旖旎的杭州，参加为期六天的新高考研修学习。六位高考专家的报告为我们打开了一扇新高考前沿之窗，令人耳目一新，收获颇丰。

2018年7月24日上午八点半，培训活动拉开帷幕。我们首先聆听了浙江省杭州高级中学校长蔡小雄的报告"从文化自觉中寻找新高考前进的动力"，从系统论角度分析了新课改与新高考及选课走班相关的六个子系统：学习者系统、课程开发系统、学生选课系统、课堂教学系统、走班管理系统、教育评价系统，认为保证整体系统的正常运行，必须抓住教师、课程、评价。

下午，学员们认真学习了浙江省丽水中学生涯规划教育指导中心主任梅进德做的"全息生涯规划教育模式下普通高中生涯规划教育体系构建"专题报告。梅主任首先介绍了新课改、新高考背景下选考科目"七选三"所带来的"优"与"忧",介绍了丽水中学对"七选三"的各种探索以及"七选三"的具体操作流程,并形成了具有丽水中学特色的生涯规划教育体系。梅主任还提到了新课改、新高考背景下的教师团队建设问题,从导师分工、筛选方式、培养途径、培养经费、发展目标五个方面来探索教师团队建设。

7月26日上午,柯桥中学副校长徐建明在"新高考下选课指导与走班教学的实践及探索"报告中,对新高考的特征、柯桥中学选课走班教学的安排与管理、首轮新高考制度实施后的反思等方面进行了全面的讲解。

下午,学员们聆听了浙江省教育厅副总督学缪水娟做的"新高考背景下的学校课程与教学改革"报告。报告介绍了浙江课程改革的顶层设计与课程教学改革,认为构建多元课程体系,是全面提升学生综合素质的有效途径。

27日上午,海宁高级中学副校长赵琴在"新高考背景下高中德育深度转型"报告中,就实施新高考制度后的德育保障、推动、引领学习及生涯规划课程的设计等方面进行了介绍。

下午,浙江省教育厅质量检测中心方张松主任做了题为"教育评价改革转型与教学质量管理"的报告,根据对30万名初三、高三学生的数据分析得出影响教学质量的五个正相关性因素,分别是师生关系、教学方式、亲子关系、学校归属感、同伴关系。

本次培训使学员们对教育教学有了全新的认识,对新高考改革有了更深入的思考,对新高考带来的挑战有了更充分的理解。大家纷纷表示,今后要不忘初心,不辱使命,为阳信教育,特别是新高考做出应有的贡献。

> 湖光山色杭州城,问道高考在仙境。
>
> 勤加修炼不辞劳,泽被千家梨乡情。

立德树人悟真经,内化吸收促提升

为深入贯彻全国教育大会精神,扎实推进基础教育综合改革,进一步促进全县中小学班主任的专业发展,提高德育工作实效,2018年11月24日,阳信县中小学班主任全员培训活动在阳信县实验中学成功举办。

特邀"国培"专家、淄博市张店区实验中学校长助理张利平,滨州市实验学校优秀班主任王海燕莅临授课。阳信县人民政府教育督导室主任李连波,县教体局党委委员、副局长南风坡,县教体局德育办公室主任沈洪波,县教体局师训办公室主任陈辉出席开班仪式。全县各中小学共971名现任班主任参加了为期一天的集中培训。

李连波主任在开班仪式上做动员讲话,对来阳信传经送宝的专家表示感谢,对参训的全县中小学班主任提出了希望和要求:坚持正确的教育导向,理解、把握立德树人根本任务;自觉加强师德修养,努力做学生的人生导师;明确职责,牢记使命,不断推进专业成长;珍惜机会,学思悟行,力求培训效益最大化。

沈洪波主任以"学班主任规定,做学生人生导师"为题,对《中小学班主任工作管理规定》出台的背景、意义、亮点进行了解读,并结合《中小学德育工作指南》就如何做好新时期班主任工作提出了要求和建议。

张利平老师以"班级管理的'道'与'德'"为主题分享了其专业成长经历,建议各位班主任:要想管好班级,先要管好自己;想要管住自己,先要管好自己的情绪。

滨州市实验学校王海燕老师讲座的主题是"用心灵的阳光播种",阐释了班主任专业成长的心态、魅力、境界、动力,并介绍了从课本剧、少年队活动入手加强班级管理的经验。

我县两位优秀班主任分享了工作经验:水落坡镇中心小学杨俊红老师以"小学生班级自助管理能力的培养"为题做典型发言。阳信一中张艳飞老师以"静心写作,用心教育"为题发言,讲述了自己坚持写作获得的幸福体验和快乐,给全体班主任以深深的启示。

陈辉主任主持培训活动并做总结点评,建议全体班主任多读书学习,提升学养;先做人后做事,不断修炼师德;与时俱进,坚持形式创新、手段创新,提高班级管理实效。陈主任勉励全体班主任将授课专家和先进典型的好思想、好做法内化于心,外导于行,在平凡而又神圣的工作岗位上立德树人、教书育人,为学生的终生发展和幸福奠基,为自己的事业和人生添彩。

本次培训是近年来我县组织的最大规模的面对面集中培训,无论是已生白发的老教师还是刚入职的教师新锐,都表现出了良好的精神风貌与旺盛的求知欲,认真听讲、专注记录、深刻感悟,秩序井然。培训活动的成功举办,必将进一步提升阳信县中小学班主任的专业素养,推动全县基础教育综合改革深入、有序发展。

百花齐放映成长,各有千秋话分享

2018年12月28日,阳信县"三名"人选中小学班主任协作组活动在劳店镇中学举行。协作组全体成员、劳店镇骨干班主任、洋湖乡部分小学校长等共50余人参加了活动,县教体局师训办公室主任陈辉、劳店镇中学校长王建龙应邀参加活动。

活动分三个阶段进行。第一阶段是专业成长经验汇报。协作组成员孙静静、王文娟、秘先梅等11位老师从个人的实践管理经验出发介绍了个人专业成长经历。劳店镇中学的李建峰老师,就学校推行的小班学生自主管理模式进行了经验分享。

在第二阶段,与会人员观摩了劳店镇中学的校园文化、文体活动以及班级管理展示等亮点工作。

第三阶段是参训心得体会交流。阳信县实验中学的姚西红老师就外出跟岗学习谈了心得体会,倡议班主任用科研引领成长,以问题为导向,引领专业成长。水落坡镇中学的肖书华老师谈了自己用实际行动关爱学生的感悟,提出教师在对待特殊家庭中的学生时应思考怎样表达关爱。

陈辉主任在总结讲话中指出,自上次协作组活动后,各位人选在平凡的工作岗位上恪尽职守,创新工作,既上好课又管好班,做到了"双翼飞翔",涌现出了一批先进典型。在对

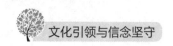

"三名"人选年度考核进行说明及对 2019 年培训活动做出一系列安排后,陈主任发出倡议,希望协作组成员读书常态化,每月自发组织一次读书活动。

协作组负责人李秀芳老师总结了本次活动的意义,指出班主任工作不仅是荣誉,更是责任。我们要恪守工作职责,沉淀实践收获,梳理管理技巧,用心、用智慧取得进步!

冬日送暖,砥砺前行

——阳信县"三名"建设工程初中教师第一协作组活动纪实

为大力支持乡村振兴战略,推进县域教育均衡发展,发挥"三名"人选的示范引领作用,进一步提高课堂效率、育人质量,2018 年 12 月 28 日,迎着刺骨的寒风,阳信县"三名"建设工程初中教师第一协作组全体成员齐聚一堂,在阳信县实验中学开展了"分享学习经验,聚焦高效课堂,落实核心素养"的主题活动。活动由阳信县教体局教研室主任张海艳主持。

本次活动分三个阶段进行。第一阶段是课堂观摩和评课、议课,分两个组同时进行。一组由阳信县实验中学的省优质课获得者李美景老师执教《愚公移山》,翟王中学的市优质课获得者宗鹏老师执教写作课《妙笔生花》;二组由阳信县实验中学的李玲老师和第三实验中学的李洁老师执教同课题"I wish my teacher knew…"。课堂教学思路清晰,学生学习兴趣浓厚,充分体现了新课标要求的"以学为主""以学定教"的教学理念,教师注重知识的生成过程,注重学习方法的引导,提升了学生的核心素养,真可谓精彩纷呈。

评课分别由县名教师张如意和县教研室主任张海艳负责,之后成员们各抒己见,气氛热烈。

第二阶段是专题研讨,分别由张如意、蒋丙健、王惠、张辉、韩强老师发言。县名教师人选张如意老师分享的题目是"追寻"。他讲述了从进入"三名"建设工程以来追求更好的自我的过程,分享了外出培训的收获,展望自己的未来,提出要给自己建一个知识储备库,坚持微写作,积极与教授进行交流,听课永远要坐在前三排……一系列好的建议让大家受益匪浅。成长,永远在路上,我们一起前行!县名教师人选蒋丙健老师分享的题目为"浅聊教师素质",从何为教师素质、教师素质之我观、借力专家、点滴自我反问四个方面给我们指明一个好教师应有的四个素质:优雅生活、优美课堂、完美自我和阳光楷模。名教师人选王惠从勤、严、细、恒四个方面分享了自己的成长经历,显示了一位年轻教师拼搏上进、不甘落后的好品格,同时为学科教学、班级管理提供了很多好的建议和方法。名教师人选张辉从栽好一棵树、育好一片林来谈复习策略。她从依据课程标准和滨州市中考说明制订复习计划、把握考试方向,从以章节复习为主、专题复习为辅,夯实双基,形成学科内知识网络体系等方面与大家分享了自己的教学经验,畅谈打造高效课堂的体会。名教师人选韩强从板书、简笔画和 PPT 三方面谈如何提升课堂教学的形式美和内容美。

第三阶段,协作组组长张海艳做总结发言,既肯定了大家的工作成绩,又提出了新的要求。她指出,现在普遍存在"一松三少"现象,即思想松懈,读书少,写作少,成果少,要

求全体成员紧张起来,向优秀者看齐,以此次活动为契机,制订计划,努力追赶,争取取得更大的进步!

协作组活动如冬天里的一把火,点燃了老师们的激情,温暖了老师们的心田。协作组全体成员将牢记使命,在教书育人的漫漫征程中不忘初心,砥砺前行。

"三名"协作如春暖,何惧"三九"隆冬寒

——阳信县"三名"建设工程初中教师第二协作组活动纪实

2018年12月29日,以"分享学习经验,聚焦高效课堂,落实核心素养"为主题的县"三名"建设工程初中教师第二协作组活动在阳信县第一实验学校成功举行。协作组全体成员、县教研室副主任潘云钊及阳信县第一实验学校校长助理刘光义、部分骨干教师参加了活动。

活动分四个阶段进行。

第一阶段,由阳信县第一实验学校的秘海霞老师和名教师人选刘淑霞老师分别执教《解直角三角形》《分式方程的应用》。两节课各具特色,秘海霞老师的课堂分四步走:备学篇(习旧迎新)—探究篇(借旧探新、归纳提炼)—实践篇(应用新知、自主实践)—收获篇,设计教学科学合理,环环相扣如行云流水,充分发挥了学生的主动性,调动了学生的主动性。刘淑霞老师的课堂如春风细雨,循循善诱,引导学生步步解惑,提升了学生的数学素养。

第二阶段,先由上述两位上课教师针对本节课的设计理念、意图以及存在的困惑进行了说课,随后程月辉、毛慧杰、王伟燕、凌玉波、潘云钊五位老师分别对这两节课进行了点评,提出了改进建议。

第三阶段,王洪建、付军、王辉三位老师与大家分享外出学习经验。王洪建老师提出要做"本真"教育,构建自主高效的真课堂。付军老师强调了不断学习、更新教学观念的重要性。王辉老师结合自己的教学实际举例说:"我连辅导孩子写作业这件事都能做,这个世界上还有啥事儿我做不了呢?可见,教育是世界上最难的艺术!"发人深省。

第四阶段,县教体局教研室副主任潘云钊对本次活动进行了总结,并对"三名"人选的专业成长提出了新的希望:多读书、多写作、多思考,积极参加各种教研活动,多出更优秀的教研成果。

虽然正值隆冬,但协作组活动让大家感到了温暖。相信在"三名"这个大家庭的支持和激励下,我们每个人的成长将一路暖阳。

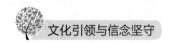

分享成长经验，聚焦区域活动，落实发展指南

——阳信县"三名"建设工程学前教育协作组活动纪实

为支持乡村振兴战略，推进县域学前教育均衡发展，发挥"三名"人选的示范引领作用，进一步提高保教质量，落实《3—6周岁儿童学习与发展指南》，2019年1月7日下午，阳信县"三名"建设工程学前教育协作组活动在阳信县实验幼儿园举行。

本次活动分四个阶段进行。第一阶段，实地观摩拉序幕。成员们观摩了阳信县实验幼儿园各班级的区域活动，老师们别具一格、独具匠心的区域活动创设，丰富多彩、结构不一的材料投放，细心观察、耐心引导的有效策略，处处体现出幼儿园教师的教育智慧。

为了打造"快乐教育"特色主题，阳信县实验幼儿园的每一层楼的走廊都有丰富的文化气息，一楼主题为自主快乐，二楼主题为生活体验，三楼主题为探究发现，充分体现了幼儿园"为幼儿的快乐人生导航"的办园理念。同时，每个班级都根据课程实施的主题、班级的文化及特色进行班级环境创设，如娃娃家家、图书漂流角、故事书屋，为孩子们创设了"最是书香能致远"的读书环境。

第二阶段，互研讨梳疑惑。阳信县实验幼儿园的宋立芹老师分楼层讲解了园区活动创设的理念，结合区域活动，分享了自己在区域活动探索中的体会和见解。同时提出关于区域活动的建议：区域活动中，不需要老师给出过多的要求，把自主性充分留给孩子。

紧接着，与会成员展开了热烈的讨论，围绕着现场观摩发现的问题进行头脑风暴，提出不同的解决策略，展现出幼儿园区域活动的别样风采！

第三阶段，齐分享共成长。每位观摩教师都热情高昂地发表了自己观摩后的收获，各抒己见，从区域的创设、主题活动在区域中的延伸、投放的材料、孩子的兴趣、活动的成效等多方面进行了深入研讨。

第四阶段，话区域新篇章。在听了大家的发言后，县教体局师训办公室陈辉主任对学前教育协作组提出三点希望：一要明大势，《中共中央国务院关于学前教育深化改革规范发展的若干意见》提出的普及普惠安全优质发展的工作方向，对学前教育既是挑战，也是发展机遇；二是守底线，教育部颁布的《新时代幼儿园教师职业行为十项准则》设定了幼儿园教师的底线，我们要从媒体曝光的外地案例中汲取教训，牢守安全底线，牢守师德底线；三是促成长，提高教师专业水平和科学保教能力是学前教育教师永远的追求，"三名"人选应发挥示范引领作用。

此次协作组活动为幼儿园教师开展区域活动起到了引领和促进作用，相信我们在以后的区域活动开展中会更加有针对性、实效性、教育性。

阳春布德泽，万物生光辉

——阳信县"三名"建设工程第六次专业成长论坛成功举行

"阳春布德泽，万物生光辉。"2019年3月27日，阳信县"三名"建设工程第六次专业成长论坛在阳信县第一实验学校成功举办，县"三名"人选、各乡镇（街道）学区、县直学校师训主任共计160余人参加。

第一项活动，部分"三名"人选经典诵读展示。40余位人选吟诵《大学》《论语》《学记》等经典句段，含英咀华，字字珠玑。

第二项活动，观看2018年"三名"人选学习、工作专题片，从三学段协作组14场精彩纷呈的"支持乡村振兴送培志愿服务"活动到火花迸射的"分享学习经验，聚焦高效课堂，落实核心素养"专题研讨，从走进浙江大学畅享高端前沿信息的教育培训到形成560余篇心得体会、24期简报，展现了"三名"人一年的艰辛劳动与丰硕收获。

第三项活动，县人民政府教育督导室主任李连波讲话。李主任指出，回望过去的2018年，在县教体局党委的正确领导下，我县秉持"师德和师能兼修，生命与使命同行"的核心理念，继续进行国家教育体制改革试验区试点项目。各人选牢记使命，讲大局，讲协作，讲担当，讲奉献，取得了丰硕成果。展望未来，我们要认真学习领会、全面准确把握习近平总书记关于教育及教师队伍建设重要论述的科学内涵和精髓要义，并将其作为今后教育工作与自身专业发展的根本遵循和行动指南，自觉将贯穿其中的坚定信仰、务实作风、创新精神和科学方法落实到教书育人的行动中。立足当下，要立德树人、涵养师德、赋能领航、对标先进、高点站位，心中拥有远大的理想，继续为全县干部教师示范领航，让阳信"三名"旗帜更高，品牌更亮。

第四项活动，阳信一中教师张艳飞、商店镇原大韩小学校长董雯雯、阳信县实验小学教师孙婷婷分别做专业成长报告。

张艳飞老师曾一年内在《班主任之友》《班主任》《德育报》《山东教育》等报刊发表文章13篇。他从为何写作、如何写作、坚持写作和享受写作等方面讲述了自己如何将传统文化教育精髓创造性地运用到班级管理中，用文字唤醒"良知"教育的成长历程。

董雯雯老师扎根乡村教育12年如一日，忠诚于党的教育事业，恪守在农村教育一线，钻研教学与学校管理，爱岗敬业，始终如一，在农村现有的教育环境中勇于探索适合农村孩子的教育方法。

孙婷婷老师善于钻研，虽任教数学却致力于信息技术与教育的深度融合，2015年组建教育先行者团队，在校内外、线上线下为数以万计的学员举行了几十场信息化教学交流会，在全国各地做报告十几场。

三位老师的专业成长之路充分诠释了阳信"三名"人忠于教育事业、坚持教育梦想、坚守教育初心的优秀品质。

县教体局师训办公室主任陈辉主持论坛并做总结点评。陈主任指出，经典诵读展示既是我们传承中华优秀传统文化的体现，又是对全县中小学教师的引领；专题片记录了

"三名"人的成长之路，令人感叹与感动。陈主任寄语各人选认真领会领导的讲话精神，充分借鉴吸收优秀人选的先进经验，在落实培养学生核心素养、推进自身专业成长的路上继续前行！

"悦读悦美·书韵留香"

——阳信县第二期市"三名"人选读书交流会成功举办

读书是教师专业成长的有效途径。教师的精神成长需要丰富的阅读滋养。2019年4月23日，即第24个世界读书日，31名阳信县第二期市"三名"人选齐聚阳信县实验中学，开展"悦读悦美·书韵留香"读书交流会活动。

本次读书交流会，共有四项活动。

第一项，宣读宣言。主持人王志刚老师代表所有"三名"人选宣读读书宣言，表达了全体人选以书为友、读更多的书、育更好的人的决心和愿望。

第二项，亮观点。所有"三名"人选结合自己的读书进度和读书计划，凝练出一段话，表达自己的阅读主张，给所有人选以很深的触动。

第三项，谈细节。校长组、班主任组、教师组遴选的读书代表发言。黄敏老师全面细致地回顾了自己读书的三个阶段——由主动读书的乐趣，到压力读书的精进，再到习惯读书的回归，分享了自己的感悟：在读书中学会思辨，在读书中提升理念，在读书中习得方法。姚西红老师从班级管理与读书的关系入手，分享了班级管理的智慧：班级管理需要温度与高度，需要深度和广度。而这些智慧，从专业的阅读中得来。金小静老师结合具体书籍，分享了自己读书的经历。她认为一个教师必须阅读教育理论书籍和学科专业书籍，因为这样的专业阅读可以让教师多几分底气；除此之外，教师还应该读一些文学作品，比如获茅盾文学奖作品、优秀的人物传记、优秀的散文集，这是老师培养优雅气质的源泉。宋秋红老师围绕选择、品味、助力、寻找、滋养、提升几个关键词，阐述了自己对于阅读的理解，表达了自己以读书的方式传播美好、丰盈人生的愿望。张如意老师结合著名语文教学专家黄厚江老师的书籍，阐述了对语文阅读教学的认识和理解，分享了文本细读、文本深读的具体做法。

第四项，总结。阳信县教体局师训办主任陈辉在总结讲话中，从读书丰富人生、读书增长智慧、读书塑造气质等方面分享了自己的读书经历，尤其是他藏书的习惯，赠人以书、手留余香的做法，给所有人以启迪。

眼睛到不了的地方，读书可以。本次读书活动的成功举办，让人选们加强了交流，分享了心得，增长了智慧，开阔了视野，标志着阳信县第二期市"三名"人选的读书活动又进入一个新的时期！

倾情帮扶彰显大爱无疆,潜心求学只为桃李芬芳

——阳信县百名教育干部赴桓台县名校跟岗培训取得圆满成功

为培养一支政治过硬、品德高尚、业务精湛、治校有方的教育干部队伍,借力桓台县对口帮扶阳信的宝贵机遇,2019年4月15—26日,阳信县精心选派包括部分"三名"人选在内的学区主任、业务科室负责人及中小学校长、幼儿园园长共100余名优秀教育干部分两批次赴桓台县名校跟岗培训。

桓台县教体局制订了详尽的培训方案,对参训学员进行了为期一周的沉浸式培训。通过跟岗培训,我县教育干部开阔了眼界,提升了境界,增强了使命感与责任感。桓台县各学校坚持立德树人、以人为本,落实培养学生核心素养等方面的创新举措,集团化办学、精细化管理、全员式育人的先进经验,学校课程体系、教师专业发展体系、教职工考核评价体系等方面的构建思路和办法,广大教师团结奉献、锐意进取,莘莘学子厚德博学、积极向上的精神风貌都给广大学员留下了深刻印象。大家一致表示,要将先进办学思想和教育理念与各自任职学校的实际相结合,内化为振奋信心、争创一流的精神追求,沉淀成知行合一、遵循教育规律的专业素养,转变成推进教师专业成长、提升学校内涵发展的行动自觉。

跟岗培训期间,学员们牢守规矩,团结互助,行察静思,塑造了阳信教育干部的良好形象,受到桓台县教体局及各学校领导的高度评价。

阳信县2019年新入职教师入职第一阶段
集中培训圆满成功

在举国上下喜迎新中国成立70周年,全县师生员工满怀喜悦心情迎来新学年开学之际,2019年8月31日上午,2019年新入职教师入职集中培训开班典礼在阳信县职业中专报告厅举行。

县委教育工委常务副书记,县教体局党委书记、局长郑景华,县教育教学服务中心主任李连波,县教体局党委委员、副局长胡建玲,县职业学校校长王荣海,县教体局师训办公室主任陈辉等领导出席开班典礼。全县乡镇(街道)学区、县直各学校师训干部、培训团队全体成员及2019届新入职教师共280余人参加活动。

开班典礼上,统一穿着印有"阳信教师"徽标文化衫的全体新入职教师首先面对国旗进行宣誓,会场气氛严肃庄重,新入职教师掷地有声的承诺彰显出作为人民教师的光荣和责任!

随后,新入职教师刘晓丽作为代表在发言中表示,要以勤为中心,勤学习,勤思考,勤请教,以严谨、勤奋的态度对待教学教育工作,精心备课,细心讲解,耐心解答,力争在最短的时间内让自己的教育教学工作步入正轨;更要牢固树立专业思想,遵守教师职业道德规范,把塑造人的灵魂、献身教育事业作为信仰,心甘情愿地将知识的种子播撒在不为人知的角落里,在平凡的岗位上努力成就一番不平凡的事业。

郑景华同志做开班动员讲话,表达了对215名新入职教师加入阳信教师队伍的热烈欢迎、对入职培训班成功举办的热烈祝贺以及对精心筹备组织此次培训的专家团队和志愿者的感谢。他在讲话中对新入职教师提出了要求,殷切希望广大新入职教师转换角色,热爱学生,培养情怀,志存高远,脚踏实地,牢记使命,快速成长,以良好的心态,迈好踏入社会的第一步,担负起教书育人的责任。

据悉,县教体局党委高度重视新入职教师的入职培训和专业发展,对新入职教师为期三年的培训和培养进行了统筹设计与规划,建立了入职宣誓制度、双导师制度、定期考核制度等促进新入职教师专业发展的长效机制。

今年更是首次将新入职教师入职培训分为两个阶段进行,第一阶段为集中培训,第二阶段为社会实践、课堂观摩与拓展训练,运用全方位、立体化、跟踪式培养模式,科学进行培养,为新入职教师搭建专业发展的广阔平台。

本次培训为期两天,10位授课专家分别是我县本土成长发展起来的优秀教育干部、信息技术专家、优秀班主任、市名校长、农村特岗教师、齐鲁名师人选等优秀典范。培训课程主题涵盖教师职场入门、教师职业定位与规划引领、教师职业道德文件解读、师德养成、新入职教师日常教学常规及教研、教师专业发展成长、新时代新入职教师教育科学技术、班主任管理及读书写作等多个方面。

2019年9月1日下午,培训任务圆满结束。李连波同志在结业仪式上做了总结讲话,充分肯定了新入职教师的学习态度和培训成效,并殷切期望大家走上工作岗位后学习先进、赶超先进,理解教学规范、增强教育技能、丰富工作经验、培育教育情怀,扎扎实实走好教书育人的第一步。

培训团队的工作人员在整个培训过程中仔细收集素材,跟踪拍摄,将培训的精彩瞬间用镜头记录下来并精心制作成微电影作为送给全体新入职教师的结业礼物在结业仪式上播放。

培训期间,全体新入职教师认真聆听、仔细记录、积极参与,遵守纪律、服从管理、学思结合。通过培训,大家强化了职业规范,增进了职业认同;熟悉了制度法规,掌握了教育方法;明确了教学常规,了解了教学流程,拓展了技术手段,提升了读写自觉;明白了任务目标,明晰了成长路径;分享了典型经验,坚定了工作信心。新入职教师纷纷表示,已做好吃苦的准备,要把梦想化为具体行动,不忘初心,坚守信仰,勇于担当,把握好入职第一年的关键期,以饱满的热情在阳信教育的热土上挥洒汗水,锐意进取,努力释放自己的青春正能量!

带着爱心上路,有爱心才会有教育! 怀揣梦想上路,有梦想才会有未来! 肩负责任上路,有责任才能有作为!

阳信县七人入选"齐鲁名校长""齐鲁名师"

2019年5月16日,从济南传来喜讯,我县参加"齐鲁名校长""齐鲁名师"评选陈述答辩的三位校长、四位教师全部通过,朱洪彬、齐爱军、南林成为第三届"齐鲁名校长"人选,刘明、王立新、张洪梅、宋立芹成为第四届"齐鲁名师"人选。阳信县"齐鲁名校长""齐鲁名师"人选入选数实现了历史性突破,入选数不仅遥居全市首位,而且位居全省所有县市区前列。

根据分配指标,我县择优遴选了六位校长、12位教师报滨州市参评;经市级评选,有四位校长、八位教师被推报参加省级评选;省级初审,我县有三名校长、四名教师进入第二轮会评答辩。进入会评答辩的七位人选,精心撰写陈述材料,县教体局组织专家团队加强指导,并进行了模拟答辩,人选们互相切磋、互相鼓励,从细节入手,反复演练,终于全部闯关成功。

"齐鲁名校长""齐鲁名师"人选取得的突破,是对我县"三名"建设工程十年实践与探索的最高奖赏,尤其是为师资紧张、经费短缺的贫困县区增强了信心,树立了样板。我们将以此为起点,提升境界,实事求是,遵循教育规律和人才成长规律,因地制宜,务实求效;大胆探索,积极作为,高标准、高质量地深入推进"三名"建设工程,切实发挥好"三名"人选的示范、引领和辐射作用,为建设高素质专业化师资队伍、推动全县教育事业高质量发展做出贡献。

强化职业认同,聚焦课程课堂,培养团队精神

——阳信县2019年新入职教师第二阶段集中培训圆满成功

2019年11月10—11日,阳信县2019年新入职教师第二阶段集中培训成功举办。10日上午,县教育教学服务中心主任李连波,县教体局师训办主任陈辉、副主任黄春燕,阳信县职业中专副校长闫汝强,全县乡镇(街道)学区、县直各学校师训干部、培训管理团队成员及2019届新入职教师共280余人参加了培训。

李连波主任在开班动员讲话中对第一阶段集中培训取得的成效进行了总结回顾,对第二阶段的培训安排进行了解读说明,代表县教体局对新入职教师今后的实习期培养提出了期望和要求:新入职教师要明晰发展方向,树立专业自觉,进一步修炼师德,不断提升教育教学技能,增强作为人民教师的职业认同感、自豪感、使命感和责任感。

开班典礼结束后,新入职教师按照培训模块分组进行县情教学、拓展训练和课堂技能研磨。

在县情教学模块中,全体学员先后来到阳信龙福环能科技股份有限公司和阳信瑞丰集团两家企业进行了实地参观。通过参观,学员们进一步了解了阳信,感受到了阳信的经济发展与社会进步,增强了职业认同感和自豪感。

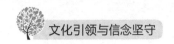

在拓展训练模块中,通过破冰、团建、攀岩、击鼓颠球、摸石头过河等项目的实践体验,学员们提升了团队归属感、认同感和信任感,增强了不怕挫折、不断进取、勇于拼搏的意识,培育了积极进取的人生态度和团队协作精神。

在课堂技能研磨模块,"齐鲁名师"、市级名师担任各学段首席专家,通过分学段、分学科新入职教师实践汇报课、骨干教师示范课(同课异构)、首席专家评课说课、总结评析、经验分享等形式,充分展现新入职教师的工作激情和骨干教师的示范引领及传帮带作用,"以老带新,以新促老,新老融合,共同提高",为促进青年教师规范教育教学行为、提高教育教学技能、促进专业成长奠定了基础。

十年艰辛铸就辉煌,使命担当传承发扬

2020年9月26—27日,阳信县教育干部"三专"能力提升培训暨第七次"三名"人选专业成长论坛在阳信县第二实验中学成功举办。阳信县教体局党委书记、局长郑景华,县教育教学服务中心主任李连波等出席论坛。阳信县各乡镇(街道)学区、县直各学校教育干部、县教体局科室负责人、县"三名"人选共计450余人参加了论坛。

即墨区教体局副局长兼即墨28中校长李志刚做了题为"'德智合一'促课堂改革,'和谐互助'助干部成长"的报告。李校长分享了即墨28中丰富多彩的德育课程和"和谐互助"高效课堂教学思想及操作流程,充分展示了他先进的治校理念、严谨的治学态度、宽博的教育情怀和广博的专业学识。长沙市人民政府教育督导室原主任党朝荣做了题为"学校教育要强化国家意志"的报告,从教育的政治站位出发,系统阐述了学校教育强化国家意志的必要性及方法路径。

在"三名"建设工程专题论坛上,部分"三名"人选进行了经典诵读。李连波主任为44名受表彰的"三名"人选颁发荣誉证书并讲话。李主任在讲话中指出,"三名"建设工程历经十年探索磨砺,坚持改革创新,坚持文化浸润,坚持高端引领,坚持师德为先,遵循育人规律,唤醒了阳信县广大干部教师的专业发展自觉,改变了行为方式,引领了师德风尚,促进了城乡均衡,取得了令人瞩目的成绩。李主任在讲话中对"三名"人选提出了殷切期望,希望所有"三名"人选牢记立德树人初心,不负为党育人、为国育才的崇高使命,以不断探索新时代教育教学方法和提升教书育人本领为行动指南,更好地完成"三名"建设工程的使命与担当,力争在教育教学与管理一线大展宏图,再立新功,为推动全县教育高质量发展做出新的更大贡献。

随后县教体局师训办的黄春燕副主任做了题为"课题研究成就卓越教师"的专题报告。黄主任从破除课题研究的神秘感入手,结合自己多年从事课题研究的经验,讲解了如何选题、如何撰写立项申请书、如何系统开展研究等问题,为"三名"人选开展课题研究提供了专业指导。

在专题培训模块,县"三名"人选王珊从字体字号、结构层次、标点符号、行文格式等方面介绍了通用文件行文规范的相关知识。名教师文玉燕从新闻撰写的要求谈起,结合

"三名"建设工程新闻稿件的具体内容,分享了新闻撰写及简报制作的相关内容,并就简报的题目风格、语言特点、照片选取等内容做了具体说明。名教师孙婷婷站在自媒体编辑的角度,示范了多种多媒体工具的用法,充分展示了自媒体工具的便利优势。

在专业成长经验分享模块,名校长张付亭分享了自己的读书和学习经历,展示了其引领老师读书交流的执着;"齐鲁名师"刘明从自我认同、主动研究、懂得感恩等方面,分享了专业成长经验,建议大家勤于学习、主动听课、及时反思、自发研究,高站位,懂感恩,放大格局;"齐鲁名师"宋立芹结合自己的成长历程,从激情工作、不断学习、勇于实践、勤于反思、扎实研究等方面分享了成长心得,为"三名"人选发展提供了宝贵经验。

县教体局师训办主任陈辉做总结讲话。陈主任再次阐述了"三名"建设工程十年艰辛发展历程中不懈探索的实践坚守、宽进严出的独特选拔机制和备受关注的品牌影响力,重申了自己学习"三名"、引领"三名"、服务"三名"的初心愿景,表达了对"三名"建设工程的深刻挚爱、关爱之情。

本次论坛,旨在提升全县教育干部的"三专"能力,加快"三名"人选的专业成长步伐,增强教育干部为党育人、为国育才的责任意识;同时,全面回顾阳信县"三名"建设工程十年的奋斗历程,总结"三名"建设工程在培养、塑造阳信教育卓越人才方面的典型经验。

立标,立业,立言

——滨州市第三期"三名"人选专业发展能力提升培训纪实

2020年11月11—17日,滨州市第三期"三名"人选专业发展能力提升培训班如期举行。此次培训班紧贴学员学情实际,设置了开班典礼、述职答辩、专家讲座、交流研讨、汇报展示等环节。学员们学习热情高涨,专家讲座精彩纷呈。

2020年11月12日上午,滨州市第三期"三名"人选专业发展能力提升培训班在滨州开班。滨州市委教育工委副书记、市教育局党组副书记、二级调研员申立新,中国教师研修网项目总监张国强出席了开班典礼,全市第三期"三名"人选参加了开班仪式及培训。开班典礼上,张国强对总体培训方案进行了解读。申立新从明确标准高效学习、学以致用示范引领、遵守纪律安全至上几方面对本期培训班提出了要求。

专家的精彩报告,让大家经历了一次头脑的风暴、一场心灵的启迪、一次情感的升华,使"三名"人选更加明确了学习的重要性,增强了研修、科研意识,丰富了专业理论知识。

结业仪式上,张国强对本次培训进行了总结,表达了对"三名"人选的期待:聚是一盘棋,散是满天星,无论在哪一所学校,都要负起专业引领之责。

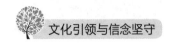

携手并进，感恩有你

——阳信县"三名"建设工程小学教师第一协作组研讨交流会纪实

2020年12月10日，阳信县"三名"建设工程小学教师第一协作组研讨交流会在阳信县第三实验小学举行。阳信县教体局师训办陈辉主任、阳信县第三实验学校校长赵希明及学校骨干教师参加了交流活动。

本次活动共分四个阶段进行。

第一阶段，走进"印象课堂"。协作组成员根据自己任教学科，走进阳信县第三实验小学新任教师的"印象课堂"，通过观课议课、结对研备等帮助新任教师快速成长。

第二阶段，研讨交流。协作组成员围绕全县教育干部"三专"能力提升培训暨第七次"三名"人选专业成长论坛交流学习心得及个人发展规划，有的老师还分享了自己的成长历程。

第三阶段，授书仪式。县教体局为"三名"人选精心购置了《苏轼十讲》《论语·大学·中庸》，陈辉主任逐一为协作组成员授书。

第四阶段，工作安排。协作组组长刘召英对小组的读书、沙龙等方面的任务做了详细安排。

本次活动，拓宽了"三名"人选的视野，增强了协作组成员的凝聚力。参训人员纷纷表示，在今后的工作中将借助县"三名"建设工程平台，以协作组活动为契机，携手并进，努力提升自己的业务水平，为阳信教育发展做出更大的贡献。

"三名"建设工程初中教师第二协作组交流活动纪实

研暖寒冬，学暖人心。2020年12月21日，恰逢冬至，纵然天气严寒，也抵挡不住老师们学习的热情，阳信县"三名"建设工程初中教师第二协作组交流活动在翟王镇中学举行。县师训办陈辉主任、县"三名"建设工程初中教师第二协作组全体成员、阳信县第一实验学校集团校各学校带队领导及骨干教师参加了本次交流活动。本次交流活动安排了课堂教学观摩、名师专题报告、阶段性总结部署三个环节，参会老师学习热情高涨，名师报告精彩纷呈。

首先是翟王镇中学李建忠校长致欢迎辞，介绍了翟王镇中学的办学特色和取得的成绩。

在课堂教学观摩环节，翟王镇中学的李荣燕老师和阳信县第二实验中学的张延娥老师执教了两节精彩的观摩课。两节课教学理念先进，突出学生主体，目标达成度高。课后董振学老师、秘海霞老师分别对这两节课进行了评课，并给出了合理的改进建议。

在名师专题报告环节，吴秀华、王伟燕、王辉三位老师结合个人专业成长和学习体会做了精彩的报告，给老师们带来了一场精神盛宴。

最后，县师训办陈辉主任对本次活动进行了总结。他对近期活动做了进一步安排，倡议成立协作组专业成长沙龙，在固定时间和地点举行，以为老师们搭建专业成长平台。陈

主任勉励大家要坚守初心,淡泊名利,克服惰性,勇于创新,努力追求自己的人生价值。

本次研讨活动,为老师们提供了相互学习、相互交流、共同提高的平台,增强了协作组成员的凝聚力、向心力,促进了老师们的专业成长。

"三名"引领促成长,凝心砥砺共前行

——阳信县"三名"建设工程初中教师第一协作组交流研讨活动纪实

2020年12月23日,阳信县"三名"建设工程初中教师第一协作组交流研讨活动在阳信县第一实验学校成功举办。县教体育局师训办主任陈辉,阳信县第一实验学校党支部书记郭洁、教师发展中心主任魏艳玲及协作组所有成员参加了研讨交流活动。

阳信县实验中学的李秀芬老师执教了英语阅读课。李老师从有趣的创意作品入手,激发学生学习兴趣,利用"三步阅读"教学法,深入浅出地引导学生掌握文章内容。本节课任务设计符合课标要求,与中考相结合,课堂容量丰富,是一堂优质高效的英语课。

阳信县第一实验学校的董艳老师执教了经典散文《背影》。董老师紧紧围绕文章的主要内容——"父子之情"展开,以问题作为激发学生思维的导火索,启迪学生智慧,让课堂绚丽多姿。师生交流的过程中,董老师总是认真倾听学生发言并适时进行升华拓展。

在名师分享板块,阳信县教体局师训办王珊老师,阳信县第一实验学校韩强老师、张辉老师,翟王镇中学李鑫老师从不同角度进行了分享,为老师们的专业发展理清了思路。王珊老师就简报编辑规范化进行了详细讲解。韩强老师做了题为"抱团发展,成就你我"的报告,强调团队的作用,提出团队精神是团队建设的血脉。张辉老师用"感恩、成长、起航、共勉"八个字回忆了"三名"建设工程建设中的心得和成长。

县教体局师训办主任陈辉对研讨交流活动进行了总结。陈主任与老师们分享了"三名"建设工程背后的感人故事以及在"三名"建设工程十年艰辛发展历程中不懈探索的实践坚守、宽进严出的独特选拔机制和备受关注的品牌影响力,提出面对新机遇、新挑战,要坚守教书育人的初心,摒弃惰性,并对近期工作开展进行了部署安排。

本次交流研讨活动,旨在有效促进校际协作发展,提高协作组教师的课堂教学能力,引导教师思考、分享、讨论、反思课堂教学效果,实现教师专业的可持续发展。通过本次活动,协作组教师相互学习、相互交流、共同提高,促进了专业成长。协作组成员将在今后的工作中提升专业能力与学科素养,实现培训效益最大化。

"三名"领航,共向明亮那方

——阳信县"三名"建设工程中小学班主任协作组教研活动纪实

为促进阳信县"三名"人选专业发展,加强协作组成员互助交流,根据阳信县有关文件的要求,2020年12月30日上午,阳信县"三名"建设工程中小学班主任协作组在水落坡镇雷家小学开展了主题交流教研活动。活动由协作组组长丁涛老师主持,阳信县教体局师训办主任陈辉、水落坡镇学区主任付治华、学区相关业务领导以及全体班主任协作组成员参加了本次活动。雷家小学的老师们也非常珍惜这次学习机会,很多青年教师全程旁听。

活动开始,水落坡镇学区师训办主任王春军致欢迎辞,简要介绍了水落坡镇教育发展的情况和取得的成绩,并对本次活动的开展表示大力支持。

活动中,协作组成员分两组分别观摩了雷家小学张宁老师和劳店镇中心小学李廷廷老师执教的主题班会展示课。张宁老师执教的主题是"弘扬雷锋精神,争做时代新人",通过播放视频、讲雷锋故事、寻找身边的雷锋、观看抗疫正能量宣传片,让学生切实感受雷锋精神的无私和伟大,并引导学生自觉践行雷锋精神。李廷廷老师执教的主题是"感恩父母",教学环节层层深入,通过形式多样的活动,让学生从知恩到感恩,并学会回应父母的爱、报答父母的爱。

接下来水落坡镇雷家小学肖书华、翟王镇中心小学丁晓努、温店镇中心小学刘惠萍三位老师分享了班主任工作经验。肖书华是一名扎实、苦干、为大家舍小家的创新型班主任,也是一名有思想、有情怀的女校长。她的报告既有充满智慧的班主任管理经验和方法,也有一些关于学校管理的创新思想和做法。丁晓努老师以"仰之弥高,钻之弥坚"为题做了有关落实优秀传统文化的专题报告。刘惠萍老师是一位有爱心、有耐心、有毅力的班主任,她的报告"做一名眼中有光、心中有爱的班主任",让大家感受到了班级活动的创新性以及她对特殊学生的特殊的爱。

专业成长报告会之后,协作组成员依次进行了分享,包括读书心得、班级管理经验、学习感悟等,表达了追随"三名"的决心和对"三名"的热爱。

随后,陈辉主任为协作组的每一名成员发放书籍,本次的指定书目是《苏轼十讲》和《论语·大学·中庸》。这沉甸甸的书籍饱含着县教体局领导对"三名"人选殷切的希望和期待!"为什么我眼里常含泪水,因为我对这份工作爱得深沉。"陈主任对"三名"建设工程的热爱和深情,让在座的所有人为之动容。陈主任语重心长、情真意切,他勉励老师们不仅要仰望星空,还要脚踏实地,要坚守、要努力、要创新,要从经验型班主任向研究性型班主任转变。他勉励老师们要教书先做人,做一个大写的人,做一个向上向善的人,做一个豁达、淡泊、有智慧、有情怀的人。

活动最后,协作组组长丁涛对本协作组下一步的工作做了详细部署和安排,既有长期活动目标说明,也有具体工作方法。

通过本次活动,协作组成员加强了了解,增强了对"三名"建设工程团队的认同感和幸福感。所有过往,皆为序章,相信,大家在"三名"建设工程的引领下,一定会在专业成长的路上越走越远,一定会找到最好的自己!

深冬岁寒,邂逅一场书香盈溢的浪漫

——阳信县"三名"建设工程高中教师协作组交流研讨活动纪实

2020年12月30日下午,阳信县"三名"建设工程高中教师协作组交流研讨活动如期在阳信县第二高级中学举行。参会人员有阳信县教育教学服务中心主任李连波、阳信县第二高级中学校长朱洪彬以及协作组全体成员。

一、缘分相聚,辞旧迎新

活动伊始,阳信县第二高级中学校长朱洪彬致欢迎词。朱校长简要介绍了学校的教育发展情况和取得的成绩,并对本次活动的开展表示热烈的欢迎。

二、共享优质课堂,齐享文化盛宴

本次协作组活动的优质课堂课例由阳信县第一高级中学的温雪岗老师执教,主题是"读诗明理——古诗中的待客之道"。温老师将中华优秀传统文化元素融入课堂教学,采用先进的教学手段,运用启发式教学法,以"礼出君子—礼促和谐—礼示珍重"为线索,激发学生学习的兴趣,让学生深深感受到了中华优秀传统文化的魅力。

三、教学、读书与管理,多方交流谋进步

"腹有诗书气自华,最是书香能致远",阳信县第二高级中学王国娟老师、阳信县第一高级中学史书芳老师和阳信县职业中专高翔娟老师先后分享读书经验。

王国娟老师从"读书,可以让我们获得审美的喜悦感"和"读书,就是在自己的心里洒满阳光"两个方面阐述了读书的重要性,并以《故都的秋》的读书反馈为例谈了对教学的启发,深入浅出。

史书芳老师以《和优秀教师一起读苏霍姆林斯基》一书为例,交流了她在读这本书过程中的感悟和反思,并和大家分享了践行"读万卷书、行万里路"的真实经历,情真意切,感染力强。

"不管怎样,总要读书;不管怎样,总要善良;不管怎样,总要心向阳光",高翔娟老师就全国特级教师窦桂梅撰写的《回到教育的原点》一书从读书、备课、反思、共同体四个方面交流了读书心得。

班主任是班级管理的核心,良好班风的形成以及学生身心的健康成长、文化成绩的提高都和班主任息息相关。阳信县第一高级中学的王庆林老师、阳信县职业中专的尹冬老师、阳信县第二高级中学的王德刚老师交流分享了班级管理经验。他们从不同侧面用一个个真实、鲜活的典型案例,就如何发挥班干部作用、关爱每一位学生、重视学生养成教育、培养学生优秀习惯等方面进行了坦诚和真实的交流。

他们的发言真正体现了教师为人师表、潜心育人、爱生敬业、无私奉献的品质,令与会领导和教师深受感动、启发。

四、擦亮阳信教育名片,续写阳信教育辉煌

协作组活动进行到最后,县教育教学服务中心主任李连波为本次研讨会做总结发言。李主任从阳信县的教育状况和阳信县"三名"建设工程的选拔历程谈起,激励教师们续写阳信教育辉煌、提高阳信教育质量、擦亮阳信教育名片。李主任指出,教师应如红烛,在照亮别人的同时发展自己、成长自己。

相聚的时光总是那么短暂,深冬岁寒之际,我们一同邂逅了一场书香盈溢的浪漫,一同分享了一抹深入人心的暖阳。让我们扬起"三名"的风帆,奋力启航,期待下一次更好的遇见!

阳信县新入职教师线上线下一体化培训开班仪式
暨专家报告成功举办

根据《阳信县教育体育局关于实施新入职教师职初培养工程,加快专业发展的指导意见(试行)》文件部署,2021年1月14日,阳信县教体局、国家教育行政学院联合举办了阳信县新入职教师线上线下一体化培训开班仪式暨专家报告。活动采用北京、阳信线上直播方式组织实施。除阳信县教体局主会场外,各乡镇(街道)学区、县直各学校共设立了17个分会场,有新入职教师、各乡镇(街道)学区师训干部、县直各学校业务领导、新入职教师人生规划导师、乡校学科导师、县级导师团队共1000余人参加。

开班仪式上,国家教育行政学院远程培训中心教研部主任鲁良发表了热情洋溢的致辞。他勉励广大新入职教师志存高远、脚踏实地、排除干扰、坚持学习,并自觉做到学思结合、学以致用、理论联系实际,实现教育生涯的第一次飞跃。

阳信县教育教学服务中心主任李连波做开班动员讲话,要求全体新入职教师及导师团成员充分认识实施新入职教师职初培养工程的深远意义,指出新入职教师培训是我县着眼未来、推进教育高质量发展的又一项创新性举措,必将在阳信教师队伍建设史上产生积极而深远影响。本次一体化培训,目的在于借助国家教育行政学院的资源优势,对新入职教师进行知识技能系统培训和专业引领,引领新入职教师扣好教育职业生涯的"第一粒扣子"。李主任要求全体参训新入职教师珍惜机会,系统学习,快速提升;希望导师团队发挥好教育、引领作用,尽到父母之心、兄长之情与导师之责,在政治上关怀、在生活上体贴、在工作上帮助,引领新入职教师快速成长。

开班仪式结束后,淮北师范大学教育学院副教授李莹莹做了题为"新时代与新入职教师专业发展"的报告。李教授从为什么选择当教师的追问入手,引导大家对七大问题进行了深入思考,加深了新入职教师对教师职业的认识,明确了教师专业化、教师专业发展的内涵、方法与路径。李教授勉励新入职教师适应时代要求,高点定位,通过主观努力与外部支持,提师能、铸师魂,抓住学习、实践、研究三大法宝,推进自身专业发展,做有理想信念、有道德情操、有扎实学识、有仁爱之心的"四有"好老师。

德业兼修厚积薄发，言传身教下自成蹊

——阳信县新入职教师线上线下一体化培训结业仪式暨2021年全县教师暑期培训启动大会成功举行

2021年7月6日，阳信县新入职教师线上线下一体化培训结业仪式暨2021年全县教师暑期培训启动大会在阳信一中报告厅成功举行。国家教育行政学院原副院长李文长、远程培训中心主任李洪浦及阳信县委教育工委常务副书记、县教体局局长刘兆忠，县教体局党组成员、阳信县实验中学校长南风坡，县高中学校总校长朱洪彬，县教育教学服务中心主任刘德强，县教体局师训办主任陈辉等出席会议。全体参训教师、三级导师团成员、各乡镇（街道）学区主任、各县直（乡镇）中小学幼儿园校（园）长、业务校长、师训干部等共计1000余人参加了会议。

结业仪式上，与会人员观看了全县新入职教师职初培养工程专题片，回顾了该职初培养工程走过的艰辛而美丽的历程，欣赏了各学段、各学科组精心准备的形式多样的成果。

成果展示以学前组的舞蹈《红色摇篮》开场，她们用舞姿表达了对教育爱得深沉，用身体语言描绘了对革命先辈的敬意、对红色经典的传承、对教师职业的敬畏以及对教育的热爱。小学语文教师组在《追寻长征精神，献礼建党百年》的吟诵中，歌颂中国共产党，弘扬传承长征精神，充分展现新入职教师欲走好新时期教育长征路的决心和气魄。县级导师团队吟诵的《奔涌吧，后浪》表达了对新入职教师的祝福与期待以及对阳信教育蒸蒸日上的赞美。高中组的情景剧《小新的成长》展现了当代青年教师不惧犯错、脚踏实地的进取精神。不同学段、不同学科的成果体现了各个团队的特色，展现了新入职教师积极向上的精神风貌和教书育人的情怀。

县教育教学服务中心主任刘德强宣读了表彰决定，与会领导为在新入职教师培训中做出突出贡献的134名优秀导师以及在三年职初培养过程中表现优异、进步明显的176名优秀学员颁发了荣誉证书。优秀学员代表上台为优秀导师敬献鲜花表达谢意。

县委教育工委常务副书记、县教体局局长刘兆忠在讲话中阐释了推进职初培养工程的意义，归纳了阳信线上线下一体化培训项目的组织特点，总结了培训项目取得的初步成效，对新入职教师寄予殷切期望，对导师团队的辛勤付出给予高度评价。

国家教育行政学院原副院长李文长做了题为"促进基础教育高质量发展"的专题报告，深刻解读了党的十九届三中全会的精神实质，就如何促进基础教育高质量发展进行了高屋建瓴的剖析，给与会者带来深刻启迪。

县教体局师训办主任陈辉对各学区、各学校提出三点要求。一是要持续关注新入职教师的健康成长和专业发展，"以父母之心关心成长，尽导师责任促进发展"；二是要立足自身实际，坚持"走出去"与"请进来"结合，丰富教育理论与增强实践能力并举，精心谋划好暑期各层级教育干部、教师培训，并制订切实可行的暑期培训方案，为今后阳信教育高质量发展蓄势赋能；三是要统筹安排好师德专题教育实践活动，在中国共产党成立100周年之际，以评优树先、教书育人楷模评选等为契机进行激励教育，严禁教师违规补课、从

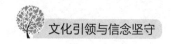

事有偿家教,督促教师立德修身。

会议结束后,广大新入职教师纷纷表示要牢记为党育人、为国育才的初心,提振阳信教育健康发展信心,永续教育振兴决心,扎实工作,干事创业,为擦亮阳信教育名片建功立业!

阳信县义务教育段名班主任、名教师人选暑期培训在南京师范大学开班

为深入推进滨州市委、市政府"83"工程重点项目基础教育"四名"引育工作,持续实施阳信县"三名"建设工程,加快骨干教师专业成长步伐,2021年7月19日,阳信县义务教育段名班主任、名教师人选暑期培训在南京师范大学开班。阳信县委教育工委常务副书记,县教体局党组书记、局长刘兆忠及南京师范大学博士生导师、教授邵泽斌,阳信县教育科学研究中心主任秘金亭,县教体局纪委专职副书记高清国,县教体局师训办公室主任陈辉等领导出席开班典礼,阳信县第四批义务教育段名班主任、名教师人选共100余人参加培训。

开班典礼上,刘兆忠同志在开班讲话中要求参训教师提高政治站位,强化使命担当;坚持底线思维,确保安全守纪;自觉为人师表,塑造良好形象。希望参训学员牢记立德树人初心,不忘为党育人、为国育才使命,德业兼修,融会贯通,勇于清零,为培养堪当民族复兴大任的时代新人而续航赋能。毛慧杰老师代表全体参训教师发言,表示要端正心态,转变角色,遵规守纪,服从管理,精诚团结,理论联系实际,不断反思与探索,以提升专业素养。

南京师范大学邵泽斌教授致欢迎辞并做了题为"美润师魂——师德师风建设新向度"的专题报告,希望全体参训教师保持勃勃生机,保持教育的成长、发展与奋进状态,保持对教育的深情与热爱情怀,用干净的灵魂、平和的心态、善良的人格,争做幸福的好教师。南京师范大学刘穿石教授在题为"学与教的智慧——小学生心理发展与班主任的教育方式"专题报告中指出,教师要有人文关怀和人文素养,遵循教育规律,尊重学生发展规律,用真心、真爱和真情呵护学生,促进学生的心理健康发展。

本次培训围绕师德师风师爱、课堂教学智慧、教学改革及教学的有效性、家庭教育实践、教师教育研究能力提升等方面展开,旨在提升参训教师的师德修养、加深文化底蕴、增强教育实践和研究能力,使其教育教学技能达到更高的层次,努力培养一批学术领军人物。

阳信县教体局专门成立了2021年暑期培训工作领导机构,部分局班子成员随参训教师来到南京师范大学,为参训教师提供指导和服务,并给予其热情鼓励。各参训教师珍惜机会,遵规守纪,进行了沉浸式学习,不负厚望,满载而归。

2021年阳信县义务教育段"三名"人选暨教育干部"三专"提升培训顺利开班

为深入推进滨州市委、市政府"83"工程重点项目基础教育"四名"引育工作,持续实施阳信县"三名"建设工程,加快骨干教师专业成长步伐,提升教育干部专业知识、专业思维、专业能力,打造教育家型干部队伍,2021年10月16日,阳信县义务教育段"三名"人选暨教育干部"三专"提升培训在阳信县第二实验中学顺利开班,以南京师范大学组织江苏省教育专家来阳信送培方式组织实施。

开班仪式上,县教育教学服务中心主任刘德强指出,江苏自古文化底蕴雄厚,名人大家英才辈出,如今江苏基础教育均衡发展,"苏派"教育引领全国。希望各位"三名"人选、各位教育干部把握时机,排除干扰,端正心态,认真学习南京师范大学引领教师专业成长的"真经",领悟"苏派"教育的成功经验,内化吸收促进提升,知行合一指导实践,力求培训收获最大化,以期突破"二名"人选专业发展的瓶颈,丰富教育干部的专业知识,提升教育干部的专业能力,引领阳信基础教育实现高质量发展。

南京师范大学基础教育研究中心主任汤振纲指出,阳信县中小学教师要努力学习,积极成长。江苏省特级教师、南京市金陵汇文学校教科室主任杨友红做了题为"课堂教学的境界追求"的专题报告。南京师范大学师资培训中心副主任张崇清、金礼久出席开班仪式。阳信县教体局分管负责同志、义务教育段第四批"三名"人选、各乡镇(街道)学区主任、师训干部及其他业务科室负责人、义务教育段学校校长及业务副校长、部分业务科室中层干部、骨干教师共计420余人参加。开班仪式结束后,按照计划,送培专家对全体参训人员进行了为期两天的专题培训。

阳信县召开"齐鲁名师""齐鲁名校长"人选座谈会

为充分发挥县域内的人才资源优势,发挥同伴互助的作用,分享交流专业成长工作经验,2022年5月16日上午,阳信县"齐鲁名师""齐鲁名校长"人选座谈会在阳信县第二高级中学召开。我县八位"齐鲁名师""齐鲁名校长"人选参加,县教体局师训办公室陈辉主任、王珊老师应邀出席。

名言师语共话收获。座谈会第一个环节,三位"齐鲁名校长"和五位"齐鲁名师"人选先后发言,分享交流自己在三年培养过程中的收获和感悟。朱洪彬校长从善于反思、主动学习、教育情怀三个方面介绍全环境育人的实践。齐爱军校长用开拓资源、创新理念、落地实践"三环六步"策略,探寻学校发展新面貌,将坚定理想、厚植情怀、立德树人的教育初心融入"让每一个生命都精彩绽放"的实践中。南林校长分享了凝练办学思想、注重师能提升、审视发展轨迹的成长之路。王立新老师以高站位、新视角、远目标分享自己在信息化教学方面的创新模式。刘明老师围绕"审辩式思维课堂",聚焦学生审辩式思维培养的问题链设计研究。吕秋月老师在探寻职业大众教育过程中,总结出厚植土壤、播撒种子、关照生长的中职教育模式。张红梅老师扎根语文教学,提出"尊重生命,回归本真,'语'润童心"的教育思想。宋立芹老师坚守幼教岗位,致力于"真爱教育、创新实践、潜心研究、凝聚智慧"。

建言献策博采众长。座谈会第二个环节,大家分享了各自的成长经验。朱洪彬校长赴新加坡南洋理工大学攻读硕士学位,让知识得以增长、思想得到洗礼、心灵受到震撼、理念得到更新。齐爱军校长回顾了参加的一次次高质量培训,打通了学习之路、架起了实践之桥、夯实了思想之基,推动了学校发展。南林校长重温了北京师范大学培训学习之旅。五位名师从自身的学习感悟出发,结合教学实际不断反思、提炼、升华。

扬长补短共谋发展。座谈第三个环节,应陈辉主任要求,各位人选结合阳信实际,就如何推动干部、教师专业发展,切实加强和改进师训、干训工作提出建议。

百尺竿头任重道远。陈辉主任在总结讲话中对各位人选三年来取得的丰硕成果表示祝贺,深情回顾了三年前在县级推报、市级遴选、筹备答辩等环节发生的感人故事。陈主任指出,有爱心才会有教育,有梦想才会有未来,高立目标、互助共进是我们创造优异成绩的宝贵经验。慎始而敬终则无败事,各位人选要认真学习交流经验,取长补短,准备好最后阶段的论文答辩,力争全部通过省教育厅期终考核。陈主任强调,荣获"齐鲁名师""齐鲁名校长"称号只是教师在管理育人、教书育人道路上的副产品。新起点、新征程,孕育新机遇、新希望,呼唤新担当、新作为。希望大家不忘立德树人初心,以更深的情怀涵养师德,以更高的目标追求卓越,以更严的标准修身律己,在阳信教育这方热土上发挥示范引领作用,书写无愧于人生追求、无愧于领导嘱托、无愧于学生家长期待的精彩华章。

吕秋月顺利通过省教育厅评审考核

2022年5月18日,从省城济南传来喜讯,省教育厅组织的第二批"齐鲁名师""齐鲁名校长"(中职教育)评审答辩考核工作已经结束,阳信县职业中专青年教师吕秋月顺利通过资格审查、材料评审、线上答辩等环节,结束了我县没有省级名师的历史。

引领传承

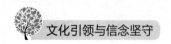

师德和师能兼修，生命与使命同行

——滨州市阳信县实施"三名"建设工程的实践与探索案例

一、案例概要

2010年2月，阳信县开始实施"名校长名班主任名教师"建设工程（简称"三名"建设工程）。该工程培养周期为三年，目前已完成了三个培养周期，进入第四个培养周期。我们先后研究出台了"三名"建设工程实施方案、遴选机制、培养管理办法及协作组章程；创设了主题词、徽标 logo、会刊等核心文化；建立了一套促进人选脱颖而出、专业发展与作用发挥的培养机制。"三名"建设工程的实施，打破了我县教育干部、骨干教师、班主任专业发展的瓶颈，打造了三个系列示范标杆，激发了全县教师专业发展的内生动力；通过结对帮携、送研送培等制度性安排，"三名"人选示范、引领作用日益凸显，激发了农村学校新动能，促进了县域教育均衡，为经济欠发达地区教师队伍建设拓展了新路径。2011年4月，"三名"建设工程被确定为国家教育体制改革试验区试点项目。2017年7月，工程建设成果《制度设计与创新培养》《生命价值与教育情怀》由中国海洋大学出版社出版发行。先后涌现出"全国模范教师"、国家教育行政学院培训专家王立新，全国首批优秀乡村教师培养奖励计划人选董雯雯等先进典型。2019年，在第三届"齐鲁名师"、第四届"齐鲁名校长"评选中，我县入选校长三人、教师四人，入选"齐鲁名师"（中职系列）一人，在全省引起了轰动。

二、主要内容

（一）"三名"建设工程基本架构

（1）核心文化。主题词：师德和师能兼修，生命与使命同行；工作目标：传播先进理念、引领专业发展、奠基未来名家、追梦教育幸福；发展路径：理论提升、名家引领、同伴互助、自我反思；培养模式：校本培训为主、集中培训为辅、个人自主研修、导师结对帮促；文化载体：徽标 logo、会刊《生命与使命同行》以及《阳信县"三名"建设工程工作简报》、QQ 群、微信群。

（2）机制保障。县教体局成立了以局长为组长的"三名"建设工程领导小组及办公室，先后出台了《阳信县"名校长名班主任名教师"建设工程方案》《阳信县"三名"建设工程人选选拔程序》《阳信县"三名"建设工程人选培养管理办法》《阳信县"三名"建设工程人选协作组章程》等系列文件。建立了协作组定期交流制度，拓展了成长论坛、网络研修、挂职跟岗、课题研究等促进教师专业成长的途径。

（二）实施的重点环节

（1）人员遴选。"三名"人选实行低起始门槛、宽口径考察的严格遴选机制。有符合规定的学历与教师资格证书，教龄满八年，担任校长或班主任满三年者均可自愿参加相应系列的申报。将材料赋分、教育教学理论考试得分、管理能力测评得分按总分排序,择优确定进入师德考核名单者。名教师系列能力测评需进行无生试讲,名校长、名班主任系列能力测评以管理实践答辩形式进行。师德考核合格者方可确定为各系列人选。

(2)自主提升。注重以先进的教育理论武装头脑、指导实践,为工程人选配送《陶行知教育名篇选读》《给教师的建议》《教师的幸福人生与专业成长》《论语大学中庸》等书籍套餐,要求各人选平时注重阅读积累,撰写随笔,定期交流心得体会。先后以"厚植教育情怀,引领专业发展""落实核心素养与打造高效课堂""阅读积累与赋能领航"等为主题举办了六次专业成长论坛。人选分两批参加由曲阜师范大学、东北师范大学与我县联合举办的教育硕士培训进修班,在全国最大的教育门户网站——中国教育在线网建立了"阳信县三名建设工程"博客群组,在阳信教育体育局网站开办"三名"专页,搭建了便捷、多元的学术交流平台。

(3)集中培训。分别于2011年8月、2014年4月、2018年7月与北京师范大学、华夏智慧研究院、浙江大学合作举办了三期专题培训。精心设计课程套餐,邀请清华大学附小校长窦桂梅、北京师范大学教授肖川、国家基础教育实验中心副主任郭志辉等专家授课。组织人选到北京实验二小、青岛二中等名校以及海尔文化园、嘉兴南湖、鲁迅故里等研学基地考察学习。

(4)专题研修。2014年5月,与中国教师研修网合作,组织人选分系列参加了为期一年的网上远程研修,系统学习了国家相关教育政策制度、教育教学基本理论,提升了教育教学能力。

(5)协作交流。协作组以"协作、交流、共享、发展"为宗旨,在坚持自主专业提升的前提下,注重发挥同伴的互助作用,充分利用团队的人才优势、资源优势、信息优势,搭建协作共赢、和谐发展的交流平台,建构专业发展共同体。几年来,各协作组立足自身优势,先后围绕远程研修、好书分享、写作发表、课题研究、高效课堂、核心素养、信息技术、乡村振兴等主题开展了形式多样、务实高效的活动,有效促进了人选的专业发展。

(6)示范带动。根据培养管理办法要求,每位名校长人选联系一所农村薄弱学校,名班主任、名教师人选帮协两名青年教师或班主任,业绩纳入人选考核指标。

(7)重任锤炼。自2011年起,工程人选全部参加全省四个学段教师全员远程研修。自2017年始,已被命名的市县"名教师"全部担任新入职教师专业成长导师,目前首席专家均由各学段齐鲁名师人选担任。2017年我县被确定为"山东省农村义务教育薄弱学科教师教学技能培训"项目县,英语、音乐、美术三学科三名人选承担了协助教学与组织管理任务。2019年"讴歌新时代,共筑教育梦"全县教师节颁奖晚会由人选担纲主创与主演,经过精心创作和反复排练,向社会奉献了一场有思想高度、有教育温度的文化大餐。

(8)重点培养。择优推荐18人参加省级以上骨干校长培训,推荐11人参加省级以上骨干班主任培训,推荐26人参加骨干教师国家级培训,推荐54人参加骨干教师省级培训。县教体局先后三次组织人选中的校长、中层干部赴潍坊、青岛、淄博名校挂职跟岗培训。

(9)动态管理。"三名"人选实行动态管理,重过程、严认定,每一周期都有届中考核与届满认定。考核与认定根据阅读积累、观课议课、论文发表、课题研究、典型案例、支教帮携等方面的业绩做出综合评定。届中考核不合格者取消培养资格,届满认定分三个等次:优秀(认定)、合格(保留培养资格)、不合格(取消培养资格),连续培养不得超过三届。截至目前,该工程三届共认定名校长 11 人、名班主任 18 人、名教师 53 人。

(三)创新举措和基本经验

坚持改革创新。把国家及省市关于教师队伍建设的基本精神与阳信的具体实际相结合,坚持改革创新。一是加强统筹协调。县"三名"建设工程领导小组成员包括教师和教研、基教、人事、计财等科室负责人及分管局长,利于整合资源,形成合力。二是注重建立运行保障机制,创造性建立人选协作交流、帮携带动、动态管理等系列制度,确保了工程高效运行。三是坚持知行合一。"三名"人选必须具备较深的理论功底和较丰富的教育积淀。我们坚持在选拔笔试中通考教育教学理论,看重课题研究与专业论文发表,同时更注重工作实绩,"赛马"而不"相马",因此经过严格考核所命名的人选在业内能服众。

坚持文化浸润。我们当事业来追求,以文化来发展,注重发挥培训文化的引领、浸润作用。"三名"建设工程实施之初,就确定了主题词、工作目标、发展路径,设计了会徽,创立了学术交流平台会刊和简报。"师德和师能兼修,生命与使命同行"的品牌文化已经成为"三名"人选的精神特质。

坚持高端引领。工程实施之初,我们就坚定了"为阳信未来教育家奠基"的理念,注重高端引领对工程人选专业发展的作用。每一次都诚心选择合作伙伴,精心筛选授课专家,细心设计呈现方式。张思明、王建宗、成尚荣、杨瑞清、高金英等一批名师大家走进了"三名"课堂。先进的教育思想、顶级的专家资源、精细的组织管理让学员享用了一场场培训盛宴。

坚持师德为先。十年来,我们始终坚持"师德和师能兼修,生命与使命同行",把涵养师德作为"三名"人选专业发展的首要标准,人选选拔实行师德考评一票否决制。培养他们热爱教育的定力、淡泊名利的操守,立德树人已成为"三名"人选的行为自觉。

遵循育人规律。一是坚持实事求是,从阳信实际出发,做实功,求实效,走适合县情的专业发展之路。二是坚持公平公正,让想发展的有机会,让能发展的有舞台,让发展好的有地位。三是发挥人选的首创精神,通过"引路子、搭台子、压担子、结对子"等方式,让他们在教育教学一线发挥示范引领作用,在风雨中锻造筋骨,在解决疑难问题中展露才华。

(四)解决的主要问题

唤醒了专业发展自觉。十年来,一批优秀教师和校长加速成长,他们积极进取、德业双修,在全县教育系统产生了强大感召力,唤醒了广大干部教师的专业发展自觉。

改变了行为方式。"三名"建设工程重视阅读积累的工作导向、宽进严出的选拔机制、协作共进的成长方式、积极健康的职业追求,改变了教师的工作、学习、生活方式与心智模式,广大干部教师成了"三名"建设工程的积极追随者。

引领了师德风尚。"三名"人选讲大局、讲担当、讲奉献,团结协作、共同成长、共同进步的师德风尚蔚然成风。

促进了城乡均衡。"三名"人选牢记使命和责任,致力于"传帮带",推动了县域教育均衡发展和乡村振兴。

我县"三名"建设工程及教师队伍建设的实践经验也引起了各级领导和媒体的关注。国家教育行政学院全国中小学校长培训办公室主任于维涛欣然为"三名"专著作序,省教科院教师发展中心主任许爱红、省师资培训中心主任毕诗文等对我县"三名"建设工程给予了热切指导。山东省教育厅官网、《山东教育报》先后对我县"三名"建设工程的创新实践与成效进行了宣传报道。2019年6月,《现代教育》第12期刊发《乡村振兴·阳信专刊》。2019年12月,省教师队伍建设评估调研组认为,阳信"三名"建设工程取得的经验对于培训经费严重不足的贫困县难能可贵,有很强的借鉴推广价值,已作为突出案例上报省教育厅。

(五)取得的成效

十年来,阳信县"三名"建设工程先后组织了三次专题培训、三次分组培训,举办了六次专业成长论坛,45次协作组活动,出版专著《制度设计与创新培养》《生命价值与教育情怀》,编辑会刊《生命与使命同行》八期,印发工作简报85期。在"三名"平台上,各人选厚德博学,一批功底扎实、师德高尚、业绩突出的青年才俊脱颖而出。青年教师王立新继荣膺中国教师研修网2012年度人物后,被聘为国家教育行政学院远程培训首席专家,2014年9月荣获"全国模范教师"称号。2018年,青年教师董雯雯入选全国首批优秀乡村教师培养奖励计划300人名单。青年教师张如意、班主任张艳飞先后在《中学语文教学参考》《班主任之友》《班主任》《德育报》等报刊发表论文数十篇。青年教师孙婷婷致力于信息技术与课堂教学的深度融合研究,在全国各地做报告几十场。2019年5月,朱洪彬、齐爱军、南林被选为第三届"齐鲁名校长",刘明、王立新、张洪梅、宋立芹被选为第四届"齐鲁名师"。

2012年,在"国培计划"——县级教师教育基地培训者远程培训中,我县教师团队在88个班中脱颖而出,被评为优秀团队。2012—2014年,我县连续三年被评为全省中小学教师全员远程研修优秀组织单位。

我县"三名"建设工程及教师队伍建设的实践经验也引起了各级领导和媒体的关注。国家教育行政学院全国中小学校长培训办公室主任于维涛欣然为"三名"专著成果作序。省教科院教师发展中心主任许爱红、省师资培训中心主任毕诗文、省教科所研究员陈培瑞等对我县"三名"建设工程给予了热心指导。山东省教育厅官网、《山东教师报》先后对我县进行了宣传报道。2019年6月,《现代教育》刊发《乡村振兴·阳信专刊》。2019年12月,省教师队伍建设评估调研组认为,阳信"三名"建设工程取得的业绩对于培训经费严重不足的贫困县尤其难能可贵,已作为突出案例上报省教育厅。

(本文为2020年山东省基础教育优秀改革案例征集滨州市推报案例)

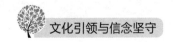

阳信县推进"三名"建设工程，
开拓教师专业成长新路径

自2010年起，阳信县扎实推进"名校长名班主任名教师"建设工程。该工程培养周期为三年，目前已完成了三批培训，进入第四周期。"三名"建设工程实施过程中，阳信县积极健全完善工作机制，创新开展活动，促进了教师素质的显著提升。

一、建机制，强保障

阳信县教体局成立了"三名"建设工程领导小组及办公室，先后出台《阳信县"名校长名班主任名教师"建设工程方案》《阳信县"三名"建设工程人选选拔程序》《阳信县"三名"建设工程人选培养管理办法》《阳信县"三名"建设工程人选协作组章程》等系列文件，建立了协作组定期交流制度，拓展了成长论坛、网络研修、挂职跟岗、课题研究等促进教师专业成长的途径，为工程顺利实施提供了坚实的体制机制保障。

二、严选拔，重提升

严格实行低起始门槛、宽口径考察的遴选机制，教师学历达标，教龄满八年，担任校长或班主任满三年者可自愿参加相应系列申报。通过材料赋分、教育教学理论考试、管理能力测评等方式择优确定进入师德考核名单人选，经师德考核合格者方可确定为各系列人选。

工程实施过程中，该县注重以先进的教育理论指导实践，为工程人选配送《陶行知教育名篇选读》《给教师的建议》《教师的幸福人生与专业成长》《论语大学中庸》等书籍套餐，要求各人选平时注重阅读积累，撰写随笔，定期交流心得体会。先后以"厚植教育情怀，引领专业发展""落实核心素养与打造高效课堂""阅读积累与赋能领航"等为主题举办了六次专业成长论坛，与北京师范大学、华夏智慧研究院、浙江大学合作举办了三期专题培训，并通过网上研修、外出学习等方式切实加强对"三名"人选的教育引导。

三、讲协作，抓管理

阳信县对"三名"人选实行动态管理，重过程、严认定，每一周期均有届中考核与届满认定。考核与认定根据阅读积累、观课议课、论文发表、课题研究、典型案例、支教帮携等方面的业绩做出综合评定。届中考核不合格者取消培养资格，届满认定分优秀（认定）、合格（保留培养资格）、不合格（取消培养资格）三个等次，连续培养不得超过三届。

为加强人选间的交流，培养过程中，该县教体局指导人选成立协作组，协作组以"协作、交流、共享、发展"为宗旨，在坚持自主专业提升的前提下，注重发挥同伴的互助作用，充分利用团队的人才优势、资源优势、信息优势，搭建协作共赢、和谐发展的交流平台，建构专业发展共同体。工作中，各协作组立足自身优势，先后围绕远程研修、好书分享、写作发表、课题研究、高效课堂、核心素养、信息技术、乡村振兴等主题开展了形式多样、务实高

效的活动,有效促进了人选的专业发展。

阳信县"三名"建设工程的实施,取得了良好的示范带动效果,打破了教育干部、骨干教师、班主任专业发展的瓶颈,为促进全县教师队伍建设拓展了新路径。2011年4月,"三名"建设工程被确定为国家教育体制改革试验区试点项目。2017年7月,工程建设成果《制度设计与创新培养》《生命价值与教育情怀》由中国海洋大学出版社出版发行。先后涌现出"全国模范教师"、国家教育行政学院培训专家王立新,全国首批优秀乡村教师培养奖励计划人选董雯雯等先进典型。2019年,在第三届"齐鲁名师"、第四届"齐鲁名校"长评选中,阳信县入选校长三人、教师四人,入选"齐鲁名师"(中职系列)一人。

(原文2020年9月21日发布于山东省教育厅官网,有改动)

穷口袋不穷脑袋,阳信教育成名片

本报讯(通讯员 白书强 陈辉 黄春燕 记者 张峰) 阳信县作为贫困县,虽然财政较为紧张,但在教育上的投入比例一直增加。近年来,"阳信教育"在滨州已经成为一种现象,吸引了其他县区的生源。为了进一步提升教育质量,阳信县自2010年起实施"名校长名班主任名教师"建设工程(简称"三名"建设工程)。六年来,先后有一人受教育部、人社部联合表彰,两人受省政府表彰,17人受市政府表彰,涌现出众多教育新星。

教育大计,教师为本。师资是立教之基、兴教之本、强教之源。为造就一支师德高尚、业务精湛、结构合理、充满活力的高素质专业化教师队伍,发挥骨干教师的示范、引领和辐射作用,在《国家中长期教育改革和发展规划纲要(2010—2020)》的引领下,自2010年2月起,阳信县实施"名校长名班主任名教师"建设工程,采取"校本培训为主、集中培训为辅、个人自主研修、导师结对帮促"的培养模式,三年为一个培训周期,积极探索,勇于实践,取得了显著成效。

为保障工程顺利开展,阳信县教体局成立了"三名"建设工程领导小组及办公室,先后出台了《阳信县"名校长名班主任名教师"建设工程方案》《阳信县"三名"建设工程人选培养管理办法》《阳信县"三名"建设工程人选协作组章程》等系列文件。建立了协作组定期交流制度,拓展了成长论坛、网络研修、异地挂职、课题研究等推进教师专业成长的途径,分别制定了三年专业发展目标和年度成长规划。

为促进工程人选素质提升,阳信县注重以先进的教育理论指导实践,为工程人选配送《陶行知教育名篇选读》《给教师的建议》《教师的幸福人生与专业成长》等专业书籍,要求他们积极开展读书活动,撰写随笔,定期交流心得体会,并于2010年12月在全国最大的教育门户网站——中国教育在线网建立了"阳信县三名建设工程"博客群组,搭建了更为便捷的学术交流平台。

素质的提升离不开培训。阳信县联合曲阜师范大学、东北师范大学积极举办教育硕士培训进修班,工程人选分两批先后参加,共有37人结业。两个培训周期内,先后于2011年8月、2014年4月在北京和青岛举办了两次专题培训,2012年12月、2015年12月先后在济南、南京举办分组培训。精心设计课程套餐,邀请清华大学附小校长窦桂梅、北京师范大学教授肖川等专家授课。组织人选到北京实验二小、青岛二中等名校实地考察,让工程人选开阔了眼界,素质得到了提升。

对于骨干教师,阳信县加以重点培养,先后择优推荐 13 人参加省级以上骨干校长培训,推荐 5 人参加省级以上骨干班主任培训,推荐 13 人参加骨干教师国家级培训,推荐 21 人参加骨干教师省级培训。2012 年 8—11 月,推荐 9 名领导小组成员、18 名工程人选参加了"国培计划"县级教师教育基地培训者远程培训。2014 年 9—12 月,推荐 20 名工程人选参加了教育部组织的中小学校长远程培训。县教体局先后三次组织名校长人选赴潍坊、青岛名校挂职培训。

为调动工程人选自我提升的能动性,该县对人选实行动态管理,综合自主研修、著书立说、课题研究、支教帮携等方面的业绩,首批工程人选 90 人经期中考核有 67 人合格。期末评选出首批名校长 4 人、名班主任 4 人、名教师 13 人。

为发挥工程人选的示范带动作用,该县根据培养管理办法,要求每位名校长人选联系一所农村薄弱学校,名班主任、名教师人选帮协两名青年教师或班主任,业绩纳入人选考核指标。

工程实施六年来,取得了优异成绩,产生了一批有一定影响力的研究成果,一批功底扎实、师德高尚、业绩突出的青年教师脱颖而出。青年教师王立新继荣膺中国教师研修网 2012 年度人物后,先后被聘为省中小学远程研修助学专家、国家教育行政学院远程培训首席专家,应中央电教馆邀请,两次担任全国信息技术应用能力提升工程培训班班主任,并先后到吉林、河南、浙江等六省区讲学,2014 年 9 月荣获"全国模范教师"称号。青年教师张如意,用一年多时间在《中学语文教学参考》等核心期刊发表教学论文 12 篇,被中学语文教育学会评为"百佳语文教师",两次被中国教育在线推荐为"博客之星"。青年教师文玉燕、李俊芳作为省聘专家参加了研修指导和资源开发,工作成效受到省师资培训中心领导的好评。

据统计,六年来工程人选中先后有 1 人受教育部、人社部联合表彰,2 人受省政府表彰,17 人受市政府表彰;1 人被评为滨州市学术带头人,40 人被评为市教学能手,26 人被评为市学科带头人;涌现出 5 名市教育创新人物,6 名市教坛新星。2012 年,在"国培计划"县级教师教育基地培训者远程培训中,阳信县教师团队在 88 个班中脱颖而出,被评为优秀团队。因在全省中小学教师全员远程研修中成绩突出,该县 2012—2014 连续三年被评为优秀组织单位。2016 年 5 月,在全省中小学教师网络研修管理员培训班上,该县师训办副主任黄春燕应邀做典型发言。2014—2015 学年,在"一师一优课""一课一名师"评选中,该县杨萍等 5 位教师荣获部级优课,占全市优课总数的 35.7%,高居榜首。2016 年 10 月,滨州市第二期"三名"培养工程人选确定,该县以 70.45% 的入选率位居全市各县区榜首。此外,该工程还于 2011 年 4 月被确定为国家教育体制改革试验区试点项目。

(原文 2017 年 2 月 21 日发表于《齐鲁晚报》,有改动)

十年相伴，感恩有你

——致敬阳信"三名"建设工程

阳信县教育科学研究中心　田春燕

与你相约，在十年之前……

"三名"人选"毕业季"，翻看老照片，浏览往期简报，重读自己之前的每一篇学习日志、每一次协作组活动发言稿……我陷入回忆里无法自拔，脑海里放电影一般闪过十年来的一幕幕画面，一会儿哭，一会儿笑，仿佛重走了一回"三名路"……感恩、感动、喜悦、幸福、遗憾……五味杂陈！但，也是一种享受！

一、享受与一群"尺码"相同的人同行

新教育中有个名词叫"尺码"相同，用以形容那些有着共同的理想和追求，并愿意为之努力奋斗的人。迈进"三名"建设工程的门槛，我觉得"三名"人选就是一群"尺码"相同的人，所以与他们在一起，无论做什么，于我都是一种享受。我喜欢这个团队，我喜欢大家学习时的专注、交流时的坦诚；我喜欢聆听大家的成长故事，其中的喜怒哀乐我亦感同身受；我喜欢大家讨论时的据理力争、发表见解时的双眼放光；我喜欢大家有思想，有追求，敢闯，敢拼，不怕苦，不怕输……

二、享受每一次高端培训

2011年的北京培训，窦桂梅老师让我们明白，老师，应该是永远的学习者；张思明校长告诉我们，"尊严来自实力"；高金英老师则将积极乐观的人生态度根植于我们的心灵深处。

2014年的青岛之行，"海尔文化"给我们的震撼无法用语言形容，海尔人的执着、海尔人的勇气、海尔人的创新精神、海尔人的执行力……这是足以让我们受用一生的精神养料！

2015年的江苏之旅，新教育人的激情、行知苑里的故事、杨瑞清校长的坚守，不仅温暖了寒冬，更温暖了我们的心，点燃了我们的教育热情。我们立志做善于学习的教师，做勇于实践的教师，做敢于创新的教师，做甘于奉献的教师，做有激情的教师，做能坚守的教师……

细细品味，每一次学习，都是人生路上的经历，都是积淀下的财富，每每回忆，都是无尽的享受。

三、享受成长路上的每一次奋斗

真正重要的不是完美的结果，而是过程中自我的成长与丰盈。工作中的每一点进步、取得的每一项成绩，都令我喜悦和骄傲，但我更享受每一个奋斗的过程。

2016年9月，六年没上课的我经过激烈的思想斗争，最终决定参加优质课评选，从县

里到市里,再到省里,整整两个半月,每天晚上 12 点睡觉是常态,熬到凌晨两三点的时候也不少。当时的我感觉压力很大,六年没上课,理论与实践严重脱节,甚至不会与学生交流了。怎么办?多试讲。在三所学校轮着试讲,找感觉,最终顺利通过了县里、市里的评选拿到了省赛的资格。省赛分城市组和农村组,我们属于城市组,要与济南、青岛、威海等市的选手一组评比,我很是忐忑。但是参与就是勇气,我每天备课、试讲、推翻、查资料、再备课、再试讲、再推翻……不断地重复,真的很煎熬。虽然最后只获得了省二等奖,但那段历程是一笔宝贵的财富,很享受沉下心来研究教材、设计教学的状态,享受大脑高速运转时灵感乍现的激动,更享受与"尺码"相同的人讨论甚至争执碰撞出智慧火花的时光。

感恩"三名"建设工程,让我结识了一个个合拍、真诚的良师挚友!

感恩"三名"建设工程,让我感受了一次次走心、入脑的学习培训!

感恩"三名"建设工程,让我拥有了一段段丰盈、精彩的人生历程!

向"三名"建设工程致敬!

"三名",美丽的邂逅

阳信县第一实验学校　李淑敏

与君一牵手,有暗香盈袖。

我与阳信县"三名"建设工程,已经相伴了十年。回望这十年,书香常伴,反思随行,实践研究,沉淀升华。而今,虽然我已经与"三名"道别,即将踏上一段更新、更远的旅程,但"三名"依然是我专业成长路上的美丽邂逅。

一、邂逅名师大家,专业思想灿若星辰

回想与"三名"相伴的十年,一期期培训,上海、成都、杭州、南京、长春、北京、青岛……留下了我们的足迹。我们收藏了关于那些城市的记忆,更铭记了众多教育名家的谆谆教诲。

张思明身处逆境顽强不息,通过刻苦自学在自学考试中取得了优异成绩,成为全国自学成才的先进典型。通过他,我感受到了知识改变命运、勤奋成就人生的蓬勃力量。

高金英的讲座妙趣横生、引人入胜,幽默中显现智慧,笑声中给人启迪。通过她,我明白了"静下心来做事,潜下心来育人"是为师者一生的追求。

徐长青在报告中诠释了"教师专业"的内涵,让我懂得:教师应是职业读书人、终身学习者,教师应是思想者、思考者、善于反思者,教师还应是实践者。终身学习、在学习中思考、在思考中实践是教师应该坚定走下去的专业成长之路。

杨瑞清是践行陶行知理论、弘扬陶行知精神的集大成者,让我领会了"捧着一颗心来,不带半根草去"的真正内涵,"教学做合一"是教师应该遵守的教学基本原则。

邂逅名师大家,让我近距离感知他们的专业思想、敬业态度还有一心为教育、为学生的仁慈之心,我们应以他们为榜样,坚守教育初心。

二、邂逅身边榜样,勤奋执着各美其美

回忆与"三名"相伴的十年,一次次专业成长论坛和协作组活动历历在目。仰望星空,名师大家譬如北辰,引领着我们成长;环顾四周,我邂逅了更多的身边的榜样。

通过朱洪彬、齐爱军、张海珍、南林等名校长,我领悟了他们先进的治校方略。他们对教育的执着探索、对师生的无限关爱、对办好人民满意教育的矢志不渝,令我钦佩。

通过刘明、张如意、文玉燕、张延娥等名教师,我学习他们对学科研究的深入、对自身专业成长的执着。他们耐得住寂寞、守得住初心、成就学生、成就自我的教育情怀,令我动容。

通过魏艳玲、张艳飞、宗鹏等名班主任,我学习他们对班级管理、对班级文化建设的创新之法。他们对学生的仁爱之心、对班级管理艺术的探索、对学生未来高度负责的职业信念,令我感动。

通过巩希林、尚美英、董雯雯等优秀乡村教师,我看到了他们对农村孩子的热爱、扎根农村教育的执着、献身农村教育的情怀。

身边的榜样,让我明白了自己与他们之间的差距,时刻提醒自己见贤思齐,每天进步一点,生命与使命同行。

三、邂逅努力成长的自己,心有远方上下求索

回味与"三名"相伴的十年,庆幸自己没有一丝骄傲和懈怠,有的是和"三名"同行的欢乐和友谊,有的是对未知的渴望和向别人请教的虚心,有的是尽自己所能将经验尽情和大家分享。

因为加入"三名"队伍,我进一步增强了职业责任感,坚定教书育人的基本职责,坚守为党育人、为国育才的教育初心,牢记立德树人的教育使命。

因为加入"三名"队伍,我明白了成长的脚步不能停歇,成长路上"读万卷书"与"行万里路"同等重要,学习与实践缺一不可。

因为加入"三名"队伍,我拓宽了对学段教育的认知,眼界不再局限于小学教育,幼儿教育、初中教育乃至高中教育的先进理念亦可借鉴学习。

因为加入"三名"队伍,我深刻领会到了成长过程中团队的重要性。努力成为团队中的优秀一员,同时积极成为团队中的带头人,引领大家一起成长。

邂逅努力成长的自己,怀揣教育理想,上下求索,不负"三名"的滋养,无悔教育人生!

感谢"三名",你是我专业成长路上美丽的邂逅!

感恩"三名",你是我教育人生里最珍贵的记忆!

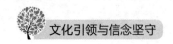

临人生三境界，悟爱心与责任

阳信县实验小学　文玉燕

遇见你，如春风拂桃花；

离开你，似归雁掠斜阳。

与阳信县"三名"建设工程道别已经有些时日了，可是我时常恍惚：自己是否真的退出了"三名"？每次都屈从于情感的认知，觉得自己还有机会和"三名"相伴。直到第四批"三名"建设工程轰轰烈烈地开展活动时，我才如梦方醒：自己真的失去了参加"三名"的资格。顿时，心里五味杂陈，像一个回不了家的孩子。回顾跟随"三名"的日子，我竟也经历了王国维先生提出的"人生三境界"。

一、昨夜西风凋碧树，独上高楼，望尽天涯路

犹记得那是 2013 年 12 月的一天，阳信县教体局师训办陈辉主任交给我一个任务：梳理一下自己的专业成长经历，去乡镇学校做一场报告。这是我从未奢望过的事，也觉得自己无法完成，所以，我一直拖延，直到距离报告会仅剩两天陈主任要来试听时，我才匆忙把稿子写完。那天刮着大风，县教体局要迎接山东省教育厅教师教育基地建设的检查验收，我一度侥幸地认为陈主任不会来了。可是下午四点多钟，陈主任不仅来了，还带着县教体局教研室的两名语文教研员一起为我审核把关！当时陈主任感冒了，不时咳嗽，脸上写满疲惫。我顿时觉得又羞愧又自责：陈主任如此看重这个让我能得以锻炼的机会，我却如此消极敷衍！带着些许的愧疚，我把自己准备的一团糟的稿子读了一遍，效果可想而知！虽然两位教研员很诚恳地为我提出了改进建议，但我清晰地感受到了陈主任作为一位师者、长者对我的失望。陈主任严肃地对我说："机遇总是垂青有准备的人。"看着他严肃的面孔，我深深地低下了头。陈主任是在鞭策我，也是在塑造我，这是一名教育前辈对年轻人的爱护，我有什么理由退缩、敷衍呢？回家后我连夜修改稿子、背稿、模拟演讲，一遍不行两遍、三遍，直至自己满意。在报告会现场，我顺利做完了报告。听到大家雷鸣般的掌声，幸福感溢满心房的同时，我也热泪盈眶。我感谢陈主任，感谢"三名"，给了我锻炼自己、提高自己的机会，更给了我不懈努力才能成就自己的启迪。

二、衣带渐宽终不悔，为伊消得人憔悴

2014 年，我跟随"三名"团队走进了海尔集团。置身科技感与文化底蕴十足的海尔创业园，我发现原来文化可以看见、可以触摸、可以感受，原来每个人都可以成为自己的"CEO"，这是海尔创新文化带给我的全新认知。

2018 年，我跟随"三名"团队走进浙江大学，知道了什么叫"学术"，知道了小学教师也可以做研究，知道了身处大数据时代的教师需要与时俱进，不可故步自封。

2021 年，我跟随"三名"团队走进南京师范大学，我知道了教师的成长是有规律的，而阳信县"三名"建设工程采用的"外出学习＋协作组活动"培养方式是非常科学的。阳信

县"三名"建设工程注重理论联系实际、注重学习与实践相结合、注重专家引领与"草根"研究相辅相成,"三名"用最适宜的方式引领各位人选成长。

感恩"三名",让我在专业成长的道路上与同一群"尺码"相同的人一起拼搏、努力,给予我持续成长的动力,也让我在培训学习中感受到教育的爱与幸福。

三、众里寻他千百度,蓦然回首,那人却在灯火阑珊处

匆匆六年,说不尽的恩,道不尽的爱。人是有惰性的,如果没有"三名",我不知道自己会成为一个什么样的人。如今,我已离开"三名"团队,但是,"三名"作为一种精神、一种信仰、一种文化、一种境界……却成为我身上永远的印记,让我牢记教师的爱与责任,牢记从教的初心和使命。

我,我们,将会带着"三名"的印记一直在成长的路上继续前行,让生命和使命同行,不辜负心中的爱,不辜负肩上的责任!

"三名"建设工程,一生中最美好的遇见

水落坡镇中心小学 刘树信

回首自己的十年"三名"之旅,思绪奔涌,感慨万千。

一、折戟不肯沉沙,成为"编外"人员

2009 年,我参加阳信县小学数学优质课评选荣获一等奖,随后又先后被评为阳信县课堂教学改革先进个人、优秀教师、小学数学教学能手、学科带头人,滨州市教科研先进个人等。2010 年,我主持的县级课题顺利结题,还参加了县教研室组织的"送教送研下乡"活动。2010 年,首批县"三名"人选开始选拔。我积极报名,认真准备,憧憬着美好的未来……

在满怀期待中,水落坡镇学区的评选结果公布了。我睁大眼睛看了无数遍,唯独不见自己的名字。这犹如晴天霹雳,又像一盆凉水泼醒了我。人外有人,天外有天。怎么办?就此沉沦,折戟沉沙?自甘落后就会更落后,与优秀者的距离就会越拉越远,最终望尘莫及。我擦干眼泪,决心做一名"三名"建设工程的"编外"人员,卧薪尝胆,努力向"三名"人选看齐。幸好崔志勇、于俊花等"三名"人选是我的同事,每当他们外出参加"三名"建设工程培训归来,我就缠着他们给我讲见闻、谈心得。虽然我这个"编外"人员"参加"的培训是"二手"的,但我也觉得弥足珍贵,同时也使我早日成为"三名"人选的愿望更加强烈。

二、欲采一枝红叶,幸得整个枫林

2013 年,在县第二批"三名"人选选拔中,我如愿以偿,终于"入编归队"。我如饥似渴地享受着这迟来的幸福,认真参加每一次外出培训,不肯落下一次协作组活动……文玉燕、王志刚、李淑敏、韩素静、王春花、孙婷婷、孙建辉等人选成为我学习的榜样。"三名"人选的执着和阳光向上的精神让我深受感染。我享受着与高人为伍、与智者同行的快乐。高

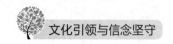

建峰、张焕生、蒋炳建等老大哥更是在生活上给了我无微不至的帮助,让我感受着"三名"大家庭的温暖。

加入"三名"大家庭这几年,是我专业成长最迅速的几年。我先后被评为市优秀教师、百佳乡村教师、名教师、梨乡英才·名师……但我最看重的还是阳信县名教师的称号。

三、水落"师"出,我一直在路上

"走得快,一个人走;走得远,一群人走。"我在"三名"大家庭中感受到了团队的魅力,尝到了团队教研的"甜头"。我深刻地认识到,个人的力量是有限的。名教师要想充分发挥作用,就要做好角色转换,要从冲锋陷阵的"排头兵"变为运筹帷幄的"参谋长",带动青年教师成长,培养新生力量。为发挥骨干教师的引领带动作用,打造教科研"航空母舰",我们水落坡镇学区实施了"水落坡镇好老师选培工程"。我有幸成为五名导师之一,组建了"水落'师'出"团队,走出了"小圈子",实现了团队化。几年来,我率领"水落'师'出"团队,学习借鉴县"三名"建设工程的培养模式,开展了一系列团队活动,如读书论坛、助学课堂、课题研讨、学本教学,促进了青年教师的专业成长,先后培养出了杨宁宁、王晶等教坛新星,其他队员也都成长为骨干教师。我也在享受着"三名"建设工程和"水落'师'出"两个团队带给我的"双轮驱动"。

如今,"三名"培训届满,我再次成为"三名"建设工程的"编外"人员,好羡慕那些仍然在"三名"这列高速列车上的兄弟姐妹。数风流人物,还看你们!虽然有许多不舍,但我也欣喜地看到有一批"三名"新人成为后起之秀。阳信教育人才辈出,未来可期。作为"三名"建设工程的一名老兵,我一定会继承发扬"三名"精神,把"师德和师能兼修,生命与使命同行"作为自觉行为,退"编"不褪色;继续发挥引领作用,做好"参谋长",带好"水落'师'出"团队。

"最美的风景在路上。"回顾十年"三名"路,这是我一生最美好的遇见!不忘初心,砥砺前行,我一直在路上!

"三名",亦如初见

劳店镇中学　张如意

"三名",一个与我的教育生命息息相关的词语,一个让我的教育生活花团锦簇、五彩斑斓的使者。牵手"三名",一晃十年。十年守望,衣袖添香。

十年烟花易冷,"三名"却温暖如昨。一份总结,一次回首;一纸文字,万般不舍。

感谢"三名"建设工程,让我由轻薄浮躁慢慢变得冷静深邃。曾经的我,年少轻狂,自以为是。浮躁如无根浮萍,轻薄如不饱满的谷粒。好大喜功,在专业成长的路上,缺乏足够的耐心,想速成,想走捷径。追求表面的繁华,贪图一时的赞誉。然而,虚假努力,必定不会收获真正的成长。在受挫时幡然醒悟,唯有真才实学,才可行之更远。"三名"建设工程就是一块磨刀石,渐渐磨去了我的轻薄与浮躁,提醒我人生没有白走的路,每一步都算数。我开始变得冷静,冷静地审视自己的成长历程和发展态势,客观地制定自己的成长方向与规划,着眼于眼前,着眼于一点一滴的积累,从课堂做起,从研究入手,从写作破局。我不再满足于肤浅的理解,不再得意于一时的收获,不再止步于暂时的成绩。我开始向着教学最深处钻研,向着研究的最真处思索。我发现了教育更多曼妙的风景,领略到了教学更多的神奇。我的思想慢慢变得深邃,我的课堂也由此而深刻。更重要的是,"三名"建设工程让我走得更稳健了,我把孤独当作治学的必需,把寂寞当成成长的伙伴。贾平凹在《自在独行》中写道:"在这个美好又遗憾的世界里,你我皆是自远方而来的独行者,不断行走,不顾一切,哭着,笑着,留恋人间,只为不虚此行。"是的,"三名"让我学会做一个独行者,拥有独行的能力,修炼独行的素养,不虚此行。

感念"三名"建设工程,让我把学习、成长当成一生的功课。人都有惰性,没有外界的督促,自觉学习、主动学习的人太少了。一个疏于学习甚至不学习的老师,怎能培养出勤奋好学的学生?十年间,我珍惜每一次外出学习培训的机会,"永远坐在前三排",这是我给自己定的听课标准;听得清,记得准,多请教,勤交流,这是我给自己定的学习要求;培训的收获与心得当天整理完成,培训结束,必须高质量完成总结,这是我给自己定的反思要求。习惯塑造性格,性格决定人生。十年里,多次培训的内容与主题,我可能已经遗忘,但那些接受的知识润泽了我,已经融入了我的血液。

学,然后知不足;成长,然后不知足。在学习的征途中,我注重学习与实践的结合,认为这才是学习的终极意义。我有意识地把学习到的知识和学习过程中的一些思考应用到自己的教学实践中,提出了"线式主问"阅读教学思想,并立项为研究课题,引导老师们深入细读文本,提出撬动文章的主问题,由此衍生出一些有价值的小问题,以问题意识驱动文本教学;在核心素养教育背景下,我开始思考语文教学的核心素养,并提出了"质疑、感受、发现"阅读教学法,以质疑为先导,以感受为基础,以发现为核心,并扎实开展了系列研究,积累了丰富的研究成果。我的多篇教学论文先后发表于全国中文核心期刊《中学语文教学参考》。我还带领弟子们发表了50余篇佳作。我觉得,这都是"三名"建设工程带给我的动力,给我指引了方向。

感恩"三名"建设工程,让我把责任、情怀当作毕生的修炼。写到这一点,我自然想到了"三名"建设工程的核心思想:师德和师能兼修,生命与使命同行。"三名"建设工程,注定只能陪伴我们走一段路。离开"三名"建设工程,我们依然能自觉地学习、不停地修炼、不倦地追寻,才是真正的收获。所以,"三名"建设工程给予我的最大财富,就是让我记住了一个为师者的责任和情怀。责任不存,情怀不在,修为何用?在专业成长的路上,我时常有本领恐慌之感,觉得自己才疏学浅,或已经落伍于这个时代,面对学生,心有戚戚,心生惭愧。提高学识,增加底气,是责任使然。教育,说到底,是情怀的事业。一个没有情怀、没有境界的老师,不会成为合格的老师,甚至根本当不了老师。如果说,年轻时的我们,从事教育事业凭借激情,慢慢地,不再年轻的我们,从事教育事业就得依靠情怀。什么是一个老师的情怀?有对生命的敬畏之心,对教育的敬畏之心,不误人子弟,一生致力于为学生的成长和未来奠基;有对人间烟火的悲悯之心,心存善念,心有仁慈,并把这份良知与善良传达给学生,传承下去;有对家国的热爱之心,心有家国,爱国爱民,并愿意为国家富强

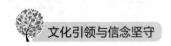

民族振兴贡献全部力量。这就是情怀。这份情怀里,有良知,有道德,有信仰。我很庆幸,"三名"建设工程让我把责任和情怀当成了毕生的修炼。

回望参加"三名"建设工程,内心有太多不舍。不舍各位同行伙伴的相互扶持,不舍陈辉主任每次培训中的循循善诱,不舍黄主任每次活动中的朝夕相伴,不舍……

终究要别离,终究要说再见,但"三名"建设工程于我,亦如初见。

无须光源,自带光芒

阳信县第三实验小学　杨国芹

似乎好久没有坐在台下静静地听别人做报告了。两天里,先是听了两位县外专家精彩的报告,又听了八位优秀"三名"人选的典型发言,内容丰富,受益匪浅。每一个发言人的眼睛里都满是光芒,他们身上有一股向上而热烈的力量……无须光源,他们自带光芒!

第一场报告的主讲人是即墨二十八中校长李志刚。过年时他给每一个教职员工打电话拜年,祝福的话语不是敷衍了事,而是充满真诚,带有温度。他用自己的真诚打动教师,赢得教职员工的尊重,打造了二十八中的向心力和凝聚力。

第二场报告令我印象最深的是长沙市政府教育督导室原主任党朝荣对学科特点的把握以及对课程标准的解读。要想把握学科特点,教师须用心反复研读学科课程标准以及教材。教师备课时应该问自己:认真解读过课程标准了吗?课程标准中的目标是怎样进行分解和落实的?这节课将落实课程标准中的哪个训练点?……

尽管有思想准备,尽管也理解"江山代有才人出""新竹高于旧竹枝",但从"三名"建设工程退出,我仍万般不舍。十年相伴相随,太多的美好留于心间:几十人曾经为一场报告激动不已,曾经对一个案例各抒己见,也曾经为解决一个困难而齐心协力……在这个团队里的每一天都让人万分珍惜,因为我们的前行是有规划的,我们的行动是有情怀的,我们的成长是有耐心的,我们的收获是有汗水的……

带着"三名"建设工程的烙印,我们会继续前行,努力成为有目标、有情怀、有温度、有高度的人!

仰望星空,脚踏实地

阳信县实验幼儿园　宋立芹

曾经,"三名"建设工程就是一棵高高的树,努力跳,却够不到。

后来,"三名"建设工程就是一盏明亮的灯,一直跑,却追不到。

现在,"三名"建设工程就是一种深深的念,一直有,始终忘不掉。

2020年9月26日,阳信县第七次"三名"建设工程论坛在阳信县第二实验中学召开。与新加入的第四期名师相比,我们这些老"三名"人选多了些许伤感和离愁,因为我们要

"毕业"了！从 2013 年 11 月加入这个大家庭,我与"三名"建设工程走过了六年时光。

六年前,作为一名幼儿园教师的我有机会踏入"三名"大家庭,懵懵懂懂不知道什么是名教师、名教师有何用,只觉得作为一名教师能和很多优秀的教师一起学习就是最大的福利。慢慢地,我知道,名教师的"名"不是一纸证书,更不是一种荣誉,它是一种信念——做教师,就要做好教师,做名教师,做真正对社会有意义的教师。

方向比努力更重要。第一次"三名"建设工程工作专题会议上,县教体局教训办陈辉主任对我们说:"师德比师能更重要,担当比使命更重要。"这句话照亮了我的成长之路,让我明确了努力方向。方向不对,再努力、再辛苦,也很难成为想成为的那种人。在我的心目中,好老师除了知识渊博、积极上进、爱岗敬业之外,还要有自己的特色、个性,要能让学生学会思考、生存、做人。老师传授的知识学生可能会忘记,但老师的为人与处事、老师面对生活的态度、老师的人格魅力却像无形的风吹进学生心里,可能影响学生一生。

爱心比理念更重要。一个空瓶子,向里面倒水,里面就装着水;向里面倒垃圾,里面就装着垃圾。学生就是一个空瓶子,老师向里面倒什么,学生得到的就是什么。心里装着善良、宽容、真诚、感恩,生命就充满了阳光。老师要把追求理想、塑造心灵、传承知识当成人生最大的追求,关爱每一名学生,关心每一名学生的成长进步,努力成为学生的良师益友,成为学生健康成长的指导者和引路人。

只有学而不厌,才能诲人不倦。让读书成为生活,这是我对自己的要求。要不断吸收书本中的养料,依靠读书学习弥补自身知识的不足;积极投身教学改革,把最先进的方法、最现代的理念、最宝贵的经验传授给学生。

只有干字当头,才能成就未来。没有一个人的成长可以事先进行彩排,没有一个人在原地等待就能成功,我们需要做的是:要敢于吃别人不愿吃的苦头,要乐于花别人不愿意花的时间,要敢于下别人不愿下的苦功。在教育工作中,应一边教学,一边从事教育研究工作。自己教学中的得与失,看文章、听讲座过程中闪现的思维火花,看似小小的一个点只要敢做就一定会有收获。

"宝剑锋从磨砺出,梅花香自苦寒来。"许多优秀教师的成功经验告诉我们,成为名教师的路并不复杂,只要我们志存高远,脚踏实地,不断学习,不断反思,不断研究,不断创新,就能成长为学生心目中的名教师。

"三名"信念,一生不忘;"三名"精神,促我成长!

"三名"建设工程助我扬帆起航

阳信县商店镇中心小学　张燕燕

提起"三名"建设工程,阳信教育界人人皆知。其是阳信县教育和体育局组织实施的"名校长名班主任名教师"建设工程。"三名"建设工程自 2010 年启动实施以来,通过理论提升、专家引领、同伴互助、自我反思等途径,引领许多教师从优秀走向卓越。

从教 16 载,在以前的从教生涯中,我就像大海中一叶失去目标的孤舟,不知要去哪里,虽然有过热情，但更多的是迷茫和焦虑，一点也感受不到职业幸福感。加入"三名"大家庭后，通过参加专业成长论坛，我找到了职业发展的方向。在今后的工作中，我要积极参加各类评比活动。每个人都有惰性心理，不逼自己，永远不知道自己有多大的潜力。感恩"三名"建设工程，让我顺利渡过了职业倦怠期！

"三名"建设工程让我认识到，学习不仅仅是对专业知识的学习，还要广泛阅读。马克思曾经说："与其用华丽的外衣装饰自己，不如用知识武装自己。"书籍是人类进步的阶梯。《论语》《大学》《中庸》让我懂得了处人事的哲理和求学问的原则；《简·爱》让我感受到了善良、质朴和坚韧品格的高贵；《苏轼十讲》让我领略了苏轼的激昂豪迈，同时也了解了苏轼的人生态度……"三名"让我爱上了读书，丰富了我的精神生活。

在今后的学习中，我将以笃行至善之心去践行自己的育人使命，努力借助"三名"平台，在专家的引领下，扬帆起航，永远在路上。

（原文发表于2021年4月2日"学习强国"平台，有改动）

载梦前行，无问西东

阳信县第一高级中学　史书芳

在参加县"三名"人选评选之前，我听过关于"三名"建设工程的不同声音：有人说"三名"建设工程是督促、引领青年教师持续学习进步的"旗帜"；有人说"三名"建设工程是容不得有一点懈怠，否则三年、六年也不一定拿到认定证书的"坑"。

当我有幸被选为县"三名"人选后，我见证了老"三名"人选感人的荣退仪式。我问自己："当我有一天离开'三名'建设工程时，是会带着荣耀还是带着遗憾？""'三名'建设工程于我应是怎样的意义？"——反思之后，我想明白了："三名"建设工程于我是何种意义，取决于在"三名"建设工程理念的引领下，我如何看待自我成长、如何看待人生的价值，并为了实现自我成长和人生价值如何践行每一步。

一、初识"三名"，你好"三名"

2020年9月26—27日，我第一次参加"三名"建设工程论坛，第一次近距离感受"三名"、认识"三名"。

第一天的论坛主讲嘉宾是即墨二十八中的李志刚校长和长沙市政府教育督导室原主任党朝荣。即墨二十八中从一所默默无闻的乡镇学校发展为全国名校，离不开李校长令人称奇的治校、治学理念。党朝荣老师的讲座令人如醍醐灌顶：我们为谁育人、为谁育才？一线教育教学如何摆脱低站位带来的懈怠？……犀利的语言直指当下的教育痛点。第一天的讲座结束后，我有两方面的感受：一是贫困县学习资源相对匮乏，而"三名"建设工程为我们打开了一扇"窗"，让我们通过这扇"窗"，看到学科教学之外更广阔的、更高层次的教育风景；二是"三名"建设工程的"请进来"和"走出去"培养策略，是阳信县教体局经过对县教育现状的准确诊断后的选择，因此更能引发一线教育人的共鸣。

二、寻求突破，不负"三名"

如果说第一天的讲座让我们看到了"窗外"的风景，那么第二天的培训，便是"三名"建设工程"自家人"的倾心交流。黄春燕的报告"课题研究成就卓越教师"给出的一些选题"小窍门"和注意事项，都是非常实用的。名校长张付亭分享了坚持读书带给自己的变化、坚持带领学校老师读书带给学校的变化以及在读书之后坚持写反思感悟的收获。

原来有这么多"三名"人借助这一平台专注成长、突破自我、实现自我。我希望自己也能像他们一样，在学习中不断寻求突破，不负"三名"！

三、持之以恒，致敬"三名"

在本次培训最后环节，县教体局师训办陈辉主任进行了总结。通过陈主任的总结，我知道了县"三名"建设工程竟然比滨州市"三名"建设工程成立的时间还要早几年！我的自豪感油然而生，我骄傲地将这个消息分享到了朋友圈，分享给教育一线的朋友。更让我感动的是，陈主任在总结县"三名"建设工程十年发展之路时多次哽咽落泪，我也不禁泪目：原来，还有这么一位有着纯粹教育情怀的人，带领着不言弃的团队，奔走在充满梦想的教育路上！陈主任对于"三名"建设工程的十年坚守，就是对我们进行的最直接的教育——稳步向前，不能急功近利。作为一名刚刚加入"三名"大家庭的教师，我时刻提醒自己持之以恒，扎实成长，致敬"三名"！

三十而立，庆幸自己能在人生的这一阶段，与"三名"建设工程相遇。"三名"建设工程，用信仰和追求为我点亮前行的灯塔，用情怀和担当为我拨开求索的雾障，用经验和智慧引领我成长。感恩"三名"，感谢"三名"。成长的路，也许漫长，也许布满荆棘，但我会记住"师德和师能兼修，生命与使命同行"。携梦想上路，无问西东。

首席导语

编者按 为贯彻落实《阳信县教育体育局关于实施新入职教师职初培养工程,加快专业发展的指导意见(试行)》,2020年12月至2021年6月,阳信县教育和体育局与国家教育行政学院合作,组织了全县2017—2020年入职教师线上线下一体化培训。569名学员编成12个研修班级,配备县、乡、校三级导师跟踪指导,其中由齐鲁名师人选、滨州市名师组成的首席专家6人,县级以上名师组成的指导教师56人构成核心导师团队。结业仪式后6位首席专家对培训项目进行了系统总结、点评和反思,现汇总分享。

反思总结再提升,精益求精再发力

新入职教师线上线下一体化培训高中学段首席专家　刘明

2020年12月至2021年6月,阳信县教体局师训办对2017—2020年入职教师进行线上线下一体化培训。为期半年的培训工作已经结束,回顾过去的日子,大家既有规划学习的艰辛,也有收获成功的喜悦。我们在总结前两批新入职教师培训经验的基础上,为每位学员配备了人生规划导师、校级学科教师、县级培训导师三级导师团队,认真设计线上线下课程,精心分组,严格实施,将学习与评价有机结合,培训过程顺利,培训效果良好。

一、导师与培训学员展示的亮点成效

(1)导师团队在培训过程中身先垂范,引领学员强化职业认同和岗位认同,培育教育情怀,在各种线下活动中表现尤为突出。

(2)通过线上的读书打卡活动,线下的观评课、汇报展示等活动,一批教坛新秀崭露头角,成为后期教学带头人人选。

(3)导师通过讲座形式讲述自己的专业成长故事,以此激励学员。同时,讲座本身也促使各位导师对自己的成长进行反思。

(4)交流展示促使大家更有效地自我反思。学员学习导师的成长密码、导师学习学员的新教学理念,学员间相互学习。

(5)建立了导师与学员的联系渠道。导师的学术影响力和人格感召力将长期影响学员的工作态度。

二、新入职教师群体的不足与短板

(1)思想引领不足。校级集中培训没有形成体系,新入职教师在思想上对专业发展认识不足,导致专业发展方向不明、欲望不强烈、内驱力不足。

(2)持续度不够。单独的、自发的专业成长适合自律性极强的教师,多数新入职教师需要持续的任务驱动,需要专业发展平台协作学习。

(3)发展规划不明。新入职教师对规划不重视,需要专家进行指导。

三、对今后的工作建议

（1）加强对导师团队的培训。

（2）县师训办的活动搞得有声有色，效果斐然，要把其经验推广到学区、学校，为阳信教育的未来奠基。

（3）把新入职教师中的优秀学员名单、学习不主动学员名单及时反馈给学校，便于学校主动介入，积极帮扶后进教师，为优秀教师多提供学习机会。

（4）尝试采用带徒机制。

用情用智，立己达人

新入职教师线上线下一体化培训初中学段首席专家　张如意

时光荏苒，新入职教师线上线下一体化培训，在完成各项规定项目后，圆满落下帷幕。作为这项系列工程的参与者与见证者，我为新入职教师的成长进步倍感欣慰，更为我们阳信教育人关切新入职教师的成长、着眼于阳信教育未来发展的使命感和情怀而倍感骄傲。我代表初中组，总结如下。

一、培训对我的启示

（1）教学相长，这是教育的基本法则。我们培训新入职教师的过程，其实也是向他们学习的过程。新入职教师的朝气与灵气、对事物准确的领悟力和判断力、对新事物的探究热情等，都是值得我们学习的。他们在线上培训时的认真态度，在线下培训时自我展示的勇气，恰恰是我们正在逐渐消失的。所以，参与培训的过程，也是教学相长的过程。扪心自问，我们作为工作了多年的教师，为何失去了成长的热情、学习的兴趣？工作忙只是苍白无力的借口，懒惰和懈怠才是根本！吃老本成了习惯，凭借经验工作习以为常，不愿走出自己的舒适圈，满足于现状，得过且过。本次培训，让我们看到了知识正在以前所未有的速度更新着，新的教育背景、新的教育内容，对我们的教育提出了更高的要求。我们不能用今天的知识教育明天的孩子，不能用所谓的经验包打天下。因此，我们必须与时俱进，树立终身学习的意识，更新自己的知识结构，拓宽自己的知识视野，用更加丰富的学识增加自己的专业自信，提升自己的教育底气，增加自己的人格魅力。

（2）培训，促使我们成长。我们在培训的过程中，在把自己的一些教学思想和教育感受分享给新入职教师的过程中，也收获了很多。我们需要自我总结、自我反思、自我沉淀、自我提升，唯有如此，才能把一些"干货"分享给他们。他们这一代是思想多元化的一代，对知识的敏感、对事物的态度，让他们拥有了更为敏锐的判断力，所以，我们不能敷衍塞责，用以往的知识糊弄他们。我总在想：我们成为培训导师的资本是什么？仅仅是因为比他们早参加工作吗？仅仅是因为有些教学经验吗？这些好像都不是资本。我们的资本应是在教育教学中善于积累，善于思考，勤于研究，及时提炼，把一些思考转化为自己的经

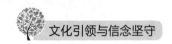

验,让自己在面对教育教学问题时,多了一份淡定与从容,多了一些智慧和方法。因此,这次培训,其实也促使我们提升自己、反思自己。

二、培训对我们团队的启示

(1)培训团队,要以父母之心精心培育新入职教师。面对这些年轻的生命,我们培训团队要有呵护之心,有尊重之意。我们的示范引领,对于他们而言,意义非凡。我们不能代替他们走路,但能告诫他们少走弯路,不走错路。所以,培训导师应用父母之心培育新入职教师。想想我们当初刚入职时多么渴望拥有这样的培训机会。

(2)培训团队要通力合作,用心用情参与。合作的力量是巨大的。新入职教师培训是一个系统工程,需要每一位导师通力合作。我们初中组的每一位导师都积极参与其中,无论是读书提醒、总结督促,还是学科教学指导,都尽职尽责。尤其是两位班主任老师,更是事无巨细,从线上研修的督促,到线下活动的组织,再到最后的评优评先、成果展示排练,全程参与,令人感动。培训,不是一个人的事情,而是团队凝聚力的体现!虽然我们无法决定这些新入职教师的未来,但我们可以给予他们充满希望与正能的现在!虽然我们无法从根本上改变新入职教师的命运,但我们可以改变他们的专业态度和学习态度。所以,我们全体导师认真敬业,恪尽职守,精诚团结,才确保了本次培训的顺利开展。

三、培训对新入职教师的启示

(1)抓住一切机会成长自我。面对同一次培训,每个人的收获是不一样的。这里面有能力的原因,有态度的因素,也有性格、习惯的影响。但无论是什么,抓住机会就能成长得更快。比如在每一次活动中,总有一些新入职教师积极参与,主动承担任务。这不是高调,也不是显摆,而是主动成长的态度。新入职教师就应该有这样的锐气和勇气。只有把握机会,主动出击,才能获得更多成长、锻炼的机会。

(2)成长,永远是自己的使命。培训只是短期的行为,而成长是每一位教师一生的使命。不要指望一次培训能改变教师的一生,把培训中养成的习惯和态度转化为自我学习与成长的资源、动力才是王道。

生长,是教师最好的生命样态

新入职教师线上线下一体化培训小学语文首席专家　文玉燕

2020年12月至2021年6月,我参加了阳信县2017—2020年新入职教师线上线下一体化培训,感受到了教师最好的生命样态就是生长。在此次培训中,我担任小学语文首席培训专家,与2位班主任、10位导师、103名学员开启了长达半年的成长之旅。我真切感受到转变观念,与导师、学员一起构建学习共同体,向上生长、共同发展、追寻属于自己最美好的生命样态是多么美好的事情!

一、精准定位,让成长看得见

培训之初,我与导师团成员达成共识:以新入职教师的发展为首要目标!根据这一目标,每次活动导师团都尽最大可能为学员搭台子、铺路子,将新入职教师推到台前。

我仅以三次线下活动为例,每一次都将学员的展示度、生长度作为活动的重要评价指标。第一次我与导师团商讨,推荐让研修总结以及读书体会写得好的学员进行汇报,最终有 10 位新入职教师进行了汇报。

第二次线下培训,我与导师团反复商定,最终确定以试讲的形式开展培训,不要花架子,要实实在在地指导学员。我们提前将试讲标准发给学员,全员参与,每人 10 分钟,导师和本组学员都参与评价。在这次试讲中,学员以试讲者和评委的双重角色参与,既提高了试讲的能力又锻炼了观课的能力。试讲结束后的导师评课、学员评课将本次活动推向高潮。

第三次线下活动是结业演出。我与导师团商定将演出事宜全权交由学员负责,导师退居幕后。这次演出中,杨燕、赵婷、张瑶、张鑫、马振彪、冯玉龙、李晓菲等多名新入职教师脱颖而出。他们不怕苦、不怕累,加班加点做道具、背台词,展现了新入职教师应有的努力。

通过三次线下活动,我看到一些新入职教师从开始的胆战心惊到后来的坦然自若,从开始的冷漠到后来的积极参与,从开始的散漫无序到后来的严格自律……这就是成长!

青出于蓝而胜于蓝,作为导师,我们就要在关键时候推他们一把,拉他们一把,薪火相传,让新入职教师感受到自己的价值、看得见自己的成长!

二、结伴同行,让成长听得见

我认为最美的声音是生命拔节的声响。导师团队平均年龄约 45 岁,正处于教师职业发展的转型期。在这样一个年龄阶段,怎样保持积极的生长样态也是我们面临的重要问题。全体导师相聚于此,抱团成长,我听到了生命再次拔节的声响。

在接到培训通知的第一时间,各位导师出谋划策,建立了三级微信群:小学语文导师群、班级群、小组群。后期的实践证明,这样的架构既便于信息的沟通又便于导师进行个别指导。导师之间相互鼓励、支持,一个简单的“收到”、一句“马上落实”都让我们感受到温暖和力量。各位导师统筹规划,按时阅读学员的研修总结,推荐优秀的选文。任务带来压力,压力给予动力。在试讲中,导师提前批阅学员的备课稿。各学员选择的课例不同,一位导师需要批阅十个课例、点评十个课例,这对于导师的教材解读能力、教学设计能力是挑战也是促进。在朗诵中,各位导师化身导演,为学员的演出出谋划策;在导师团的演出中,各位导师既是导演又是演员,他们披挂上阵,以身示范……

40 岁的人生与青春为伴,从开始的无头绪到后来的井井有条,从开始的被动听从安排到后来的主动出谋划策,从开始的忙碌到后来的享受……这就是成长!

人都是有惰性的,我们需要一点刺激,让自己从舒适区走出来,提升自己,奉献别人,过累并快乐着的生活!

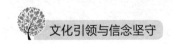

悉数"数人"同行的收获

新入职教师线上线下一体化培训小学数学首席专家　李淑敏

很荣幸成为新入职教师线上线下一体化培训导师团中的一员。我同孙建辉和马元芙一起，带领6名导师以及小学数学组的82名学员，组成了"数人"研修团队。自2020年12月研修开始，我们便认真投入工作，圆满完成三阶段线上线下研修任务，同时成功组织开展了3月6日和5月29日的线下活动，积极筹备结业典礼，体现了团队的精神和力量。为期半年的研修过程中，我们为每一个话题激烈讨论，为每一个环节精心设计打磨，为每一次活动精心筹备……学员在一点点进步，导师也在不断成长。

一、成功源于导师团成员的认真履职

（1）培训开始即建立导师研修管理微信群，任务及时公布，问题及时沟通，收获及时分享。将研修任务及要求等相关文件随时在群内公布。每一次线下活动主题确定后均会召开专题会议，制订、修改、确定线下活动方案，并进行明确的分工，确保各项活动的有序高效进行。各小组的有效管理经验或学员的优秀做法也会在群内分享。

（2）导师团队自研修开始即迅速成立班级管理微信群及小组管理微信群。对学员学习任务及要求及时公布；对学习进度进行及时的调度和督促；对读书打卡优秀体会进行适时的共享；对教育故事等撰写情况进行及时的指导与修改，并做出客观公正的评价；多次召开线下或线上会议对线下活动进行布置与筹备彩排；对学员的"打造一节精品课"活动进行现场或文本的指导；对所有学员的参训结果进行公平公正的评价……

二、精彩源于研修活动的扎实落地

1."打造一节精品课"活动开展得扎实有效

为保证此项活动的开展，各位导师采用不同形式跟进。例如，李伸霞、刘树信、马元芙、尚美英四位导师负责的学员所在单位相对集中，课例打磨活动开展得有声有色，随时召开调度会、听后研讨会，学员展示的机会大大增多，课堂教学水平切实得到了提高。

2.精心组织每一次线下活动，充分体现学员的主体地位，充分发挥导师的主导作用

（1）活动一：破冰活动与教育专著打卡阅读论坛。

8个小组，每个小组在导师的带领下个性化介绍自己，并分享自己在寒假读书打卡活动中的收获。主要形式是导师带领小组成员进行视频展示，也有小组将收获用诗朗诵的方式表达出来的，可谓是精彩纷呈！

（2）活动二：专家报告体会共鸣。

每一次专家报告会后均及时进行分享。有时采用击鼓传花的方式进行，有时采取电脑抽签的形式进行，鼓声（电脑抽签）停止，话筒传递到谁的手中，谁就是发言人。此种形

式确保了听报告的质量,同时大大活跃了现场的气氛,进一步拉近了学员与导师间的距离。

(3)活动三:备课研课活动。

小组集体初备。每班提供两个课题(班主任自定),每组学员提前进行集体备课,形成课堂流程设计及意图说明展示图纸(线下活动前筹备完毕)。

学员组互助活动。各小组根据分工进行组内互动交流,导师指导,形成具体分工并演练,推选优秀小组成员(3~5人)准备进行班级展示。

班级展示活动。每组推选的代表在班级内进行展示,每组不超15分钟。各导师对小组代表展示情况进行评价。

(4)活动四:结业典礼。

结业典礼上,小学数学组准备的节目是《数说中国》。本节目旨在体现数学学科的特点,以时间为轴,用数据述说中国共产党成立100周年以来发生的重要故事、取得的重大成就,歌颂中国速度,弘扬中国力量,传承中国精神。说、唱、舞、诵等艺术形式穿插,平缓与铿锵节奏相伴,既注重全员参与,又彰显导师或学员的个性特长。生动形象且有震撼力的背景视频与导师成员的精彩展示相得益彰,无缝衔接,取得良好效果。

三、成绩源于导师、学员的认真参与

(1)所有学员均能按时完成各阶段的线上必修课视频观看、研讨发帖、研修成果提交任务。

(2)建立了读书打卡机制。大部分老师们能做到按时打卡;有20%左右的优秀教师坚持每天打卡,且在完成打卡的同时,积极分享自己的读书日记和心得,郭倩、顾伟燕等老师上传读书心得100余篇。

(3)优秀教育叙事的评选及分享展示了学员对教育的热爱和奉献精神。

(4)学员根据各自实际精心制订三年规划。

(5)打造一节精品课,形成个人教学设计精品。

(6)50%的学员参与了导师主持的各级各类课题。

(7)根据以上情况的参与程度及成效评选出了28名优秀学员。

(8)提高了导师的组织能力、协调能力、指导水平。

四、进步源于深刻的剖析与反思

(1)不足。部分学员缺乏主动性,不催不学,总结等不催不交。

(2)反思。以上问题的出现固然有学员本身的原因,导师的组织方式也有一定影响,学员所在单位的教研氛围也至关重要。

所以,作为导师,同时身为学校或县域内的学科骨干教师或带头人,要不断学习,不断进步,用自身的学识魅力和专业态度引领、影响新入职教师,为学校的发展、学生的成长、阳信教育的辉煌发挥自己的作用。

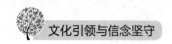

导航新手入轨，引领思想成长

新入职教师线上线下一体化培训小学综合首席专家　孙玉川

有幸成为新入职教师线上线下一体化培训小学综合组教师团队的班主任兼首席导师，是组织和领导对我的认可和肯定。为更好地指导新入职教师快速提升师德水平和专业技能水平，我们团队凝心聚力，精诚合作，不断创新，大胆尝试，开展了一系列卓有成效的培训活动。现把这段时间的工作总结如下。

一、明确任务，合理分工

我所负责的小学综合组学员共 76 人，分两个班级：一班由董雯雯担任班主任，由巩希琳、周洪伟担任导师，有学员 32 人。二班由我担任班主任，导师共四人：苟俊灵老师负责体育学科，吕洪艳老师负责道法学科，王冬梅老师负责科学、美术两科，我负责音乐和信息实践两科，有学员 44 人。

七个月的培训分三个阶段进行，县教体局先后组织了开班仪式及三场专家报告。参训学员按照学段、学科分为六个组，开展了三次线下活动，完成了撰写一篇教育叙事、精心打磨一节优课、设计一份成长规划、阅读一本教育名著、筹备一项课题研究等"五个一"任务目标。每位学员共完成了 45 学时（2025 分钟）必修课及选修课、15 条班级研讨、3 篇研修总结的线上任务。

导师团分别建立了班级微信群和小组学习微信群，每位导师积极利用微信学习群及时完成上传下达任务，并耐心解读上级下发的各项文件；及时通报学员研修情况，及时跟进和反馈；统一思想，提升干劲，引领本组学员全身心投入学习、工作中。

二、打造亮点，共同提升

（一）激发潜能，学员成长

1. 思想观念转变

通过线上线下思想理论培训，新入职教师在思想方面发生了很大转变，感受到专业成长的紧迫感，从而更加积极向上。

2. 业务能力提升

（1）通过线上培训，新入职教师在教育教学理论方面有所提升，这从培训学员所提交的学习总结中能明显看出来。

（2）通过线下活动，新入职教师的教育教学技能有所提升。在第二次、第三次线下培训活动中，我们分别组织学员进行无生试讲、说课。在导师帮助下，学员精心准备，打磨课堂教学。所有学员参与听评课，导师精心点评。这种"实战演练"形式，大大提升了学员的教育教学技能，为其今后的教学工作奠定了基础。在第二轮磨课中，学员在导师的指导下，精心准备了录像课及教学设计、课件等，快速成长。

（二）教学相长，导师受益

1.独行快，众行远

我是急脾气，尤其是在工作上，今日事，今日毕。我们团队七个人，心往一处想，劲往一处使，齐心协力为了一个共同的目标，对所有工作不推诿，不拖沓，不讲求报酬，任劳任怨，毫无怨言。我经常对老师们说，跟"尺码"相同的人共事心里特别痛快，心情特别舒畅。

2.勤思考，助成长

在这次培训中，我们有更多的机会接触新教师。虽然新入职教师教学经验不足，但他们身上有许多东西值得学习，比如，对电脑软件的使用、对新事物的求知欲。年轻教师的青春活力影响了我，让我对工作更有激情。

3.平台高，促发展

结业仪式准备过程中，我非常荣幸地承担起"艺术总监"这个重任，倍感责任重大。从7月2日调度会议结束后我就进入"工作狂魔"的状态。一连几天我都是早6点开始工作，晚12点才结束。舞美、化妆、节目顺序……事无巨细。陈主任时常跟我们讲："世上没有白走的路，每一步都算数。"实践证明，功夫用上，方法用对，结果自然会好。当7月6号四位主持人完美地说完"展演到此结束"时，在后台一直高度紧张的周洪伟校长、王珊主任和我相视一笑，长长舒了口气，终于完成了任务。

三、全面剖析，深刻反思

本次培训学习，也让我看到了新入职教师身上存在的问题：在团体活动中，从众心理比较严重；有急功近利的思想，不想付出，只重荣誉；还做不到任劳任怨、无私奉献。在以后的培训活动中，应让青年教师到先进学校跟岗学习，抓住五年成长期，结合乡校"青蓝结对"，不但做好业务上的指导，更重要的是做好思想上的引领。

总之，在导师团队的领航下，小学综合组新入职教师团队这艘大船已经启航，希望这艘大船能够"长风破浪会有时，直挂云帆济沧海"。

行而不辍，未来可期

新入职教师线上线下一体化培训学前学段首席专家 宋立芹

转眼间，阳信县新入职教师线上线下一体化培训活动在忙碌、充实、快乐中落下帷幕。在近半年的学习生活中，我们忙碌却充实着，我们劳累却快乐着。因为，我们收获的不仅仅是知识，还有精神上的鼓舞。线上线下一体化培训是一种全新的教师职初培训途径和方法，帮助新入职教师感悟教育的快乐，感恩生活的美好，感受职业的幸福。

一、导学合一，架构合理

此次一体化培训，我们经过多次线上线下会议研讨，最终确定了学前组的导师团队。

两个班级,128名新入职教师,10位优秀导师,形成了首席导师—县级导师—村校级导师三级组织管理架构,层层把关,确保培训活动有序、规范、高效开展。

由于新入职教师人数众多,我们在组织时遇到难题——跨学区指导。陈辉主任不断通过微信调度,最终使新入职教师分配合理化,为活动的有效开展提供了保障。在这一过程中,我感触最深的是,想要做好一件事情,就要合理安排,做到精细无疏漏,全面但不失个性。每一次活动,收获的不单单是认知,更是精神层面的升华;不仅学会了做事,更学会了做人。

二、研学并进,方法得力

在培训过程中,我们不断遇到新问题,不断产生新思路、产出新成果。第一,为了便于新入职教师收集、记录学习心得,我们设计并使用新入职教师研修档案,将线上线下培训内容与新入职教师日常见习活动密切结合,学以致用,用完必思,思后必记,记录新入职教师成长历程,提高新入职教师的反思和记录能力。第二,结合新入职教师优质课例打磨契机,同时组织了"送教到园"活动,将优秀的课例送到温店中心幼儿园、金阳街道中心园等,为集体教学提供范例。第三,全县128名新入职教师共打磨出10节优秀课例,全部上传到钉钉群,供所有导师和新入职教师学习,并在阳信县实验幼儿园开展了优秀课例展示。第四,组织开展线下培训,做专题报告"初春如歌,开启美好""夏荷满苑,沁润心田",为新入职教师树典范、立标杆、明方向。第五,带领新入职教师一起开展好书共读活动,读名书,知明理,思明师。

这一阶段是最艰辛的,因为开学后大家都很忙,集中组织活动成了难点。于是我们采用线上会议的方式进行交流、研讨。在全体导师的努力下,我们圆满完成任务。道阻且长,行则将至!

三、行思一体,筑牢阶梯

为期半年的新入职教师线上线下一体化培训,从教育理论与教学方法、专业理念、专业知识、专业技能及专业实践五个方面对新入职教师进行了全面培训,使新入职教师树立了正确的专业理念。同时,导师团队以丰富的教学经验、深厚的专业素养,给新入职教师以有形和无形的影响,引领其在专业方面快速成长。

线上培训时,我们的磨课(课例研讨)活动也在热火朝天地进行。村校级导师第一轮教学活动设计指导后,我们进行了第二轮课例打磨活动。考虑到地域和各幼儿园的实际,第二轮磨课先从实验幼儿园与温店中心幼儿园的联片教研——送教入园开始。我们打磨了四节优秀课例,涵盖了语言、艺术、科学、社会四大领域。这四节课由四位新入职教师执教,现场导师给予评价,新入职教师提出疑问和困惑,由导师现场解答。这次活动的组织,不但给温店中心园的老师送教入园,也为我们学前组的线下磨课活动开了个好头。随后,河流、劳店、信城、金阳、翟王等几个学区的幼儿园也开展了相应的磨课活动,各个组之间也进行了线上学习和交流。

第一轮磨课中,新入职教师出现的普遍问题:第一是容易受教案的束缚;第二是上课

情感不能投入,太紧张;第三是教师的评价不及时,面对幼儿的问题和回答,不能具体反馈;第四是太拘谨,不敢让幼儿回答,总怕节外生枝,影响整个教学的过程。

第二轮磨课中,新入职教师对教学目标进行了修改,重新确立了教学重难点,调整了部分教学环节,活动开展得比较顺畅,环节与环节之间过渡流畅。

四、行而不辍,未来可期

线上线下一体化培训为新入职教师的学习与交流搭建了很好的平台,提升了其职业素养和综合业务能力。

一是学习观念的更新。本次培训内容丰富,形式多样,效果明显。培训中有教育专家的报告,有一线教师的专题讲座,有新入职教师围绕专题进行的各种行动学习,既有知识上的积淀,也有教学技艺的增长。

二是教育理念的转变。网络研修学习中,专家讲座在大家心中掀起了阵阵波澜,使大家不仅了解了前沿的教育教学改革动态,而且学到了先进的教学理念。专家讲授的一些教育教学实例使新入职教师产生了共鸣,从而能从理论层面解释自己在教育教学中碰到的一些问题,也为今后的课堂教学工作指明了方向。

三是视野的开阔。通过网络研修学习与交流,新入职教师普遍感觉视野更加开阔了,见识增长了。在学习共同体里,新入职教师都认识到了加强学习的重要性,所以他们能够积极地学习他人的经验,反思自己的教学。

四是自我成长有方向。培训是短暂的但收获是充实的。通过本次培训,自觉学习、自觉参加讨论交流、自觉完成作业、自觉上传学习心得已经成为多数新入职老师的习惯。很多新入职教师能够经常搜集教育信息,学习教育理论,增长专业知识,能够并积极撰写教育叙事和教学反思,使自己迅速成长起来。

通过学习我们认清了学前教育所面临的挑战,感受到自己身上背负的使命——成为阳信县学前教育的开拓者。面对这样的使命,我们不敢松懈,抓紧每一分钟学习,努力思考,以把学习到的知识运用到实践工作中,让自己真正成为优秀的、专业的幼儿园教师!

结业但不结束,后期的跟岗学习依旧是充实、丰富而精彩的。新入职教师培训为每一位新入职教师的成长赋能,助力他们成长。行而不辍,未来可期!

成长足迹

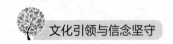

篇一 扎根乡村,野百合也有春天

编者按 桃李不言,下自成蹊。在阳信县,有这样一个教师群体:他们扎根乡村,默默奉献,用自己的坚守为孩子指引前进的方向,用爱心撑起了乡村教育的一片蓝天,现介绍五位乡村教师的感人事迹。

忠诚,恪守,敬业,开拓

阳信县商店镇第二小学 董雯雯

董雯雯,女,1984年8月出生,2007年在大韩小学(后改称商店镇第二小学)任教至今,担任三至五年级的英语、传统文化、科学三科的教学工作,自2016年2月起担任校长。先后被评为"阳信县师德标兵""阳信县优秀教师""阳信县优秀班主任""阳信县最美教师""滨州市教书育人楷模",并被聘为"阳信县岗位名师",2018年入选全国乡村优秀青年教师培养奖励计划。

一、扎根基层,艰辛教学创佳绩

回想十几年前,怀揣着对教师职业的向往,经过层层考试选拔,我成为一名光荣的人民教师。我刚走上工作岗位时,正值乡镇英语教育蓬勃发展之时,但是我们乡镇英语教师缺乏,基层偏远学校的孩子们上不了几堂完整的英语课,有限的教育资源满足不了孩子们对英语知识的极大渴望和需求。我积极响应镇教委的号召,不顾家人反对,毅然决然地主动坚持走教,这一走就是两年。两年里,每周五天半上二十几节课,遍布全镇大韩、聂家、冯店、道王、中心五所小学。那时经济条件有限,绝大多数村与村之间没有柏油路,甚至连砂石路都没有,完全是鲁迅笔下"走的人多了也便成了路"的土道或乡间小道,真可谓"晴天路扬灰,雨天水和泥"。从家到最远的学校来回得走40公里,父母心疼我路上累,朋友觉得我付出不值得,尽管如此,在那些像极了20世纪80年代的村办小学里,我来来回回,从来没有动摇过。我不是没有想念过城里干净敞亮的大教室,不是没有留恋过城里宽敞平坦的大马路,可是这些都不如孩子们求知若渴的眼神对我的吸引力大。

记得有一年初冬,雨夹雪,我赶往走教的学校。那条路真的特别难走,电动车根本没办法骑。为了不耽误孩子们上课,我只能推着车子往前走。当我踩着泥雪一路推车到学校的时候,身上已经披满了雪,有的地方甚至结了冰,双脚和双腿沾满了雪和泥。孩子们心疼地望着我,我含着眼泪笑着拍掉身上的雪,大声地告诉孩子们雪的名字叫"snow"。不论是刺骨的北风,还是炎炎的夏日,都丝毫没有影响我上课的心情。我总是意气风发地给孩子们带去一场场精彩的英语盛宴。孩子们渴望学习英语的眼神、学校领导同事们热情的关怀支持,支撑着我一路走来,收获满满。

在我和我们英语教师团队的共同努力下,我们乡镇的英语成绩首次在县抽考评价中

崭露头角,学生的英语素养有了突飞猛进的提高。我也鼓起勇气参加市县优质课、口语大赛、教学能手、教坛新星、观摩课、信息技术基本功大赛等系列比赛,并取得了不错的成绩。

二、以身作则,乡村育人献真心

"苦尽甘来春满园,姹紫嫣红别样情。"走教两年后,我被分配到商店镇大韩小学,十几年来我一直坚守在农村小学的讲台上,用一片赤诚之心,在平凡的岗位上书写了别样的感动,正如海尔集团创始人张瑞敏所说,"把每一件简单的事做好就是不简单,把每一件平凡的事做好就是不平凡"。

工作之初首次担任四年级的班主任。做好班主任工作,我认为高度的责任心和使命感是基本前提。在这里分享我管理班级的三个秘诀:"关爱""细心""严格"。在班级管理中除了要用"关爱"去感化学生、用"细心"观察学生、用"严格"约束学生外,还要有高度的责任心、上进心和使命感,要有宽阔的胸怀、科学的方法,要多一分尊重、多一分宽容、多一分理解,善待每一位学生,欣赏每一位学生,相信学生未来的辉煌,就在我们的无私奉献与关爱之中。

记得班级里有一位学生小敏因患先天疾病导致双腿残疾,她每天只能穿着纸尿裤上学。我发动学生成立爱心小组,在课间帮助她如厕、进课间活动等。小猛也因为先天疾病导致四肢行走不协调,为避免他被歧视,我专门上了一节"美丽天使落人间"的主题班会。我多次和他们促膝恳谈,从生活上、心理上给予他们帮助,调动班级力量理解关爱他们,用爱心点亮了他们前进的心灯,使他们取得了长足进步,顺利完成了小学学业。

在原大韩小学,尽管我不是本乡人,但学生和家长都跟我很亲。我相信真诚待人必能换来别人的真诚以待。每天当我驱车走在乡间小路上,干农活的学生家长总是热情地跟我打招呼。每每看到家长们脸上真诚满意的笑容,我心里充满了感动和感恩。付出真诚就能得到真诚,付出理解就能得到理解,而付出爱就一定会得到爱的回报!我所带的班级学风好、班风正,师生关系融洽,时不时有毕业的学生前来探望。

三、艰苦奋斗,探索发展拓新篇

我虽是英语专业毕业,但从教后成了多面手。乡村学校缺乏专职教师,我曾担任过三至六年级英语、传统文化、道德与法治、科学、美术等课程老师,最多时一周上二十几节课。那时,同事们都笑谈我不是在上课,就是在上课的路上。

这些年无论经历多少,我始终没有丢弃我的专业。对于小学英语教学我有话说。从事小学英语教学十余年,我不算最成功的,但是,我做到了:我的学生再谈起小学英语老师时,还会说"我学到的不只是英语单词句子,还有坚持不懈的习惯养成"。无数次,我对学生讲学习没有捷径,只有坚持不懈的努力才是成功的捷径。记得,刚开始上课时,学生对英语一无所知,学校英语课时少,身处农村家庭的学生英语学习环境更是不容乐观。为了让学生磨耳朵,我自费购买录音机并积极说服有条件的家长给孩子创造学英语的环境;为了练习书写,我要求学生天天抄单词,不用太多,十个单词或五到十分钟即可,练就的是天天坚持的好习惯;随着年级升高,开始让学生学着做英语手抄报。我还让高年级学生做思维导图,把知识点用导图的形式画出来,这个方式更适用于考试前的复习阶段。随着信息技术的发展,手机越来越普遍,尤其是有了微信后,我让学生把英语学习转移到微信群,每天除了发语音就是分享单词、句子书写,每天五分钟。我带的学生从三年级开始就坚持天天学英语,直到从学校毕业,我相信孩子们不但收获了英语知识,也练就了一种受益终生的好习惯。

华盛顿儿童博物馆有一句馆训:I hear, I forget; I see, I remember; I do, I understand.(我听说了,然后又忘记了;我看到了,于是我记住了;我动手做了,我才明白了其中的道理。)为培养学生的英语语用能力,我充分挖掘学生天生的表演天赋,从三年级就开始把课本所有对话用情景剧的方式表演出来,不但培养了学生的语言表达能力,更培养了他们团队合作、相互分享、共同提高的思想品质。

除此之外,丰富多彩的自制教具和简笔画也会为课堂添彩。英语教学教具相对较少,这就需要我们老师自制教具:词卡、水果道具、钟表,等等。除此之外,简笔画更是必不可少的有效教学手段之一,逼真而有趣的简笔画可以为课堂教学增添不少亮点,也会提高教学的有效性。每到五年级讲到寿司时,我都会亲自为学生做寿司。农村学生很少有见过寿司的,更是甚少吃过,我把这个习惯坚持了六年,并称为"一份寿司的约定",我想保护好学生的这份好奇心。同时我充分发挥了自己的闯劲:五音不全的我积极设计主持了我们学校近十届六一儿童节,充分利用网络平台,发挥学生的潜力,为大家献上一幕幕精彩的节目。教师光有闯劲和激情远远不够,还得用事实说话,用本领展示自我。我努力练就教学基本功,提高教学业务能力,保持勤勉的教学态度,运用科学有效的教学方法,任教学科教学成绩名列全县前茅,受到学校、家长的一致好评。再精美的教学实践也需要有科学的教学理论和不断的创新来支持,学会学习,学会反思,方能走得更远、更坚实。

客观条件的艰苦更易催人成长,教师要活到老、学到老。所以,我感谢我参加的所有培训活动,也很珍惜每次有价值的培训研讨。他山之石,可以攻玉。培训过后,我习惯规整所有材料,从通知到方案,从照片到体会,我都会按类分好,时时拿出细细品味,我相信:人生没有白走的路,每一步都算数。

四、天道酬勤,团结协作谱新章

承蒙组织和领导信任,2016年2月我开始担任大韩小学校长,其间经历了义务教育均衡发展验收、新学校搬迁等重大事项。多年来,我从没有休息过一个完整假期,我和我的教师团队担任过清洁工、搬家工、档案工、工程监工等好像与教师角色不相干的工作。

2017年山东省薄弱学科教师培训项目中我担任阳信县区小学英语组组长,一年里我积极同省市县志愿者老师联系落实课程、接待上课老师、集体夜间备课、安排学员老师们的专业测试分班、组织纪律、新闻宣传、后勤保障、中测结业典礼等,为历经一年的项目培训顺利结业"保驾护航"。

同年,我参加阳信县"三名"人选的选拔并顺利入围担任秘书长,经过三年多的学习与成长,2020年培养期满合格,被授予阳信县第三批名教师。在以后的教师生涯中我将积极参与组织协作组活动,支持中央乡村振兴战略,推进县域教育均衡发展,发挥"三名"人选的示范引领作用,进一步提高课堂效率,打造高效课堂,提升学科素养,提高育人质量。

在"三名"大家庭的熏陶帮助下，我会充分剖析自我，向优秀前辈学习，永怀谦卑之心，见贤思齐，以最初的心，做永远的事。更会秉承"三名"之训：奋斗不止，做终身学习的践行者；传承创新，做优秀文化的传播者；奉献协作，做团队发展的引领者。

我觉得，一个人的内心要想更强大，在心理成长的过程中更离不开团队的支持！总感觉自己很幸运，在想要放弃奋斗时总是有领导前辈的支持，有家人的陪伴和朋友的鼓励。因为有了他们的帮携，才给了我向前拼搏的动力。

苏格拉底曾说：人生最快乐的事，莫过于为理想而奋斗！也曾经有人问我："你为什么选择这个行业并自愿留在农村小学任教？"我会这样回答："我出生于农村，也热爱农村，更热爱教师这份职业。我就是想让更多的农村娃学知识，长见识，长大改变乡村面貌，致力于中华民族伟大复兴！"

做一名新时代的新型乡村教师，是我一生无悔的追求！正值中央大力振兴乡村教育，借此良机，期待我们的乡村教师能够坚守住自己的教育理想，让梨乡的教育繁花似锦！

献身教育事业，享受幸福人生

阳信县温店镇蔡王小学　巩希琳

巩希琳，女，1987年出生，中共党员。曾获"滨州市教坛新星""滨州市优秀教师""滨州市最美教师""滨州市三八红旗手""阳信县十佳名师"等荣誉称号，被聘为滨州市岗位"名师"，2019年入选山东省乡村优秀青年教师培养奖励计划。

人们常说"教师是太阳底下最崇高的职业，教师是人类灵魂的工程师"，从小我就立志成为一名人民教师。2010年9月，我终于实现了多年的梦想，成为一名人民教师。工作后，我被分配到一所偏远的农村小学任教。十多年来，我一直扎根农村教育，默默耕耘。

一、克服师资紧缺，坚持走教两年

刚踏上工作岗位时，恰逢我们温店镇缺乏英语教师，偏远的农村学校没有专职英语教师。我积极响应镇教委的号召，毅然决然地主动接受任务，坚持走教两年。

领导考虑到我家不在本地，就把我安排到一所交通相对比较便利的小学——蔡王小学，但同时走教另一所更偏远的、位于河坝上的闫张小学。在两所学校领导的协调安排下，我每周一、周三、周四在蔡王小学任教，周二、周五要到闫张小学任教，两所学校的课时量达到每周30课时。从蔡王小学到闫张小学往返有20多里路，记得当时路特别难走，晴天时尘土飞扬，阴雨天就泥泞不堪，但我没有退缩，利用第一个月的工资买了一辆电动车，从此风雨无阻，开始了我持续两年的走教历程。最难忘的是冬天，早晨赶到走教学校后，冻得浑身哆嗦，常常一天都暖和不过来，最后留下满手、满脚的冻疮。手指、脚趾上的冻疮，有时会痛痒难忍，但想起孩子们那渴望知识的眼神，想到领导对我的殷殷嘱托，即使再困难，我也从未间断过。记得有一次，大雨过后的早晨，我准时从蔡王小学出发，路上有一段积水特别严重，原以为我可以骑电车蹚水过去，却不慎陷进泥坑里，为了防止孩子们的作业本被弄湿，我当断则断，一只脚直接踩进泥坑，车子没歪，可我不能向前了，幸好喊来一位路过的建筑工人师傅，帮忙搭上一块木板，才把车子从泥坑推出来。赶到走教学校后，看到孩子们心疼的小眼神，我才意识到鞋子湿透了，裤腿也湿到了膝盖。就这样，我坚持给孩子们上了一天的课。

两年的奔波，两年的艰辛，两年的收获。每当看到孩子们一天比一天进步，听到领导的肯定和赞赏，我的心里就会升腾起一种幸福感和自豪感。走教的那两年是那么的充实，两所学校六个班的孩子，都取得了骄人的成绩。走教两所学校，虽苦乐参半，但也让我体会了一把"桃李满天下"的滋味。

二、克服家校异地困难，吃住学校整六年

为了让农村的孩子接受良好的教育，我以校为家，全身心投入工作，克服家校异地困难，曾独自吃住在学校整整六年。

上班的前几年，自己没有私家车，所以只能搭乘长途过路车，很不方便。为了不耽误工作，我选择了在学校住宿，每周末回去一次。那几年，学校只有我一个人住宿，难忘的经历，让我记忆犹新。每当夜幕降临，这个并不大的校园显得那么空旷。我必须克服自己胆小的心理，每天都不断安慰自己：学校里是最安全的，虽然学校北面靠着的是大片大片的农田，可毕竟南边和东边还是有几家住户的。一到傍晚，我会把自己紧紧地反锁在宿舍里，甚至用木棍、水桶紧紧地顶住门，不敢离开宿舍半步。宿舍的防盗门是坏的，遇上大风，就"哐哐唧唧"作响，再加上门口大树被吹得"刷刷刷"的响声，我几乎一夜无法入睡。那时感觉夜特别长，不停地看时间，盼望黎明到来。

当时学校的住宿条件比较差，房屋也比较紧张，我和其他午休老师挤在一间屋子。一间小小的屋子里放了五张上下床，原本非常狭小的活动空间还要塞上一张小课桌，这里便成了我的餐桌和厨房，收拾了厨具，就是我的办公桌，即使2013年怀着宝宝，我也一直坚持住在学校里。那是学校最古老的一排房子了，里面的墙皮很多都已脱落，冬冷夏热，蚊虫叮咬，屋顶还漏雨，特别潮湿，尤其是暑假过后，被褥简直和水洗过一样，屋里地面都有积水。俗话说："人生没有白走的路，每走一步都算数！"我想也正是这样的条件磨砺了我，锻炼了我，也正是因为吃住在学校，我才有了充裕的学习时间！可以说那几年，工作成了我生命的主题，因为我深知生命要想拒绝平庸，只有执着地追求和无私地付出。

吃苦，是优质人生的基础，只有"苦尽"才能"甘来"，这是亘古不变的道理，也是古今成大事者总结出来的智慧。我们一定要敢于吃苦，这样才有机会收获甘甜。你受的苦，终将照亮你未来的路。所以，要想成功，我们必须有不怕吃苦的精神。

三、注重积累，厚积薄发

古人云：不积跬步，无以至千里；不积小流，无以成江海。只有不放过一切锻炼自己的机会，才能在历练中成长，让成功累加成功。2010年12月，也就是我上班的第四个月，我镇举办了小学优质课评选活动，尽管不知所措，但我还是硬着头皮参加了。我深知，若不

勇敢迈出第一步,便永远无法实现自己的梦想。

我精心准备着,白天一有空,我就请有经验的老师帮我听评课,晚上就在宿舍一遍遍地练习,睡前还一遍遍思考,回顾着各个教学环节,经常熬到深夜,记得当时心里只有一个念头:我是新老师,没经验,就应多付出。那一段时间过得可谓紧张、充实。"都说上一节优质课就会掉一层皮,我看,我得掉两层皮。"比赛时,虽然我已苦熬了一周,但依然精神抖擞,有一种小宇宙要爆发的感觉,各环节衔接得还算不错,一气呵成,学生配合得也相当默契。后来,成绩出来,我居然取得了我镇第一名的好成绩,校长、同事都竖起了大拇指。我高兴极了,刚上班几个月的我,居然拿了第一名,连我自己都不敢相信。这次成绩的取得,让我更加自信,更加有激情。为了能在我喜欢的英语教学中取得更好的成绩,我更加努力地进行专业学习:我利用课余时间认真研读课程标准;熟悉教材,理清教学思路;观摩优秀教师的课堂;抓住外出学习的机会,开拓视野,增长经验。为了让自己尽快成长起来,我经常自费买一些优秀的课例视频、光盘、相关专业书籍等。

功夫不负有心人,我也收获了很多意想不到的成绩:2011年、2013年两次参加阳信县优质课评选获一等奖;2014年参加滨州市优质课评选获一等奖,同年被评为"阳信县教学能手";2016年被评为"阳信县教坛新星""滨州市教坛新星";2017年被聘为滨州市教育质量评价专家;2018年被评为"滨州市最美教师";2019年被评为"滨州市优秀教师",并成功入选山东省乡村优秀青年教师奖励计划;曾被选为山东省教师代表赴澳门参加第26届"华夏园丁大联欢"活动;2020年被评为阳信县"梨乡英才•名师",并被聘为滨州市名师岗位"名师",同年因工作业绩突出,被授予"滨州市三八红旗手"荣誉称号。

四、把敬业当成习惯

有人说:把敬业当成习惯,就要乐其业,穷其力。入职十多年来,我用尽全力,做好本职工作,并把此作为自己的人生乐趣。

2018年9月,蔡王小学旧貌换新颜,我们也告别了小平房,搬进了宽敞明亮的教学楼。虽然学校师资紧缺,老师们教学任务重,但是我和我的同事们都干劲十足,累并快乐着。多年来,在学校工作中,我一直身兼数职。作为学校的中层,我要做好上级安排的各项工作;作为班主任,我要以身作则,率先垂范,言传身教,努力管理好班级;作为英语学科教师,我要备好课,上好课,努力打造高效课堂。这些年我一直任教两个年级的英语课,还要担任一些其他科目的教学,一周的课时量都在20课时以上。在日常工作中,哪里需要哪里搬,整天就像个上满弦的小陀螺忙得团团转。为了更好地完成学校的工作,我经常自己加班加点,午休的次数屈指可数,甚至牺牲周末休息时间。只要能把各项工作做好,我想付出再多都值得。

作为农村教师,作为一名年轻党员,我要随时准备接受学校交给我的临时性任务,并且义无反顾、出色完成。2019上半年,我校承担了我镇鼓号队的训练任务。作为农村小学,我们面临教学班少、师资紧缺、学员零基础等情况。作为鼓号队的主要负责老师,我利用业余时间加班加点学习鼓号队专业知识,观看了大量的视频,克服各种困难,带领我校的少先队员们刻苦学习乐谱知识,每天顶烈日迎小雨,从学习原地演奏到进行中演奏,从队列队形训练到步伐的训练。一步一个脚印,一路走来,我们收获了很多,也成长了很多。虽然在训练中我累病了很多次,但为了不耽误教学和鼓号队的训练,我下班后去输液,第二天继续坚持上课及训练。在比赛训练的关键时刻,为了进一步规范孩子们的步伐,我把刚刚从部队转业回家的对象多次带到学校,为队员们指导训练,孩子生病在家无人照看,也只能带到学校陪着我们一起训练。功夫不负有心人,在当年举办的全县鼓号操展演中,我们以出色的表现赢得了"金号奖"!我与孩子们一同享受着这份成功的喜悦,所有的苦和累早已烟消云散。

五、模范带头,示范引领

因教学业绩突出,我通过层层选拔,成为滨州市名师工作室及阳信县名师工作室核心成员。几年来,我把学到的教学理论、收获的优秀资源第一时间分享给自己团队的老师,努力辐射到团队的每位老师。2021年我有幸当选阳信县第二届小学英语名师工作室主持人。我深知肩上又多了一份责任,为成功举办全县英语观摩研讨会,我曾多次驱车百余里往返于县直学校,帮年轻教师打磨课,与年轻教师共同备课、研讨,手把手指导,我的做法赢得了领导一致好评。

2017年我曾作为唯一一名被市教育局抽调的农村教师,参加了全市的小学教学调研工作;2017年、2018年我还有幸成为阳信县的"授课专家",为全县新入职的年轻教师做成长报告;2021年2月,我被聘为阳信县2017—2020年新入职英语教师导师,根据我县师训办对新入职教师的线上线下一体化培训安排,我定期组织新入职教师参加线上、线下培训,在举行的新入职教师第二、三次线下培训活动中,我积极参与谋划并起草活动方案,培训效果成绩显著,得到上级领导一致好评。

因工作业绩突出、事迹感人,我曾先后被选拔进入滨州市师德巡回宣讲团、阳信县师德巡回宣讲团,曾历经两个月、牺牲周末时间,在市、县师德巡回宣讲20余场,听众近一万人。曾经县领导担心我过于辛苦,身体吃不消,直接把电话打给我们学校的校长,希望校长批准我在工作日期间休息两天,我都谢绝了,我笑着说:"上级安排的任务要完成,学校的工作、班级的工作更应该放在首位,只要没有极其特殊的情况,绝对不会离开班里的孩子们。"

有一种选择叫无悔,有一种信念叫坚定,有一种精神叫奉献,有一种力量叫凝聚!作为基层的一名党员教师,我更应该勇于担当,牢记使命,发挥好党员模范带头作用。我将继续扎根农村,为我们农村的教育教学倾注自己更多的心血,践行一名基层党员教师的初心和使命。这将是我一生最大的幸福。

坚守乡村教育，守护乡村孩子

阳信县温店镇蔡王小学　尚美英

尚美英，女，1987年出生，中共党员。温店镇蔡王小学数学教师、教务主任。曾获"阳信县优秀教师""阳信县学科带头人""阳信县数学教学能手"称号，被聘为阳信县农村特岗教师，2020年入选山东省乡村优秀青年教师培养奖励计划。

作为一名普普通通的乡村教师，我热爱教育事业。三尺讲台，是我无悔的选择。回顾自己13年的从教之路，有故事也有收获，虽不惊天动地，但见证着我不断成长的历程。

一、怀揣梦想，与乡村教育结缘

"教师是天底下最崇高的职业，是人类灵魂的工程师"，从小我就梦想成为一名人民教师，所以大学选择了小学教育专业。2008年大学毕业后，顺利通过了阳信县的教师招考，带着一份向往和憧憬，我踏上了三尺讲台，成为一名光荣的人民教师。我被分配到了阳信县西部较为偏远的温店镇蔡王小学。十几年来，从县城到农村每天奔波20多公里，累过、苦过，但我从未后悔过。

记得学校当时只有几间平房。我担任一年级班主任，任教数学、品德、音乐、美术，集多个学科教学于一身。学校连基本的功能用房、体育操场都没有，孩子们的学习基础十分薄弱，这可怎么办？在这种环境中谈何同伴互助、教学研究、专业发展？回到家和老爸吐槽了一番，他语重心长地说："是金子在哪里都会发光，好好珍惜这来之不易的工作吧！""既来之，则安之，好好干工作在哪都一样。"于是我给自己定一个目标：成为一名合格的、受大家尊重的好老师。至今我一直铭记并为之努力着。

二、抓住机遇，开启自己的成长之路

一路走来，深感来到温店这个偏远乡镇是幸福的，教学办的领导很重视对新入职教师的培养，及时对新入职教师进行听评课指导。上班不久，就接到听课通知，我真有点不知所措，但我认为应该抓住机遇，迎接挑战！我清楚地记得，当时我执教了一年级《品德与生活》中《左手和右手》一课，这堂课得到了领导的一致好评，也成为我专业发展的起点。工作第一年，我就被推荐参加2009年县级品德学科优质课评选。我硬着头皮，全力以赴，白天正常上课，晚上搜集资料、备课、制课件，请老师们帮我听课、磨课，再不停地修改。当时努力的动力很简单，因为校长对我说，我是近几年学校唯一去县里赛课的老师，要为校争光。带着这份嘱托，我迈出了成长的第一步，获得了县优质课二等奖的好成绩。以后我便更加有信心，也更加喜欢课堂。

徐长青教授在阳信新入职教师职初培训中提道，年轻教师一定要抓住公开课的时机，去证明自己。有时候不是你不优秀，是没有人知道你很优秀，该亮剑的时候一定要拼尽全力证明自己。

三、不断学习，铺就专业成长之路

"坐而论道，不如起而行之。"不断学习，铺就我的专业成长之路。我的教学能力提升行动从未止步。

1. 读书

为了开阔自己的眼界，我利用课余时间，加强理论学习，订阅了《滨州教育》《山东教育》《中小学数学教育》等期刊，每一期我都用心品读，博采众长。读《跟吴正宪学数学》《即墨28中解码》《给教师的100条建议》《班主任工作漫谈》《做中国立德树人好教师》，还按照县"三名"建设工程的要求阅读了《苏轼十讲》《论语》等书籍。借教学改革的东风，我重点研读了《龚雄飞与学本教学》一书，圈画批注做笔记，徜徉在书海，去寻找好教师应该有的样子和课程改革的样板。

2. 参加活动

每当有外出学习机会，我都倍加珍惜。不管是研讨会还是专家报告会，会议结束，我就拿着U盘去拷贝会议报告、课件等资料，第一时间丰富自己的资料库。我还习惯利用手机录课、录音，认真做好笔记。现在的互联网＋教育以及会议直播的形式，让我们乡村教师有了同等的学习机会。上班没有时间观看，回家还有很多家务，我便利用好碎片时间加强学习，早起、睡前、乘车路上看回放，半个小时的上下班路程，成为我清静学习的好时光。

3. 善积累

在农村，教学资源少，教研力度达不到。没有资源寻找资源，没有条件创造条件。我自己购买了大量优质课资料，反复观看，认真领悟。关注公众号，观看吴正宪、刘德武、罗鸣亮等数学大咖的课堂。与大咖为伍，听专家点评，犹如与专家学者同行。耳濡目染，教学能力得到了提升。我坚信，只要坚持不懈、日积月累，向着目标走下去，终会有收获。

4. 勤动笔

叶澜教授说："一个教师写一辈子教案难以成为名师，但如果写三年反思，则有可能成为名师。"我开始尝试写反思，写自己的课堂教学，写与孩子们的相处，写外出学习的感悟等，只要有灵感就及时记录下来。有时也会收获无心插柳柳成荫的惊喜，我撰写的文章在《阳信教育科研》《滨州教育》《山东教育》等刊物上陆续发表。

我很喜欢这样一句话："花若盛开，蝴蝶自来；你若盛开，天自安排。"因为课堂的助力，一些专业发展的"赠品"也如约而至。我先后四次参加县级优质课并获奖，三次参加市级优质课并获奖；在市送教活动中执教观摩课，主持、参与了多项县、市、省级课题研究。曾被评为阳信县"优秀教师""教坛新星""数学学科带头人""数学教学能手"。先后入选阳信县"三名"教师培养工程、阳信县"名师岗位计划"及"山东省优秀乡村教师培养计划人选"，同时兼任农村特岗教师。

四、默默坚守，甘当敬业"傻子"

13年的工作生活中难免会遇到困难，我唯一的信念就是：遇到问题想办法，相信办法

总比困难多。

2017年,我开启了二胎时代。可就在怀孕四个月时,被诊断为完全性前置胎盘,必须卧床休息,否则会有生命危险。可是当时学校的状况是:一共二十几个老师,12个班,还有四个怀孕的老师。课不能没有老师上,孩子们不能没人管,班主任工作、教务处工作也需要人员,校长找代课的老师也有困难。面对学校人员严重不足的现状,我坚持为大局考虑,不顾家人的反对,坚持去上班。各种工作忙个不停,孩子到了七个月还是没有好转,只能由顺产转为剖宫产,谨遵医嘱去了有先进抢救设备的山东省立医院,此刻我才意识到问题的严重性。其中的无助只有我自己最清楚。由于孩子早产,住了一个月保温箱。有人调侃我说:"你是不是傻啊?"我总会笑着说:"吉人自有天相。放心吧,没事的。"上天眷顾,母女平安,宝宝活泼可爱,非常健康。

产假很快结束了,应该在10月初上班的我,面对学校人员不足的现状,9月1日开学时,提前一个月结束产假,就回到了工作岗位上。孩子不能吃母乳,只能添加辅食。为了学校能正常地开展工作,我做这个决定无怨无悔。妈妈对教育的坚守,相信孩子会理解,原谅我这位"不称职"的妈妈。父母是孩子最好的老师,"德高为师,身正为范",我要用行动为我的孩子示范什么是爱岗敬业。

五、关爱学生,永远行走在路上

在学生眼里,我也是一位"好妈妈"。学校大部分孩子的父母外出务工,留守儿童居多。由于缺少父母之爱,导致他们产生自卑、厌学等情绪,甚至个人卫生都成了问题。我总会想方设法用爱去温暖他们,帮助他们树立学习的信心。我把自己当作这些孩子的"代理妈妈",孩子们的吃、穿、学习都是我最关心的问题。我与他们交朋友,用细节感化他们,勤与家长沟通,注重家校合作,助力学生成长。在端午、中秋、元旦等节假日,我都组织孩子们一起包粽子、做月饼、包饺子,让孩子们体会到家的温暖,让留守孩子不孤单。

我还把更多的关爱给了特殊的孩子。班里有一个孩子叫轩。5岁时,轩不幸失去了父亲,后来母亲远嫁,她和弟弟就一直跟随着爷爷奶奶生活,相依为命。家访时了解到:因为突然没有了父爱母爱,轩哭哭闹闹了两年多,之后就变得沉默寡言。轩的奶奶特别心疼他们却又很无助。在尊重孩子的基础上,我在学习上给予她辅导,鼓励她参与班级管理,培养她积极乐观的心态,主动和她谈心,保护她幼小的心灵。我为她申报了各类资助,申请了"希望小屋",轩变得活泼开朗、阳光自信起来。老师被信任、被需要的感觉多么美好。

让我们努力去做一名好老师,从教好学生、带好班级开始,关爱学生,永远行走在路上。

六、同伴互助,成长的不竭动力

作为骨干教师,我主动与年轻教师结对子,尽自己的能力帮助他们更快、更好地成长。我常常会将自己的想法和经验以及各种资料与老师们共享。有的新入职教师业务不熟练,我会一次一次地进行耐心指导……我们互相学习、互相帮助、共同提高,力争在农村学校也有自己的数学团队,我们一直在努力着。蔡王小学如今的整体办学水平有了明显的提

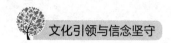

高,曾被评为"滨州市语言文字示范校""滨州市科技创新实践基地",并代表温店镇举办了全县大观摩活动。我见证了学校的发展,作为奋斗中的一员也倍感骄傲。

"人生因梦想而伟大,因学习而改变,更因坚守而成功",这是我的座右铭。我要用心去做好每一件小事,做一名乡村孩子的守护者、终身学习的践行者、团队建设的领航人。我将继续坚守乡村教育的三尺讲台,在希望的田野上,不断前行……

收获职业幸福,焕发生命活力

阳信县流坡坞镇中心学校　马元芙

马元芙,1982年3月出生,中共党员。从教21年一直从事少数民族地区教育工作,现任阳信县流坡坞镇教学办主任、流坡坞镇中心小学西校区校长。曾获"滨州市教书育人楷模""滨州市小学教学工作先进个人""阳信县优秀教师""阳信县教学能手""阳信学科带头人""阳信县教坛新星"等称号,是阳信县首批农村特级岗位教师,阳信县第三批名教师,阳信县岗位名师,滨州市第三批"三名"人选。

一、蹒跚起步

(一)乡村女孩的教师梦

当我还是一个十几岁的女孩时,便有了自己的教师梦。那时,我最喜欢的事情就是把四邻八舍的小孩子组织起来,教他们学习写字、唱歌、跳舞,以此为乐,不知疲倦。1993年,长我五岁的表姐,考入了益都师范学校。听说她毕业以后要当老师,看着别人羡慕的眼光,我的教师梦破土而出。虽然回族女孩读书的少之又少,但当我把自己的梦想分享给父亲时,得到了他的大力支持。父亲给我吃了一颗定心丸:"好好读书,花多少钱爸爸都供你,以后考师范当老师,做个受人尊敬的女先生。"1997年,益都师范学校在滨州市计划招生两人,中考结束,我放弃高中,以第一名的成绩走进了益都师范。

(二)教师梦重铸

2000年夏天,没有一点心理准备的我被分配到了流坡坞镇一所不完全定点小学——南街村回民小学。开学的第一天,父亲把我叫到跟前,对我说:"现在你是一名教书先生了,一定要抓好业务,记住'教不严,师之惰',要严格要求学生,更要严格要求自己。"父亲的叮咛犹在耳边,但走进校园,还是被村小简陋的教学环境惊呆了,南街村回民小学作为一所不完全定点小学,一至三年级各有一个班,六名教师,其中代课教师四人,各种功能用房一概没有。学生家长不重视教育,学生学习习惯不好,学习基础也非常薄弱……这可怎么办?在这种环境中还谈什么同伴互助、谈什么专业成长?初为人师的满腔热情几乎被消磨殆尽。兴高采烈地走出家门,垂头丧气地回到家中,我的变化父亲看在眼里、急在心里,他给我讲了他的恩师任秀禄老师的故事。

任老师从事少数民族教育工作近40年,为乡村民族教育事业做出了贡献,生前曾被

授予"全国劳动模范""全国民族团结先进个人""山东省优秀共产党员""山东省劳动模范""山东省少儿先进工作者"等荣誉称号。1961年,他因工作需要调到流坡坞镇南街回族村工作。当时,村里没有学校,村民也不重视教育,孩子不大就辍学在家,全村没有一个初中毕业生……为打破困难局面,任老师露宿在村饲养处附近的破车上,一住就是30多个夜晚。他动员群众将饲养棚改为校舍,并挨家挨户说服村民送子女上学,终于,16名孩子成了他的第一批学生。有了校舍和学生,他又开始探索适合少数民族教育的方法和规律。在他的努力下,到20世纪80年代,南街村回民学校发展成为拥有8个班、320余名学生的花园式学校,升学率、巩固率、普及率都名列所在地上游。任老师的辛勤付出得到了家长和社会的一致认可。在少数民族村工作,最难的就是取得当地群众的信任。任老师自觉尊重回民风俗习惯,并要求全家遵守。在南街村近40年的生活中,他深得南街村回族群众的信任。任老师曾说:"党培养我不容易,我决心把南街的回族学生教好,使落后的面貌逐渐改变,这就是我的决心。"听完任老师的故事,我坚定了扎根乡村小学的信念,立志要成为像他一样的优秀乡村教师,为少数民族教育事业奋斗。

(三)教师梦远扬

重铸信心后,我站在了一群天真可爱的孩子们面前。当时我才18岁,只比班上的学生大七八岁,我努力想摆出"师道尊严"的样子,但还是时常被这些小淘气包们捉弄。说不生气是假的,说不想发火也是假的,但我深知,对学生的培养要始终用一颗赤诚的爱心去感化、去引导。我注意到班上有位学生在课间活动时不合群,于是调查了这位学生的家庭情况。原来他的家庭比较特殊,家中有四个姊妹,父母都是残疾人,父亲一只眼睛失明,母亲因车祸失去一条手臂,日子过得相对清贫。了解到这一情况后,我开始特别关注他,课间带领同学们跟他一起玩耍,时常买些学习用品送到他家中。到了收获玉米的时节,我带着同学们去他家帮忙剥玉米皮。在我和全班同学的共同努力下,他的脸上露出了笑容。看到孩子的改变,他朴实的父母抓着我的手对我说:"闺女,谢谢你了,别的我也不会说,孩子交给你我放心。"

无论是大雪纷飞的寒冬还是酷暑难耐的夏季,天刚蒙蒙亮,我便踏进校门,与学生一起劳动,一边自己挥动着扫把,一边指导着学生如何打扫。寒冬腊月里,乡村异常的冷,当时班里用的取暖工具还是火炉,我经常为孩子们生火取暖,一不小心还被弄得满脸飞尘,模样奇特,惹得孩子们笑得前仰后合。看着一个个喜笑颜开的小"红苹果",我也笑了,心里更乐了……

在参加工作的第二个学期,教委领导捎来口信,让我参加阳信县小学数学优质课评选。天哪!我坐立不安,彻夜难眠。说实话,习惯了在村小"一个人上课的场景",要是其他老师来听课我都很紧张,更别说是参加全县优质课评比了。那真是一次难忘的经历:当时学校没有任何辅助教学的多媒体设备,仅有一台老式投影仪,保存在校长室,没有大型活动一般不拿出来。那时的幻灯片是透明的,需要用碳素笔写在上面,遇上代表乡镇参加县优质课评选的大事当然要将这台宝贝请出来,发挥它的重大作用。看到校长这么重视,老师们似乎比我还激动。多年来南街村回民小学没有一位教师登上县级赛课的舞台,我承载的是

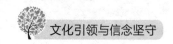

整个南街村回民小学的希望,我代表的是流坡坞镇。我沉下心来,翻遍了所有的教学资料,一个人在教室里一次又一次地"试讲",一遍又一遍地修改教案。在教委领导和全校老师的帮助下,我终于得到了评委和教研室领导们的认可,取得了全县优质课评比一等奖。

这次比赛经历给我打开了一扇窗户,使我认识到教育绝不仅仅是生活呵护、知识传授这么简单。好教师更应该是学校里的一面旗帜,这面旗帜要用自己的专业知识和奉献精神来树立。

我坚信我可以做得更好,但我该从何处入手来提升自己呢?最后父亲跟我说:"你去书中找答案吧。"我行动起来,听经验丰富的老师的课,观看名家课堂教学实录,看他们如何控制课堂,并结合自己的教学写教学日记;不断充实自己,通过自学取得了本科学历;积极参加教研室一年一度的视导活动……功夫不负有心人,我的教学成绩名列全镇前茅,被评为"阳信县优秀教师",并于2008年被调往流坡坞镇中心小学继续坚守乡村教育。

二、实践与探索

"成功的花,人们只惊羡她现时的明艳。然而,当初她的芽儿,浸透了奋斗的泪泉,洒遍了牺牲的血雨。"冰心的这首小诗可以说是对我教育教学工作最精辟的注解。在流坡坞镇中心小学这个更大的舞台上,我渐渐感觉到了教学上的压力,"打铁必须自身硬",要想更好地为乡村教育事业奉献,就必须立足实际,在专业发展的道路上树立更高的目标。老教师们都说:"一年打下基础,二年稳步扎根,三年羽翼渐丰。"因此,我给自己定下了目标,三年之内一定要在小学数学专业发展的道路上有所领悟、有所成长,要在镇域内小学数学教学方面有一定影响。

(一)勤于学习,博采众长

为了提高自己的教育和教学水平,我坚持多读书,多动笔,自主阅读了大量的教育教学理论书籍,如优秀教师的教学经验、教学方法、教学研究、思想工作经验。但书上学的教学理论、教材教法,要在教学实践中运用自如并非易事。我坚持多学多问、边学边教,抓住时机认真听老教师的课堂教学,吸取教学经验,再结合自己的教学实践,修改教案或写教学体会;珍惜每一次外出培训的机会,学习名师的教学艺术和教学风格。

有了上面这些实践,我的专业发展之路不再坎坷,教育教学水平得到提高,专业发展的"副产品"也随之而来。我不仅教学成绩名列全镇前茅,在市县级教育教学活动评选中各项荣誉称号也接踵而至:2010年获阳信县优质课评比一等奖,阳信县小学"教育工作先进个人""阳信县优秀教师";2011年获"阳信县优秀班主任"称号,并被评为阳信县小学"数学学科带头人";2012年获阳信县优质课评比一等奖……我的三年目标实现了。这都是立足自身实际,追求专业发展带来的福利。

(二)教书育人,寓教于学

我来镇小后,学校第一次打破了语文老师当班主任的常规,数学老师也当班主任,我是该校的第一个。班主任官不大,作用可不小。在接班时,心里着实有些害怕,这个班纪

律差、行为差、捣蛋鬼多,叫我一个"新手"怎么去管理呀。没办法,只能服从安排。我到书中寻找治班之道,改变了以往"一味说教"的做法,不再单凭"说""教"等简单的方法来教育学生。

我把自己当成班级的一员,每天早早地来到学校,与学生一起打扫卫生,并与他们共同制定班规,让学生做班级管理的小主人,班里的每项事务都有人承包,真正做到了"人人有事干,事事有人干,时时有事干,事事有时干"。每当有活动我都会与学生一起讨论确定目标、讨论行动计划,提高他们的责任感、荣誉感和合作意识。

通过我与学生的共同努力,我们班包揽了这一学年所有活动的第一名。印象最深的一次活动是经典诵读比赛,当时我们班表演的是唐朝诗人李绅的《悯农》。短短的一首小诗,让学生演绎得格外精彩。我协调音乐老师配乐编舞,再加上唱诵,那一个月我们过得太充实了,一到课间我跟学生不约而同地来到楼南小广场进行排练,练着练着,班级凝聚力越来越强,一心向学的好班风逐渐形成了。这次活动中,我班代表全镇参加县里举行的经典诵读比赛并取得了优异的成绩,也为我们班赢得了一次去梨园的春游机会,这对于农村孩子来说是多么难得!美好的日子总是过得太快,一年后学校安排我带另一个班。纵使百般不舍也得学会告别。最后一节班会上我说:"亲爱的孩子们,因为遇见你们,我这一年的时光分外美好,你们有着令人羡慕的年龄,你们面前的条条道路都金光灿灿,老师请你们带着求知的心茁壮成长,去获取你们光明的未来。"教室里一片哽咽声。后来这些孩子中有很多考上了大学。假期他们经常来看我,我也明白了"不是我成就了学生,而是学生成就了我",我越来越能体会《老师好》中的那句话,"人生就是一次次幸福的相聚,夹杂着一次次痛苦的别离,我不是在最好的时光中遇见了你们,而是遇见了你们才给了我这段最好的时光"。

(三)潜心科研,不懈追求

由于在教学一线不断探索,我逐渐形成了"稳中求活、活中求实、实中求趣"的教学风格。我不满足于在教学上所取得的成绩,"不当教书匠,要做教育者"是我为自己设立的又一目标。为早日成为一名专家型教师,我注重提高自己的理论水平,同时对教育教学经验加以及时总结反思。夜深人静,劳累一天的人们早已进入梦乡,而我还在灯下"爬格子"。认真研究教育科研论文的写作之道,细心拜读教育杂志上的文章,潜心学习优秀论文的立意、选材、谋篇、布局。

迄今为止,我在各级各类刊物已经发表了23篇文章,其中在《滨州教育》上发表了22篇,在《山东教育》上发表了1篇,撰写的论文也多次获国家级奖项。

三、教育教学管理工作初探

2013年9月,我被调入流坡坞镇教委教学办,分管师训和教学教研工作,自此开启了教学管理之路。

进入教学办之后,我不忘自己的教师身份,依然坚持工作在教学一线。但我不仅仅是一名数学教师,我还是全镇的教学管理者,我的作用不仅仅在于示范,还要引领、助推、指导老师们在专业上成长。要做好管理工作,专业知识和专业能力、创造能力是必不可少的。

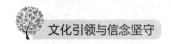

前面13年的艰辛与成长、探索与实践，为我积攒了大量的能量，外出培训开阔了我的眼界、提升了我的站位，使我有信心、有能力做好管理工作。

根据教体局安排，结合流坡坞镇实际情况，教委同事共同制订具体工作计划和具体实施方案，并在实施过程中进行检查、督促、指导。例如，我镇制订的名教师培养计划，旨在通过有计划、有步骤的培养，使培养对象在职业道德、文化底蕴、教学能力和研究能力等方面得到显著增强，教育教学业绩达到更高层次的目标要求，使其逐步形成自己的教学特色和风格，从而带动全镇教师队伍整体素质的提高。

四、我的专业成长感悟

1. 读书：夯实专业成长基础

读书是教师生存发展的重要实践活动，也是教师成长为名师的一个重要途径。

刚入职时，令我印象比较深的一本书是《做一个聪明的教师》。作者从教师的思维方式入手，通过90个案例讨论教师思维方式对教育教学的影响，帮助教师"认识自我"。后来，魏书生老师的书对我影响较大。他的《教学工作漫谈》从教书篇、育人篇、修身篇、管理篇等方面的100多种实际情况展开漫谈，涵盖了以教书育人为主题的教育、教学、管理的策略和实施方法。李冲锋老师《教师如何做课题》一书从课题研究的价值、如何选择课题、如何进行课题设计、如何成功申报课题、如何做好开题论证、如何实施课题研究、如何面对中期检查、如何撰写结题报告、如何推广课题成果等方面入手，条分缕析地做出实战指导与疑难解析，帮助面对课题不知入手的教师理清思路，走上课题研究之路。

总之，读教育经典可以解决教育困惑，改变教育观念；读新课程标准和教材相关知识，可以帮助我们准确理解和把握教材，加强对教材知识的运用；而读教学论文和科研文章，则可以学习教育科研的基本理论和基本方法，从别人的科研成果中获取有价值的教学方法和实践经验，培养自己的科研能力。

2. 反思：加快专业成长步伐（专业成长的关键）

多年来逐渐养成的撰写教学反思的习惯，让我的工作忙碌而充实，可谓"在研究中成长、在反思中收获、在学习中提高"。

那么，何为教学反思呢？教学反思是指通过系统地、客观地、科学地分析和研究，对课堂教学进行新的实践回顾，诊断、监控自己的行为表现，以改进教学方法和策略，适应教学需要的活动。一线教师若想使自己的教学反思不流于形式、有实际内容，就必须加强学习，以理论来指导实践，在已有的理论基础上结合自身实际展开研究，并学习他人的成功经验，使教学反思有效、有质。

除了教学反思外，还可以反思学习行为，反思自身修养。作为教师，我们发现、分析、研究、解决问题的过程，也是自我成长的重要途径。

此外，还要注重积累，积极开展课题研究，不断梳理反思成果，切勿出现"为了反思而反思、过度反思"、反思内容套话连篇、价值不高等现象。

叶澜教授说："一个教师写一辈子教案不一定成为名师，如果一个教师写三年的教学

反思,有可能成为名师。"我对此深以为然。参加工作20年来,经过不断的辛勤努力,虽然没有取得值得炫耀的重大成果,但点点滴滴的收获不断涌现,自己的教育教学水平有了新的突破,这都得益于反思习惯的养成。反思积累多了,我开始练习写作,及时将自己的教学反思梳理成文,并发表在《滨州教育》等刊物上。

3. 合作:专业成长的催化剂

我的第三个感悟是合作。教师的成长离不开合作,在与他人的合作过程中,我们能学习别人一些好的教学策略,更新自己的教学观念。合作备课、磨课、同课异构、同课再构等都是比较好的合作方式。

此外,一些资源的开发也需要合作。现在教师工作繁忙、压力大,我们更要把自己解放出来。我在网上找到一些好的课件、文章等教学资源,集体备课时对这些资源进行再创造,与老师们资源共享。教研组的其他老师也是这样做的。当然,别人的课件、教案不能照搬全收,要进行修改并内化为自己的东西,但前人的设计会带来灵感,在这基础上进行再加工,就能做得更好,时间也节省很多。

美学家朱光潜说:"人因为持守而变得美丽。"持守,是指一个人要有自己行事为人的不变准则。仕秀禄老师一直执着地走在乡村少数民族教育事业的路上。他的信念是努力改变乡村教育落后的面貌。受他老人家影响,乡村民族教育是我心中永远的情结。在取得了这么多荣誉之后,我有多次机会离开流坡坞镇,离开乡村,但是在离开和留下之间我选择了留下,选择在乡村教育之路上继续奋斗。这里是生我养我的地方,我的成长不是我一个人奋斗的结果,是各级领导的培养,是流坡坞镇教育成就了我,选择坚守我无怨无悔。20年来,在乡村教育的沃土上,我收获了满满的职业幸福感,在阅读和研究中焕发出生命新活力。

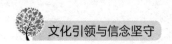

篇二　勤学精研——苔花如米小,也学牡丹开

编者按　艰难困苦,玉汝于成。教师的成长绝不是天纵奇才,也不是信手拈来。有这样一批教师,他们潜心书斋,埋头钻研,不为名利,只为心中的教育梦想。这正是"三名"人的真实写照。

用心耕耘,用爱育人

阳信县第二高级中学　吴子胜

吴子胜,男,中共党员,高级教师,本科学历,阳信县第二高级中学科研处副主任、历史教研组长。首届滨州市历史名师工作室主持人,首届滨州市普通高中历史学科命题研究共同体成员,滨州市历史发展中心组成员,第三批滨州市"名师"培养工程人选,2019年9月被评为滨州市"最美教师"。

"用心耕耘,用爱育人",这是我的从教感言,也是我的行动指南。从教18年来,我处处以优秀教师的标准要求自己,努力工作,不断进取,在教育教学中取得了可喜的成绩。

一、爱岗敬业,恪尽职守

2003年大学毕业后,我从合肥市来到了阳信县,成为一名教师。刚上班那几年,每月只有700多元工资,生活条件也很简陋。此时,很多人选择了离开,但我不为所动,既然来到了阳信,便义无反顾地投身于阳信教育事业。这一坚守就是18年。

老师首先要爱岗敬业,要有成为名师的理想信念。我用行动诠释着对"爱岗敬业"这四个字的理解。2009年,家里人催着结婚,学校考虑到我的情况特殊,允许我请假回老家合肥举办婚礼。

那年我正带高三,作为班主任又兼任两个班的历史老师,深感责任重大。考虑到这届毕业班还有几十天就要高考,一旦请假势必影响学生们的情绪。于是,我和未婚妻商定,先在阳信举行简单的婚礼。4月28日,中午喜宴结束,把客人送走后,下午我就回到了教学岗位。

同事们说我太敬业了。其实,我想任何一名班主任,在这个时间节点上,心里最放心不下的就是高三的孩子们,我只是做了一名班主任该做的事。

二、严谨笃学,精益求精

"身为一名教师,把课上好是对学生最基本的责任。"本着这样的初心,我从任教之初就开始不断钻研如何才能把课上好。为了备好课,我总是翻阅大量的书籍,查看大量的资料。只有这样上课心里才有底,才能对得起学生,才能符合老师的称号。

老师还要专心读书,不断学习,让读书成为最美的生命姿态!平时我订阅了《中学历史教学参考》《中学历史教学》《历史教学》《班主任》等杂志,购买了《全球通史》《中国通史》《中国大通史》等专业书籍。每年的暑期研修培训,我都认真聆听专家解读教材,认真看每一份学习简报,认真阅读专家推荐的每一篇优秀作业。这些年我研读了几千篇教学设计,这对我的教学产生了莫大的帮助。

功夫不负有心人,凭着不懈的努力,我也很快成了学校里的骨干教师,在教育教学中收获了累累硕果。曾获全国中学历史教学设计大赛二等奖、山东省教育科学优秀成果三等奖、"园地杯"第四届全国中学生历史漫画大赛"优秀指导教师"及"市最美教师""市教学能手""市教坛新星""市名师工作室优秀主持人""市教学先进个人""县梨乡英才·名师""县第三批名教师""县优秀教师""县优秀班主任""县历史学科带头人""县青年岗位能手""县宣传先进个人"等荣誉称号;市优质课一等奖、市命题比赛一等奖、市论文评比一等奖、市教学设计比赛一等奖。主持和参与多项省市级课题,执教市县级公开课6次,在市教学研讨会上做专题发言12次。在《中学历史教学参考》《新课程研究》《华夏教师》等报刊上发表论文数篇。

三、情洒教坛,春风化雨

德国教育家雅斯贝尔斯说,真正的教育是"一朵云推动另一朵云,一棵树摇动另一个树,一个灵魂唤醒另一个灵魂"。爱是世界上最美的语言,爱是教育的全部内涵,爱是教师心中最圣洁的情感。"只要心中充满爱,哪个孩子都可爱。"

在管理班级琐碎繁忙的工作中,我深深体会到:只有给学生的爱是发自内心的,才会让学生感受到爱,体会到被爱之乐,他们才会学着去爱别人。在班级管理中,我不仅把自己定位为学生的严师,更定位为学生的朋友。在关注学生学习的同时,更关注学生的成长。在班级管理中,我组织开展了大量有意义的课外活动,丰富了学生的阅历,缓解了学生的压力。不定期召开各类主题班会,对学生进行行为养成、励志教育等。回顾从教历程,我深深体会到:每一个生命都应该被尊重,每一个孩子都值得我们去爱。

2014年,班里有名女生厌学情绪比较严重,一次放假后竟没有返校,家长着急地打电话向我求助。我把自己的孩子托付给同事后,第一时间驱车20公里,把该女生接了回来。2015年,该生上高三,学习压力大,再次厌学回家。我带着三岁的孩子,再次驱车赶往她家。在耐心疏导下,该女生最终放下了抵抗,和我一起返回了学校。当年,该女生被她心仪的大学录取。事后回想起这段经历,她说最感激的人就是老师,谢谢老师在她想放弃自己的时候没有放弃她。

这些年来,无论严寒酷暑,还是风霜雨雪,每天我都早早地来到教室,晚上也在学校陪同学生们上晚自习,为及时掌握就寝情况,有时就住在学生宿舍。所带班级多次获"优秀班集体"荣誉称号,我也多次被评为"优秀班主任"。一次,女儿指着学校的"优秀班主任"橱窗栏喊"爸爸,上面有你"。那时我的心中有对女儿和家庭的愧疚,同时也充满了自豪感和成就感。

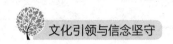

四、潜心教研,示范引领

好的教师不仅是学生的引路人,更是身边同事的好榜样。作为学校的历史教研组长和科研处副主任,我在学校开展了丰富多样的教学研讨活动,学校的各类赛课、教研课、组内公开课我都积极参与。

作为滨州市历史学科中心组成员、市名师工作室主持人,我积极参加全市范围的教研活动。在全市历史教学研讨会上做专题发言 12 次,将自己潜心总结积累的教学成果与他人分享。

作为阳信县名教师,我积极参加县"三名"建设工程组织的各种活动,主动承担示范课和报告等活动。作为阳信县年轻教师的导师,我积极引领新入职教师成长,和新入职教师一起研究课题,指导新入职教师参加各种比赛。

平淡的岁月里演绎着精彩,在教师这个岗位上,我已度过了 18 个难忘的春秋。这些年,我有过迷茫,也有过失落,但我自始至终没有忘记自己最初的信念,那就是要做个好老师,哪怕在最平凡的岗位上,也要努力做到最好的自己。作为教师,我愿在方寸教室走到白头,桃李满天下,春晖遍四方。

"白日不到处,青春恰自来。苔花如米小,也学牡丹开。"我愿在平凡的岗位上做最好的自己。师德和师能兼修,生命与使命同行,让我们怀着诗心与匠心,怀着对教育的敬畏之心,弘扬高尚师德,潜心立德树人,做新时代的好老师。我坚信"痴心一片终不悔,只为桃李竞相开",只要辛勤耕耘,挥洒汗水,就一定能成为一名优秀的人民教师!

背起行囊,最美的风景在路上

阳信县第一实验学校　王辉

王辉,男,1985 年 7 月生,先后在温店镇小学、初中任教,现任阳信县第一实验学校体育教师、学生管理中心主任。先后荣获"阳信县教学能手""滨州市教坛新星"等荣誉称号,2020 年 9 月,被评为阳信县第三批名教师,现为滨州市第三批"三名"人选。

从农村到城镇,我始终真诚付出,陪伴一届又一届学生健康成长,成就学生的同时也成就着自己的教育初心,先后荣获"阳信县教学能手""阳信县名教师""滨州市教坛新星"等荣誉称号,多次执教省市级公开课,代表滨州市在山东省体育教师教学基本功比赛中获奖,目前正在滨州市"三名"建设工程中历练,让自己的专业素养更具内涵,再上新台阶。

柴静在《看见》里说:每个轻松的笑容背后,都是一个曾经咬紧牙关的灵魂!有压力很正常,能把压力变成动力才是一个积极向上的人应有的智慧!回首 13 年来的成长历程,初登讲台时行囊里盛放的是热爱教育的初心、无畏困难的勇气、一路向前的坚定和无怨无悔的付出,此时细数,蓦然惊喜地发现,我人生的这本书多了许多美景彩页,那就是经过无数努力换回的各项荣誉证书。我所取得的成绩,主要体现在课例打磨、反思总结、课题研究、培训与阅读写作、带队训练、班级管理六个方面。

一、课例打磨，让我在精雕细琢中日臻完善

课堂是教学的主阵地，是教师专业发展的基础和生命。在课堂教学实践中发现问题、分析问题、解决问题，才能实现自身专业能力的完善和提高。如果没有课堂这个载体的存在，教师专业化成长也就成了空中楼阁，无从谈起。

在 13 年的从教生涯中，我不断积累教学经验，认识到优秀的课例应该是高效的课例，而在课堂中要创新教学手段，才能促进高效课堂的创建。如借助一定的教具辅助，以增强演示、观察、模仿效果，从而完成高效课堂的创建。我在县教学能手评选试讲《后抛实心球》时，先认真研究教材和教参，整理出教学思路。示范动作是体育课堂中展现教师基本功必不可少的内容。考虑到在教室试讲没法用实心球展示动作，我便想到利用较轻的纸团代替实心球。于是，我用废旧纸做成纸团，并将手指触球的位置画了出来，这样既直观展示了如何持球，又能有效解决上下肢用力不协调的问题，还能在教室里做示范动作展示自己的基本功。后来我将该课例以文字记录的形式发表在省级期刊《发明与创新》上。此外，我积极组织班级学生参加各级各类创新比赛，培养了学生的创新能力。

二、反思总结，让我在修正完善中日趋丰盈

教师的教学反思被认为是教师专业发展和自我成长的核心因素。《与体育教师谈心》一书中提到，体育教师要提高自己的职业素养，就必须在教学实践中主动反思，做"反思型实践者"，在"反思—更新—发展—再反思—再更新—再发展"这样一个无限往复、不断上升的过程中，努力使自身的成长始终保持一种动态、开放、持续发展的状态，用心思考，用文字记录感悟，逐步推进自身专业发展。

上平行班的体育课，我会把第一次授课时发现的问题或瞬间的灵感认真记录下来，修改完善；等到第二次授课，认真观察改良后的教学效果，从而加深对教学的理解与感悟，并进行总结，使课堂教学趋于完善。

三、课题研究，让我在教育教学中日益成熟

在信息化社会迅猛发展的时代，教师要想不被淘汰，就必须要有不断学习的意识和能力，要有勇于实践和创新的能力，努力实现教育教学模式由"经验型"向"科研型"转变。作为一线体育教师，我积极参与教科研实践，以科研带教研，以教研促教改，满足自身专业成长的需要。当然，课题研究不可能一蹴而就，它是一个艰苦而又漫长的过程。参与课题研究最重要的就是调整自己的心态，如果心浮气躁，急功近利，想在短期内取得成效，课题研究就很难有真正的收获，更不用说理论上的突破、实践上的创新。

在教学之余，我积极投身课题研究，2015 年主持的县级教科研课题顺利结题，2020 年 7 月主持的滨州市名师工作室专项课题以及作为核心成员参与的两项课题都顺利结题。

四、培训与阅读写作，让我在学习中强大、在书香墨韵中修心

2016 年，我被评选为阳信县第三批"三名"人选，并顺利结业获得"名教师"称号；2019 年，我又有幸被评选为滨州市"三名"人选，因此有机会跟随市、县"三名"团队多次

外出参训、跟岗学习。从县"三名"到市"三名"、从成长论坛到名校考察、从县"三名"协作组到市名师工作室、从西南大学国培到上海南通跟岗培训，所到之处皆美景，没有感触便没有对比，没有对比便没有启迪，有所启迪才会有所作为，有所作为才会有所成长。

在我接触到的培训专家中，徐飞是令我印象最深刻的专家之一。2019年9月我跟随市"三名"人选赴上海参训时，他用诙谐幽默的语言讲述自己的成长历程，分享读写经历和方法，让我深刻感受到"写作是呼，阅读是吸"，在"呼""吸"之间获得完满人生的淡定平和与豁达洒脱。正如徐老师说的那样，为学生读书，其实是在完善教师的知识结构，让自己变得更优秀；为自己读书，可以不断更新自我、丰富自我、完善自我，间接地起到为学生服务的作用。

2022年4月2日起，滨州市开展第三期"三名"人选个人自修活动，历时四个月。我与市"三名"伙伴们在线上读书交流活动中共同携手拜读教育名家著作，讨论教育问题，分享读书心得，讲述教育故事，循着教育名家的足迹，探寻教育的真谛，心灵碰撞间偶得的思想光芒亦如拨云见日般不断照亮我砥砺前行的路，而我的多篇阅读感悟也有幸被选入滨州教师公众号。

阅读不能增加人生的长度，但可以拓展人生的宽度；阅读无法改变人的相貌，但可以提升人的气质。教师专业成长的路径有很多，但其中最持久、最扎实、最有效的一定是阅读！"问渠那得清如许，为有源头活水来"，阅读便是教师专业发展的源头活水，书籍是别人成功的精华，有别人许多年奋斗的经验，"多读书，读好书"，可以使自己的工作少走许多弯路，可以踩在别人的肩膀上更快更好地走向成功。体育教师也应该多些书卷气，成为"文武兼备、刚柔相济"的专家型体育教师，享受职业快乐，美丽幸福人生。

五、带队训练，让我在百战赛场中蜕变成长

体育教师带队训练是教学工作的第二课堂，利用短暂的课余训练取得成绩需要高效率、科学的训练方法和坚韧不拔的毅力。赛场如战场，体育教师既要有强劲的实力，又要做到了解对手，才能百战不殆。

2013年，县里组织中学生篮球比赛，当时我带领的温店镇中学男、女篮均获得全县第六名的成绩。我们最清楚自己的现状，土操场上放置两副篮球架，这样的条件取得这样的成绩已经是很大突破。中心校朱校长见到我时说："咱要是能拿个第一名该多好！"也许领导只是随口一说，但说者无心，听者有意。我暗暗下决心：明年的篮球赛，一定要有所突破。虽然下定决心，但真的没敢妄想会有多好的成绩。2014年春节过后，我便跟校长申请组织篮球队训练的事情，校长很痛快地表示支持我的想法。于是，每天上午的大课间便有了我带领男、女篮队员在土篮球场地上拼搏的身影。正所谓"知己知彼百战不殆"，我仔细分析县里各个学校男、女篮队伍的实力，觉得还是女篮比较容易取得好成绩，于是，我就在女篮的训练中多下功夫，多动脑筋。有付出就有回报，在4月的全县篮球赛中，我校的女篮在12支队伍里一路全胜，拿下冠军。决赛时，朱校长也到场为我们助威。接下来的这些年里，温店镇中学女篮荣获全县六个冠军，实现五连冠、市18届运动会女篮比赛亚军；队员杨太燕、郭美月升入市体校自行车队；杨太燕获得2018年省运会冠军；杨琪琪、张响

升入山东体育学院附属中学;我也因此收获了县"师德标兵""优秀教师""先进体育工作者""市优秀指导教师"等荣誉称号。

六、班级管理,让我在运筹帷幄中润物无声

曾经有这样一则网红新闻,杭州一位苏姓新入职体育教师毛遂自荐担任班主任而引爆家长群,网友评论褒贬不一,虽有赞成者但多数持反对态度……虽然早在苏老师之前体育教师担任班主任一事已经不算新鲜,但是体育老师当班主任的尴尬、无助与压力可想而知。还有,我们在日常生活中经常会听到有人这样调侃:"你的数学是体育老师教的吗?"体育老师俨然成了四肢发达、头脑简单的代言人、背锅侠。

我是一个有13年班主任以及5年政教工作经历的体育老师,2009年9月至2018年7月我在所任教的温店镇中学一直担任班主任,送过四年的初三毕业生,而且所带班级成绩很好。2015年9月,我因为带领女篮在市18届运动会中荣获亚军而被教体局授予"县优秀教师"称号,而我的班主任考核成绩在学校也连续两年排在第一名。校长在会上预言我可能是县教育系统内第一个同时获得"县优秀教师"和"县优秀班主任"称号的人。2018年9月,通过县里交流轮岗的政策我阳信县第一实验学校,担任初一的班主任,用同事们的话说,我打破了阳信县第一实验学校的惯例,因为学校艺体老师此前没有一个担任过班主任的。从乡镇中学变为县直学校的班主任,起初也很有压力,但经过两年的努力,我的班主任工作得到了领导、同事、家长、学生的一致认可。实践可以弥补理论上的不足,我把这两年的班主任管理工作整理成《运用HSP三位一体 优化班级管理模式》,在县德育工作典型案例征集活动中获得一等奖。

最后,我想说体育教师不要受外部不良环境的影响,安于现状,不思进取,应重视自我的专业成长。在今后的教学工作中,我要不断学习,扩大自己的视野,正确面对周围影响自身发展的客观因素,用积极的心态分析存在的问题,找到解决问题的策略,不断克服自我,战胜自我,提升自我,进而适应教学,胜任教学,成为一名优秀的体育教师!

为者常成,行者常至

阳信县职业中专　吕秋月

吕秋月,女,1983年8月生,教育硕士,现任阳信县职业中专数学教师、科研处主任。主持参与省市级课题8项,获得全国中职数学"创新杯"说课大赛一等奖、全国教学融合创新大赛一等奖,先后参编县"三名"系列专著《制度设计与创新培养》及校本教材。先后荣获"滨州市优秀教师""滨州市教学能手""滨州市名教师""滨州市科研工作先进个人"等称号,是山东省数学名师工作室主持人,2017年12月被评为第二批"齐鲁名师"(中职系列)。

作为一名中职学校的教师,让学生学会做人比做学问更加重要。要做到这点,教师不

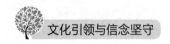

但要有深厚的涵养和扎实的业务功底,也离不开同伴的引领和帮助,要在学做教师的过程中争做名师。

一、立德正行

中职生是一个特殊的群体。他们在初中时期,大部分成绩较差,有的学生甚至是处于被教师"遗忘的角落"。因此,他们存在诸多问题,比如自卑感严重,有人际关系障碍,自控力较差。他们身上的闪光点也很容易被忽视。

上班之初,作为班主任的我吃住都在学校,那时我的厨房是最热闹的,学生生活费没了,会来我的厨房蹭饭吃。学生身体不舒服了,我也会抓紧时间带他们去诊所就诊。真诚地对待每一个学生,真心地爱护每一个学生,在这种亦师亦友的光景里,我觉得中职生并没有传说中那么调皮捣蛋。做过班主任的老师都深有体会:我们不是苦行僧,而是辛苦的幸福者。学生扬在脸上的自信、刻进骨子里的坚强,是我们无与伦比的渴望。看到他们青春洋溢的笑脸,我感到很欣慰。即便后来不做班主任,每天仍然会有学生来找我谈心。或许这是因为我与学生的心离得很近,我愿意倾听他们的心里话、疏导他们的迷茫。也或许我在工作的同时,给予了他们一种无形的力量。我其实已经在职教扎根,跟学生一起成长。孔子说:"其身正,不令而行,其身不正,虽令不从。"教师的一言一行,学生均喜欢模仿,这将给学生成长带来一生的影响。所以,教师时时刻刻为学生做榜样,坚持严于律己,以身作则至关重要。

爱因斯坦说过:"令学生对教师尊敬的源泉在于教师的德和才。"多年来,我都在践行这一原则。先做人,再做学问是我所带班级的座右铭,而立德正行也是我对学生最基本的要求。

二、实践出真知

中职生是一个特殊群体,他们大部分缺乏学习动机。卢梭说:"问题不在于教他各种学问,而在于培养他爱好学问的兴趣,而且在这种兴趣充分增长起来的时候,教他以研究学问的方法。"怎样调动中职生学习的好奇心与求知欲,给予他们学习的勇气?我始终在数学教学中探索着适合中职生的教学模式。

2011年,我进行了"中职生厌学成因"调查问卷,并且将问卷结果进行了量化。调查中,有76%的学生会把老师的教学方法作为影响学习兴趣和学习效果的主要因素,而课堂教学中学生的学习方式成为影响学习效率的主要原因。

我尝试进行小组合作教学模式。我课前发放教学任务,学生课下自主合作探究进行自学;课上我适时引导答疑解惑,激发学生学习兴趣和动机的同时,提升了学习效率。我及时进行了教学反思,依据教学实践撰写《中职生文化课及专业理论课厌学情绪调查与研究》调研报告,并获得滨州市科研成果一等奖。

2014年调到教学处后,我对教研工作进行积极探索。怎样将更多的信息化元素融入中职课堂,统筹兼顾跟不上学习进度的学生?我尝试了微课导学、问题探究式教学。在此基础上,2015年我通过选拔参加了国赛说课。为了不耽误白天教学处的工作,我的设计、课件制作都是在晚上孩子睡了之后进行的,每天都要忙到凌晨。为了设计一节充满新意和创意的数学课,我反复与同事斟酌教学流程与内容。功夫不负有心人,课例"等差数列"

获得创新杯国赛一等奖。

三、成长路上的感悟

我庆幸自己在教育生涯中渐渐变得不骄不躁，勇于实践。

承担团委工作之初，学校让我编撰校报。编辑软件和版面设计都是从零学起，事情千头万绪，但是我不怕第一个吃螃蟹，反复求教、设计、修改，首期报纸获得肯定。

"齐鲁名师"，在我看来是个遥不可及的梦。这是三年才举行一次的选拔赛，文化课和专业课一起评比；从县到市再到省，层层淘汰，最后依据材料分和现场面试综合评分，最终入选"齐鲁名师"。从一开始滨州市进行初选，我就抱着重在参与的想法，因为在中职学校，文化课教师没有任何优势。尽管没有把握，但我还是认真对待每一次筛选。在我的不懈努力下，终于拿到了济南面试的入场券。不久后，喜讯传来，我顺利入选。

我所有的幸运其实都源于我敢于尝试、勇于付出、不怕失败的劲头，而我的家人给予我行动的原动力！

成长，遇见最美的自己

阳信县第三实验小学　刘召英

刘召英，女，1979 年 9 月生，阳信县第三实验小学语文教师。先后荣获"滨州市小学语文教学能手""滨州市教坛新星"称号，为阳信县小学语文名师工作室核心成员。2020年 9 月，被评为阳信县第三批名教师。

最近我一直想：我追寻"三名"建设工程近八年，"三名"建设工程到底带给了我什么？一时说不清楚。但近两年来，我发现自己的的确确成长了。工作或生活中，遇到特别棘手的事情，不再手忙脚乱、局促不安，而是有了诚心悦纳、未雨绸缪的心态与规划；对于每一次外出学习机会，不再被动记忆、机械传出，而是结合实际学会融合，并践行于自己的课堂；对于点滴生活琐事，不再了无痕迹、一片空白，而是用笔记录生活、与美好相遇……回顾自己近年来的成长足迹，一切历历在目。

一、成长，源于那次彻头彻尾的失败

年少时，自己就一心追求好的学习成绩，想通过自己的努力一步一步向成功迈进。对于失败，向来是避之不及的。还好，岁月赋予我年龄的同时，也赋予我成长。对于我真正意义上的成长，还得从 2000 年那次失败的市优质课谈起。当抽到《两个铁球同时着地》这一课时，一周的准备时间里，我寝食难安，如坐针毡。这期间我翻看了大量相关资料，观看了这一课例的诸多教学视频，面对文本却没有清晰的教学思路。心神不定、局促不安之时，我们学校的杨校长手把手地教，我认认真真地记，哪怕一个标点，我也不放过。杨校长还鼓励我，研究课程标准，认真研读教材，把握学生学习现状，相信自己一定行。备受鼓

舞的我铆足了劲,教参研读无数遍,文本也能倒背如流,可对于没有任何知识储备的我来说还是无济于事。杨校长在,那些文字还多多少少和我有点温度;杨校长一离开,那些文字就孤立了我,对我冷冰冰。我焦躁不安,度日如年……一切都无力回天,我不知是怎样从市小学语文优质课讲坛上走下来的,只觉得课堂上一塌糊涂,自己就像个滑稽小丑,恨不得找个地缝钻进去……跌入谷底的日子里,我不敢用眼睛看我的学生,见到领导和家长更是躲之避之……真正走出失败的阴影得益于时间的沉淀,更源于危难之时"贵人"的相助,杨校长让我接受历练,师训办陈主任也在背后默默鼓励我——要想人前显贵,就得人后受罪。著名教育家于漪老师也这样说过,教师要想在课堂上站稳脚跟,就要用"洪荒之力"不断地塑造自己,如果仅仅是临时抱佛脚的努力,文章中的文字是不会站起来和你对话的。那一刻,我释然了。我思考该做什么样的教师?怎样才能做一名好老师?天天思忖,心中有了清晰的答案……

二、成长,源于博览群书

哈佛大学前校长德里克·博克说:"如果你认为教育的成本太高,试试看无知的代价。"有人也说,你的气质里藏着你读过的书、走过的路和阅过的人。可以说,读书、学习应该是一个人成长、成熟,不被岁月打败的终身利器。作为一名教师,我深知知识迭代之快、技术更新之猛,为满足学生的求知欲和好奇心,我逼迫自己读书、学习……起初,只是为教学看一些与之有关的报刊,比如《小学语文教师》《小学语文》《小学生语文报》……这些让我了解小学语文最前沿的教改动向,教学时能做到有的放矢。但我感觉到,自己遇事急躁,没有具体方法,对文本的理解单一,与学生的交流肤浅,对孩子的教育粗暴……我想解决这些棘手问题的根本途径还需要从书中寻找答案。2017年11月,我有幸加入网师学习,开启自己深入学习之旅,先后阅读了魏志渊老师的《教师阅读地图》、郝晓东老师的《教育的十二个关键词》、郭东阳老师的《一个语文教师的专业之路》……2018年6月,我也开启了自己的听书之路,《苏轼十讲》《论语解读》《明朝那些事》《平凡的世界》……这期间,我关注优秀公众号、"三名"的每一期简报、"三名"微信群内的每一个励志故事以及陈主任推荐的《焦点访谈》《主持人大赛》《中国诗词大会》等优秀电视节目……渐渐地,我发觉自己有了做一名教师的专业底气,因为我的身后有若干给我深深启发的书籍。也许,阅读提供不了解决当下困难的具体方法,但可以提供一种理解,在高度理解的基础之上,游刃有余的教育实践才有可能发生。课堂上,我和学生一起读绘本故事:《我有友情要出租》《爷爷一定有办法》《活了一百万次的猫》《不一样的卡梅拉》……没有简单的说教,让学生在故事中浸润,在阅读中享受生命的成长!近年来,我也尝试着去解读教材,去思考每一节课,而不是简单地做教案教参的搬运工。渐渐地,教学中不苛求孩子,也就没有了"拔苗助长"的举动。一切都顺其自然,就像春风吹拂下万物复苏,百花芳香中蜜蜂翩翩采蜜一样,心灵有了归属,天地有了大爱,不断输入与输出中锻造了一个不一样的自己……

三、成长,源于坚持写作

让写作成为一种生存方式,让我们的生命留下真正的痕迹。

然而,由于人性中与生俱来的惰性,由于日复一日教书育人的繁重负担,由于职业生涯的高原现象,更由于这种坚持需要极大的毅力,所以,很多美丽的细节随风而逝,令人扼腕叹息。那些刹那间迸发的教学灵感、那些鲜活灵验的育人妙招、那些枯燥的沙漠里盛开的师生和谐相处的鲜花,全部湮灭在茫茫的日月风尘里。

但自从我毫不懈怠地写教育随笔之后,每日工作里发生的一切事情随时可能进入我的写作视野。我用自己的写作实践引领孩子们去看、去想、去思考、去记录……现在我的目光变得敏锐了,对学生、对班级的观察愈加细致,很多理念也在潜移默化地发生改变……

光阴荏苒,转瞬间我坚持写教育日记已经三年了,合计达到30万字。教育写作让我每天和学生一起成长,让我们的生命之花绽放得更加美丽!

正如莫言所说,用嘴说出的话随风而逝,用笔写出的话永不磨灭。

四、成长,源于做无用之事

"人法地,地法人,大法道,道法自然。"一个人成长的最高境界应该是知行合一,道法自然。记得周国平先生说:"吟无用之诗,读无用之书,钟无用之情,终于成一无用之人,却因此活得有滋有味。"反思我们的教育生活,我发现很多教师被功利化的生活格式化了,课堂教学中过于强调"知识",而忽视了"思想";过于追求"结果",而忽视了"过程";过于追求"有用",而忽略了"无用",不知道"无用"方为"大用"。作为教师的我们,需要从纷乱的生活中挣脱出来,放空自己的内心,出去走走,和学生一同欣赏一轮朝阳,一同参加一次比赛,一同去记录生活中的一切美好。"每一个微小的喜欢都代表一颗幸福的种子,埋下多少颗种子,就能收获多少幸福。"感谢我的每一届学生,我们一起读书,一起写作,一起唱歌,一起看电影,一起开展各种活动,一起互相倾诉彼此的快乐与哀愁……这些美好让我们的生命充溢着温暖和幸福,也让我的三尺讲台日趋宽容与广阔,让我倍感教育的美好,倍感生活有爱,未来可期!

"心有猛虎,细嗅蔷薇",让我们做一枝敦厚宁静、从容淡定、美丽而坚韧的蔷薇,因为每个人都无法预设自己的生命有多少种可能,但我们可以用每一个看似微小的行动努力地绽放,把每一个当下变成我们心中期待的最美的模样。

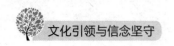

文化引领与信念坚守

篇三　守正出新——咬定青山不放松

编者按　尺有所短,寸有所长。不是每个教师都能成长为魏书生、李镇西那样的全能型教育专家,找到自己的优势,将之发挥到极致,便可踏上教师成长的快车道。以特长为发动机,带动自己走出个人的洼地,就会发现,高处风光无限!

让写作照亮成长之路

阳信县第一高级中学　张艳飞

张艳飞,男,1980年9月生,阳信县第一高级中学历史教师、班主任。善于将历史学科教学与班级管理经验总结提升,笔耕不辍,近三年来,先后在《班主任之友》《中小学班主任》《班主任》《新班主任》《德育报》《山东教育》等报刊发表文章40余篇。被《德育报》评为"班主任之星",被《班主任之友》《中小学班主任》评为"优秀作者"。2020年9月,被评为阳信县第三批名班主任,现为滨州市第三期名班主任,滨州市高中历史名师工作室区域工作站站长。

一、一个电话,唤醒迷途的自己

相信很多老师都会遇到这样的场景:送走一批毕业班的学生,又迎来一个新学期。读着学校一成不变的校规,看着似曾相识的又一届新生,想想又是一个三年或六年的轮回,心底不由得产生一种倦怠感。作为一名高中班主任,每天从早到晚十几个小时的工作量,每两周或四周才有两天的休假,以高考为终极目标的三年长跑,这样的生活也一度让我迷失自己。庆幸的是,2017年的一个电话,将一度陷入职业倦怠的我唤醒。

记得那一年的开学季,接到了学生小辉从大学打来的电话。小辉是今年的毕业生,在我的帮助下,他以自主招生的方式成功考入了我的母校——南方的一所211大学。在他收到入学通知书后,我又鼓励他继续努力,争取考入基地班学习。现在一切尘埃落定,他打电话来向我报喜说已成功考入基地班,并一再表达感激之情。在电话中,小辉谈及正值母校80周年校庆,希望我有空回母校看看。挂掉电话后,我陷入了沉思。

十几年前,当我怀着兴奋的心情踏入母校时,一幅醒目的标语映入我的眼帘:"今天你以师大为荣,明天师大以你为荣。"想想真的汗颜,我一直以母校为荣,而我有什么成绩让母校以我为荣呢?回顾数年的工作生涯,每天都忙得团团转,可是静下心来想一想,我取得了什么成就?这么多年的高中教师生涯在我的人生中留下了什么印记?当下这种浑浑噩噩的工作和生活状态就是我想要的吗?想想真的很可怕!不,我一定要奋起,改变这种"只顾低头拉车,不知抬头看路的"混沌状态,为自己开辟一条新路!

回顾毕业时,导师得知我要去高中工作,曾经语重心长地跟我说:"以后走上工作岗位,一定要记住——发挥专长,才能成长。你的长处在于写文章,一定要坚持下去。"参加

工作后，一些事务性的工作却占据了我的大部分工作时间，写作的事早已被抛到了九霄云外。现在是时候重新开始了。

二、一路奋斗，找到一个全新的自己

但是，说起来容易做起来难。好久没写了，写什么、怎么写成为困扰我的难题。于是我从一些刊物的话题征稿开始写起。有了话题，再结合自己的工作经历和理解，按要点整理出大纲，文章就基本定型了。等文章写完，自己读起来感觉还挺好，于是郑重投稿，然后等待稿件被录用的消息。一篇又一篇稿件投出去了，却如石沉大海，杳无音信。我有些生气，心想：这么好的文章怎么不采用呢？肯定有猫腻！但是生气之余，还是静下心来研究我写的文章和刊物上发表的文章的差距。仔细对比后，恍然大悟。刊物是要为读者服务的，只有吸引读者，对读者有启发，才是好文章。而我写的文章内容不新颖，形式不工整，能被录用才怪。

我心平气和了，开始认真地修正写作的思路和方式。终于，在接二连三地失败后，有两篇文章几乎同时被《班主任之友》录用。看着编辑老师发过来的稿件录用通知，我欣喜若狂。我终于成功了！

那一天我在朋友圈发了这样一条信息："众里寻他千百度，蓦然回首，那人却在灯火阑珊处。"那一夜我兴奋地辗转反侧，难以入眠。也许在别人看来，这件事微不足道，但对我来说，这绝不仅仅是两篇发表的文章，而是我新生命的开始。

我的写作之门就此打开。三年的时间，我陆陆续续有40余篇文章被各种期刊录用。我的生活因为写作也被接踵而至的快乐填满。当班级管理中有新的问题出现时，这意味着问题解决了就会有新的写作素材，这让我快乐；当把工作中发生的点点滴滴变成文字时，一种满满的成就感油然而生，这让我快乐；当看到自己的名字和文章变成铅字出现在刊物上时，成就感上升到顶点，这更让我快乐；随着不断写作，我在教育工作中面对学生时多了一份理性的思考，学生在快乐地成长，同时也促进了我的成长，这也让我快乐……

同时，由于被评为《班主任之友》的"优秀作者"，获评《德育报》"班主任之星"，我的成长在我们县教育系统内引起了广泛关注。县教体局师训办陈辉主任积极地给我搭建平台，让我为同事们介绍成长经历，这样的活动又为我的成长提供了一个全新的视角。

三、一次深思，破解自己的成长密码

在一次全县班主任培训之前，陈辉主任要求我先介绍一下讲座的思路。当我从那一个电话、那几次投稿经历说起时，陈主任提醒我这些应该都是厚积薄发的结果，应当挖掘更深层次的原因。一句话点醒梦中人。经过深思，我把自己的成长密码总结为阅读—实践—思考—写作的模式。

阅读。我自幼喜欢读书，当遇到问题时也喜欢从书中寻找答案。从事班主任工作后，由于两眼一抹黑，也不好意思大事小情都麻烦老教师，便买了不少教育著作和教育期刊从中寻求答案。在班主任工作中逐渐形成的教育思想和治班方略，大多来自这些宝贵的书籍，它们是我的思想之源。

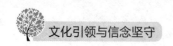

实践。因为很多时候是带着问题去阅读,所以很快就会把通过阅读学到的知识运用于实践。在实践的过程中,又会产生新的疑惑,也会激发新的灵感。

思考。我不断反思实践中的问题:为什么书中的方法照搬过来,有的见效,有的却无效?我的创意与书中读到的案例有什么区别,哪些是有效的,哪些是败笔,为什么?通过这样的思考,我开始触摸到教育的本质,进而产生了写作的冲动。

写作。把自己的所思所想变成文字的过程,实际上也是带着理性审视自己的过程。因为思想大多是散发的,或是片面的,而要把它变成文字,就必须更加系统。而要将这些文字变成文章发表,更需要观点的创新、语言的优美和叙事的流畅,还需要给同行们留下启迪。

这样的模式已经嵌入了我的教育生活,而教育写作也成为我工作乃至生命中非常重要的一部分。电影《无问西东》中谈到选择时,提到应该尊重"真实",也就是在做这件事时"有一种从心灵深处满溢而出的不懊悔也不羞耻的平和与喜悦"。而写作,恰恰带给我这样的感觉——安静、充实、美好、幸福。

我以后的教育之路还很长,但是只要有写作的引领和陪伴,我相信,不管这条路有多长,都会温暖而又喜悦,收获一路歌声,一路芬芳。

追求教育理想,促进专业发展

阳信县第一实验学校　樊雷

樊雷,男,1982 年 1 月生,阳信县第一实验学校生物教师、科研处主任。自参加工作以来,先后荣获"全国优秀科技辅导员""全国影视教育教研先进个人""滨州市青年技术学术带头人""滨州市教研先进个人""滨州市教坛新星"等荣誉称号,主持和参与了三项省级课题、三项市级课题的研究,获得一项国家专利,十多篇科技创新论文发表或获奖。出版科普读物《创新让每个孩子都有出彩的机会》《还给孩子一个鲜活的生物世界》,班级管理读物《从教师走向生活深处》。先后担任全国校园发明大赛、中国科学院未来科学家创意大赛评委,并在大连等地做科普报告。辅导的学生获得 11 项专利,在全国、省、市科技大赛中有 400 多人次获奖。

我的专业成长之路将从定位、学习、机遇、反思四个方面汇报。

一、定位

2005 年 9 月,我参加了全县的教师招考,成为一名人民教师,被分配到劳店乡第一中学任教。我给自己确定了一个目标:既然成了一名人民教师,就要当一名合格的、优秀的人民教师。既然选择了教师职业,就必须坚定自己的职业操守和教育信仰,不能简单地把教师职业当成谋生的手段。否则,专业成长的生命力将缺乏持续的动力,并很快产生职业倦怠,从而采取混日子的生活态度,这既是对学生的伤害,也是对自己专业成长的不负责任。

二、学习

人的心性、人的智慧在很大程度上是在文化的土壤里孕育出来的。从教师成长的角度讲，加强理论学习，是教师专业成长的必经之路。参加工作之初，我就接手了一个年级的生物教学和一个班的班主任工作，这期间主要是多学习，多读书，注意模仿和借鉴他人所长。对于生物教学，每一节上课前我都先请教王红梅、纪作林等老教师，写出详案，每天晚上对着镜子练习十多遍，找出自己教学的弱点，为第二天的课堂教学做好准备。几乎每周都听两节其他老师的课。一学期，我就听遍了我们学校所有老师的课，注重借鉴别的老师课堂上的优点。几乎每年积极争取上一节校级公开课，不断提高自己的教学水平。在班级管理中，我向同年级组的李秀亮、李延峰、杨建破等优秀班主任请教，加强学生的常规管理，强化学生的养成教育。结合初中生的特点，我将班级量化考核移植到每个同学管理中，并通过实践和调整取得了成功。我所带的班级在学校的考核中始终排在第一位。在向同事、前辈请教学习的同时，我还向网络学习。当时电脑不是很流行，我自己买了一台二手电脑，积极参加网络生物教研活动和班级管理在线论坛。直到现在，我仍然每周二晚上参加微课制作的网络学习，周五参加科技创新教育的网络讲座，积极参加各类教研活动和教师培训。在教学中注重研究，先后主持和参与了三项国家级课题、二项省级课题的研究，十多篇科技创新论文在《生物学教学》《中学生物教学》《现代教育》《创新与发明》等刊物发表。编写了校本教材《黄河三角洲地区野生植物的开发利用》，被山东省教研室评定为优秀课程资源。

三、机遇

机会总是垂青有准备的人。

2011年9月，我通过县里统一招考，应聘到刚刚组建的阳信县第一实验学校初中部。当时初中部只有十名教师，我的年龄最小。年轻教师就应该多干，学校德育、创新、科研等很多工作都落在我的肩上，我在感到压力的同时也抓住了机遇。

我的专业成长之路是从与科技创新结缘开始的。

由于我在学校分管科技创新教育，2012年10月我有幸参加了山东省中小学科技创新教育研讨会。大会上，聆听专家的报告，生平第一次接触到了创新教育，我的心灵受到了极大的震撼，也萌生了开展青少年科技创新活动的强烈欲望。可是在初级中学怎样实施青少年科技创新活动呢？这个问题一直困扰着我，无从下手。后来，我在2013年科技创新骨干教师培训大会上找到了答案，章丘四中的科技创新成果给我指明了方向。

2013年9月开学后，在征得学校领导的同意后，我启动了阳信县第一实验学校有史以来第一次科技创新教育。此后，在学校领导的高度重视下，我先在初中部开展了以打造"科技校园"为主题的科技创新教育"六个一"活动，开发了创新教育校本教材，建设了创新教育网站，每月出版一期创新刊物《奇思妙想》，每月开展一次创新教育课程，创设了创新发明社团，每学期开展一次创新比赛。

2014年9月，全校推行创新教育。为了解决班级数量多、创新入职教师少的难题，学校引进了微课教学，从网上下载创新讲座和将创新入职教师讲座录制成微课视频，由班主任利用活动课播放，使全体学生了解科技创新的意义和操作流程，然后通过创新比赛的形式引领学生的创新活动。从此，微课教学也走进了我的教学生涯。我把微课和生物教学相结合，先后申报了一项国家课题、两项省级课题；开展微课程研究，形成了"老樊玩创新"系列微课，可免费观看。我也被希沃学院聘为特聘讲师，为全国的老师开展公益性的微课讲座。

微课助力我的课堂教学。我先后上过市、县优质课和观摩课，有幸成为滨州市生物名师工作室成员、阳信县生物名师工作室主持人，获得滨州市青年科技奖，被评为"全国十佳创新名师""滨州市教研先进个人""滨州市教坛新星""阳信县优秀教育工作者""阳信县教学能手""阳信县教坛新星"等荣誉称号。

我利用全国创新教育联盟、全国校园发明大赛、中国科学院未来科学家培养计划等平台，为学校在零投入的情况下赢得了十多项国家级的荣誉。5000多名学生接受了创新教育的熏陶，学生获得20多项国家专利，在全国、省、市科技大赛中有400多人次获奖。

经过五年多的教学实践，我的创新教育已初步形成了可推广的"三步走创新教育模式"，这种模式为基础教育创新人才的培养提供了借鉴。

四、反思

反思是一个人的能力。教师是否愿意花时间反思自己的工作，是教师是否具有专业素养的标志。没有最好，只有更好。学海无涯，亦无止境。教师的专业追求、探索、提升都要靠不断的反思。教师要学会在言语和行动中思考，对自己的一言一行不断反思，在反思批判中成长。

2017年10月，我的个人专著《创新让每个孩子都有出彩的机会》出版。这本书主要是对自己日常教学工作的反思。在过去五年里，我结合工作实际，围绕教学开展了一些行动研究，对初中学科的创新教育实施进行了一些有益的探索，使自己的创新教育经验更加系统化和条理化，给其他教师提供了一些有价值的思路与方法。

成功的路并不拥挤，因为坚持的人不多。坚持做下去，为祖国教育的美丽蓝图涂上一份色彩、增加一抹亮色！

篇四 走出国门——满园春色关不住

编者按 穷则独善其身,达则兼济天下,这是中国知识分子的处世之道。平时,积蓄力量,潜心成长;需要时,挺身而出,用责任和担当影响更多的人。他们,向世界传播中华文化,讲述中国故事。阳信"三名"人,已冲出国门,走向世界。

守得云开见月明

阳信县商店镇中学 丁雪莲

丁雪莲,女,1973年1月生,中共党员,阳信县商店镇中学音乐教师。先后被评为"滨州市艺术教育先进个人""阳信县第三批名教师",荣获阳信县政府"园丁奖"。自2015年起参加山东省教育志愿者服务送教活动;2018年11月,经过层层选拔,被国家中外语言合作交流中心选派加拿大埃德蒙顿孔子学院任教至今。

自1994年参加工作以来,我一直工作在教学一线,努力工作的同时,既注重个人专业知识的积淀,又不断提升个人综合能力。曾先后任教过音乐、地理、历史、英语等学科;业余时间坚持练习书法,自学英语和心理咨询知识,并取得相关证书。多年的努力,使我最终成功把握住国家公派教师的选拔机会,远赴加拿大孔子学院任教。

一、向下扎根

相对于其他学科,音乐学科相对轻松,无升学压力,无须批改作业,还深受孩子们喜爱。但我没能享受到音乐老师的轻松。我曾先后任教音乐、历史、地理、语文、英语等学科,用学校一位老师的话说,丁老师在文综学科里转了一圈。

刚参加工作时,学校老师不够用,在任教音乐的同时,领导还安排我兼任一个班的历史课。上课不久就当众出丑,我把隋末英雄宇文化及读成了宇文化,被一个熟悉《隋唐演义》的小男生当堂指出。于是,课下我认真学习教材,恶补了自己的历史知识。

任教两年历史以后,因工作需要,我不再兼任历史,而是任教一个班的地理。为了让学生学好地理课,我开发出了形式多样的课堂活动。学习经纬线,我让他们用乒乓球自制地球仪;学习四季与昼夜变化,我就让学生们三人一组模拟加解说;学习中国行政区域,我就让他们制作省区轮廓卡片进行拼图比赛。丰富多彩的课堂活动,使学生对地理课的兴趣超过了音乐课。在1997—1998年度第一学期全县期末抽考中,我所教班级取得了全县第一名的好成绩。地理教师必备的一项基本功就是板画地图。为了画好每个地图,我不知道练了多少遍,中国的、世界的、大洲的、大洋的。在一次校内听评课活动中,我的板画世界大洲图得到了同行的肯定与好评,夸我比他们有多年地理教学经验的老师画得都准确。

2004 年 9 月,学校的四位语文老师被调走,学校安排我担任初一两个班的语文教学工作,一干就是四年。为了避免再出现历史课上的笑话,在随后的几年,我的业余时间几乎都用在读书、练习三笔字上。记得那时我痴迷于书法,每天晚饭过后,就专心地练习书法,常常一写就是四五个小时。不懈努力,终得小成:2007 年全国初中语文教师读书大赛,获三等奖,指导三名学生在全国中学生作文大赛中分获二、三等奖。在全县中小学教师通用基本功比赛中,2009 年、2011 年、2014 年获全县第一名。

最后兼任的学科是英语。在本科函授期间,为了能拿到学位,我一直坚持自学英语。因为有公共英语四级证书,也因为在县直英语学科的教师招考中,我有两次笔试和面试第一的优异成绩,当学校缺少一位英语老师的时候,我自然成了第一替补。虽然只有短短一年的英语从教经历,但是业余时间自学英语的习惯持续至今。

同事曾开玩笑地说我是语文老师中英语最好的,英语老师中唱歌最好的。每接手一个新的学科,我都把它视为一次新的挑战,以锻炼自己,提高自己,丰富自己。正如毛竹用四年时间一直向下扎根一样,一次次的挑战使我的业务能力在深度和广度上都得到较大发展。

二、向上生长

随着师资队伍的加强和教师专业化要求的提高,我于 2011 年回归本行,同年加入了"三名"建设工程的队伍。"三名"建设工程带给我更多生命的营养和阳光,将我带入一个更高、更广的成长天地。

聆听报告,升华灵魂。因为"三名",我有幸聆听了窦桂梅、李镇西等名家的讲座,体验了北师大的深远厚重、浙大的温婉新锐;知道了"新教育""STEM"教育模式。一次次折服于教育名家淡泊名利、潜心育人的教育情怀;不追逐虚妄的称号,不注重华丽头衔的教育灵魂;锐意教改,大胆尝试的教育胆识。在"三名"为我打开的这个全新世界里,我学会了自我反思,意识到了与大家的差距:视野不够宽,功利心重,境界不够高,对工作仍不够投入,知识储备单薄。我不能满足于眼前,要摒除阻碍自我发展的杂念,着眼长远,向着更高的目标继续努力!

畅游书海,涵养静气。"三名"建设工程倡导读书。必读书目、推荐书目及定期的读书分享活动,促使我保持读书的好习惯。苏霍姆林斯基的《给教师的一百条建议》让我明白教师职业素养在教学中的重要性。在《陶行知文集》中探索教育的本质,笃定活到老学到老的理念。在《教育是慢的艺术》中品咂教师如何用润物无声的教育方式,耐心等待每一个孩子的成长。

齐头并进,综合发展。学校没有心理咨询老师,验收就不会达标。2011 年底,当学校要派人参加心理咨询培训的时候,我第一个报了名。通过两年多的刻苦自学,我顺利通过了笔试和论文答辩,拿到了国家二级心理咨询师资格证书。记得在学习的时候,常常是看书累了,就练一会儿书法,然后再继续学习。后来,自己购买了陈果的《好的孤独》《荣格与分析心理学》《房树人性格分析》等专业书籍,来提高自己在心理咨询方面的能力。

"三名"建设工程团队藏龙卧虎,老师们各有所长,或擅长写作,或业务能力精湛,或教

研能力超群,在各自的领域独领风骚。置身其中,我不敢有丝毫懈怠。读书、学英语、练书法成了我业余时间的必修课,多年来持续未断。每一分努力都会得到丰厚的回馈,2011年、2012年、2014年我负责排练的大型团体操荣获全县一等奖,并两次在全县中小学运动会开幕式上演出;2009年、2012年我负责排练的鼓号操也两次获金号奖;2012年在省级刊物发表论文《刍议素质教育在音乐教育中的重要性》;2013年顺利取得书法四级证书;2017年负责排练的教职工大合唱获县一等奖;2018年获市读写诵二等奖、县一等奖;2018年获全市庆祝改革开放征文比赛一等奖,同年顺利通过县音乐学科"教学能手"复评。

前有专家引领,身边有优秀的同事影响,"三名"浓厚的学习氛围,召唤着我,簇拥着我,让我马不停蹄!

三、一缕梅香

2019年4月,国家汉办选拔公派教师的通知下发到学校,要求选拔有一定的语言教学经验、较高的普通话水平、一定的外语和对外文化交流的能力,还要有一定的文艺特长的教师。犹豫再三,我还是报了名。通过资格审查后,我参加了在南开大学的笔试和试讲,过关后又参加了网络英文面试,最终赢得赴加拿大埃德蒙顿孔子学院任教的机会!

在埃德蒙顿任教过程中,以前所有学过的知识和技能,都有了用武之地。语文教学经历,使我辅导本地的孩子们绰绰有余。教授书法、戏曲、二胡也不至于露怯,带合唱队更是得心应手,讲中华文化也能深入浅出。但是,那三脚猫的英语水平,让我经常卡壳,甚至因发音不准而闹笑话,所以,我仍需努力。

学习英语成为习惯。每天定量学习英语单词,积水成渊,百词斩等手机软件成了我背单词、学口语的工具;逼自己看英文电影和英文原著来提高听力和阅读水平。

坚持写英语工作随笔。记录与西方教育理念的不同、方式的不同、文化的不同,尽管句子不太通顺,用词也不太恰当,但两大本随笔记录了我的成长过程。

我相信,只要你足够努力,人生最坏的结果也不过是大器晚成!你只管努力,守得云开,就会见到明月当空,也会看到花开满园!

从爱开始,寻真远行

阳信县实验幼儿园　宋立芹

宋立芹,女,1977年7月生,中共党员,现任阳信县实验幼儿园副园长,曾获得滨州市第一批"优秀园丁""滨州市学科带头人""滨州市名教师""滨州市青年学术技术带头人""滨州市学前教育名师工作室主持人"等荣誉称号。2015年3月,受国家侨务院委派代表滨州市到泰国德教树强学校支教一年,创立"唱着儿歌教中文"教学方法,获泰国"优秀班主任"称号。参编学术专著《金色足迹　阳光陪伴》,2019年8月入选山东省第四期"齐鲁名师"培养工程。

一、挚爱情深，积跬步至千里

一份事业，从热爱开始，用心来做，靠情坚守，无怨无悔，尽职尽责。心向何方，路就会朝着那个方向前进。经历了初入职的"激情四射"，每一位老师都会面临一个"倦怠期"，觉得自己的工作枯燥乏味，甚至没有意义。然而，我们却没有看到，把小事做到极致，就是一种成功。在日复一日的琐碎工作中，自己学会了怎样和孩子相处，怎样与家长配合，怎样设计好每一次活动方案，成长的足迹在平淡的日子里留下了别人拿也拿不走的经验。

一个人的成长，从深知自己的不足开始。踏上"三名"的列车，你会发现自己需要学习的内容还有很多，成长的路才刚刚开始。教学一线的经验没有专业理论支撑终将使我原地踏步，于是学习就成了我这个时期的主要任务。读幼教专著、赏教育论著、析教学案例，并积极撰写读书笔记，不断地充实、完善自己，提高师德修养和理论水平。创立微信分享栏目"勤学芹说"、微信公众号"宋老师幼教工作室"记录自己的学习感悟，分享成长故事，交流育儿经验，不断鞭策自己学习、提高。

二、大爱无疆，走出去引进来

2015年3月，受国家委派，我毅然告别年幼的孩子，踏上泰国这片陌生而又热情的国土，代表滨州市开始了为期一年的支教之旅。异域的风土人情，不同的教学理念，碰撞与融合，使我更加理解了大爱无疆，幼儿教育无国界。我教泰国的孩子学中文、跳舞、包饺子、编中国结、练武术，把中国文化传播到泰国学校。心中有祖国，肩上有责任！

回国后，三万字的支教心得，为我的幼教之路筑牢进步的阶梯，我的多篇论文被发表。

我将泰国的生存教育课程融入中国的幼儿教育中，在国内开展了"分色运动会""泡沫之夏""毕业典礼"等大型活动。2019年我又开始了新的研修课题"幼儿园户外亲子活动实践研究"，积极探索，创新家园共育的新热潮，连续三年组织开展了大型亲子户外活动"亲子体育节"，每一次活动都是上千人参与，让家长与幼儿园同频共振，让孩子和家长同乐共长，让爱看得见，让陪伴有意义，共情陪伴，共育成长。同时，整理好的案例，编辑成书《金色足迹　阳光陪伴》，在全县得到广泛推广和借鉴。

三、兼爱融合，思后行践成功

任何学习与培训如果不亲自去实践和研究都将是虚无的。在教学中，我根据当前孩子们普遍存在的独立能力差、体质弱、以自我为中心等问题及自己对孩子的了解，开展课题研究，大胆地起用一些广大教师不敢放手开展的活动，走进自然、亲近动物、贴近生活、增进亲子、融进社会；从园内的小老师、户外活动、特色区域到县域内外实践活动，春游、秋游、远足、走进敬老院、农田、消防局等等，孩子们不仅开阔了眼界，增长了知识，更增进了亲子间的情感。孩子们的变化让我看到了自己研究的成果，内向的孩子活泼了，不爱运动的孩子喜欢运动了，自理能力差的孩子学会自我管理了。虽然这项研究不成熟，但依然给了我很大的动力，让研究成为我教学生涯中的必修课。随着幼儿园自主游戏的不断推广，我主持的市级课题"探寻幼儿园户外混龄自主游戏案例研究"在2021年5月立项。希望

通过这项研究,能够让游戏点亮童年,让自由、自主、愉悦、创造的游戏精神种在每一个孩子的心中!

四、博爱守候,学无境能双赢

"单丝不成线,独木不成林。"工作中,我和我的团队互相学习、互相帮助、共同分享、共同成长。自2017年开始,我连年担任阳信县新入职教师培训首席导师。2019年,我被任命为滨州市学前教育名师工作室主持人,送教、交流、研讨,我和全市的幼教姐妹们肩并肩、手拉手一起走在成长的路上。

天下没有白走的路,每一步都算数,付出艰辛,收获幸福。三年的"三名"培养为我筑牢了成长的阶梯,2019年5月我成功入选了山东省第四期"齐鲁名师",更多的学习机会如约而至,"国培计划""互联网+高级研修班""齐鲁名师培养工程集中培训""课题研究专题培训"。初次加入这一团队,我感受到了从未有过的压力,似乎我是一名未经世事的孩童,什么都不会了!面对全省优秀的教师,自己"渺小"到了极致,我要学习的东西太多太多。于是,压力变动力,那一刻起,我下定决心,从头开始学起,因为只有不断学习,不断完善自己,才能适应新形势下幼儿园的发展,适应不断成长的自己……

学习,一路努力,一路坚持。

实践,一路反思,一路整理。

研究,一路探寻,一路新知。

成长,一路荆棘,一路芬芳。

典型经验

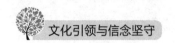

县域教师专业发展体制机制建设助推乡村振兴

阳信县教体局　　陈辉

摘要　　近年来,阳信县根据上级文件精神,结合本地实际,从构建教师专业发展学分银行,实施"三名"建设工程,启动新入职教师职初培养工程,组织薄弱学科教学技能培训,探索职前职后相贯通的培养体系等几方面积极探索推进教师专业发展的体制机制,提升了专业能力,促进了教育优质均衡发展,为助推乡村振兴提供了人力支撑。

关键词　　创新体制机制;提升专业能力;促进优质均衡;助推乡村振兴

阳信县(简称"我县")地处山东省滨州市北部,总面积 793 平方公里,辖 7 镇 1 乡 2 个街道办事处和 1 个经济开发区,857 个行政村,总人口 46 万。2018 年全县有各级各类中小学 88 所,在校生 59608 人。专任教师 3888 名,其中乡镇学校教师 2602 人。全县有正高级教师 3 名、高级教师 695 名、中级教师 1661 名;从学历构成看,具有研究生、本科、专科学历的教师分别为 103 人、2571 人、572 人;从年龄结构看,30 岁以下、30～40 岁、41～50 岁、51～60 岁年龄段的人数分别为 590、1138、1222、938。

一、研究缘起

由于历史与现实的种种原因,我县乡村学校教师除普遍存在年龄老化、结构性缺编等问题之外,还存在专业素质低、成长动力不足、职业倦怠等一系列问题,无法适应发展素质教育、实现立德树人根本任务的新形势。人民群众对公平而有质量的教育的迫切需求,促使我们突破体制机制的瓶颈,探索一条教师专业发展新路径。

二、县域教师专业发展体制机制建设的内涵和着力点

我县教师专业发展体制机制建设的内涵是:构建学分银行,激发教师专业发展的内生动力;实施"三名"建设工程,打造教师专业发展的示范标杆;启动新入职教师职初培养工程,培育教师专业发展的新动能;开展农村义务教育薄弱学科教师教学技能培训,弥补教师专业发展的短板;承担大学生支教实习任务,探索职前职后相贯通的培养体系。

我县教师专业发展体制机制建设,遵循教育规律和教师专业发展规律,注重厚积薄发,着力在构建教师专业发展体系上下功夫,在师德示范与师能引领上下功夫,在谋划长远上下功夫,在弥补短板上下功夫,在激发活力上下功夫。

三、县域教师专业发展体制机制建设的实践与探索

近年来,我县认真贯彻落实《中共中央国务院关于全面深化新时代教师队伍建设改革的意见》(中发〔2018〕4 号)、《国务院办公厅关于印发乡村教师支持计划(2015—2020 年)的通知》(国办发〔2015〕43 号)和《省委办公厅省政府办公厅关于推进基础教育综合改革的意见》(鲁办发〔2014〕55 号)等文件精神,结业阳信实际,积极探索推进教师专业发展的体制机制,有效提升了教师专业能力,促进了县域教育优质均衡发展,为乡村振兴提

典型经验

供了人力支撑。

（一）夯实根基,构建教师专业发展学分银行

在贯彻省市文件精神的基础上,阳信县出台了《阳信县中小学教师继续教育学分管理办法》,对校本培训、学区培训进行规范管理,增强培训实效,突出面对面培训,合理分配管理权限,注重学用统一,将分属各有关业务科室的班主任培训、校长培训、中层干部培训、质量评价培训、学科教师业务培训等工作纳入教师继续教育学分系统统一管理,严格组织程序,将五年一周期的教师全员培训制度落实、落细,构建起了全县中小学教师专业发展学分银行。

（二）引领示范,"三名"建设工程向乡村倾斜

阳信县"名校长名班主任名教师"（简称"三名"）建设工程被确定为国家教育体制改革试验区试点项目。"三名"建设工程每三年为一个培训周期,选拔时为乡村校长、乡村教师单独安排专门指标。经过几年探索,该工程完善了主题词、培养目标、会徽等,采取"校本培训为主、集中培训为辅、个人自主研修、导师结对帮促"的培养模式,制定了管理培养办法、协作组章程,规定每一位名校长人选联系一所农村薄弱学校,每一名名班主任、名教师人选帮携两名青年教师,建立了工程人选协作组定期交流制度,拓展了异地挂职、课题研究、送教下乡等培养途径。仅 2018 年就分七组开展了"支持乡村振兴三名人选送培志愿服务"活动,受益教师 600 余人。项目实施九年来,先后赴北京、青岛、杭州进行了三次专题培训、三次分组培训,举办了六次专业成长论坛、43 次协作组活动,编辑内部刊物《生命与使命同行》八期,编发工作简报 84 期。2017 年,"三名"建设成果《制度设计与创新培养》《生命价值与教育情怀》由中国海洋大学出版社出版发行。

（三）谋划长远,启动新入职教师职初培养工程

阳信县教体局出台了《关于实施新入职教师职初培养工程,加快专业发展的指导意见（试行）》,对新入职教师入职后三年的专业发展进行了顶层设计和制度安排。

一是明确目标原则。在优秀培训团队的浸润和导师的引领下,新入职教师正确认识与迅速适应教师角色,形成良好的教育教学行为规范,强化教育教学实践能力,尽快胜任教育教学工作,为成长为"四有"好老师奠定基础。

二是注重专业引领。建立了入职宣誓、双导师、定期考核制度。为新入职教师配备一名人生规划导师和一名业务引领导师。人生规划导师由所在学校校长担任,业务引领导师由学校或学区同学科骨干教师担任。以乡镇（街道）学区为单位组建新入职教师专业发展导师团,在三年培养周期内,导师团每学年通过师德评价、公开课、单项教育教学技能展示比赛等方式,对新入职教师的专业发展情况进行考核评定。

三是科学规划培训。新入职教师入职后要参加为期一年的试用期培训,主要包括职业感悟与师德修养、课堂经历与教学实践、班级工作与育德体验、教学研究与专业发展四个方面,不少于 120 学时。入职后第二、三年参加每年不少于 72 学时的起步期培养。起步

期培养要巩固试用期培训成效,着眼于课堂教学、班级管理、教育研究等方面的专业能力与素养,补齐薄弱短板,找准发展路径,激发发展潜能。

近几年来,县教体局除组织好每年一次的新入职教师入职集中培训外,还设计发布了"阳信教师"徽标 logo,分批次安排新入职乡村教师到县内教师培训基地跟岗,举办了两次新入职教师专业成长论坛,邀请专家举办以入职适应与专业成长为主题的报告会。各学区、学校通过组织通用基本功比赛、赛课、主题班会展示、读书沙龙等活动为新入职教师搭建了专业发展的广阔平台。山东省教育厅官网、《山东教师报》等媒体对我县的创新经验和做法进行了宣传报道。

(四)弥补短板,组织薄弱学科教学技能培训

2016 年 10—12 月,精选义务教育学段音乐、美术及小学英语三学科各 20 名种子教师分别参加了在北京师范大学、浙江师范大学、北京外国语大学进行的预备培训。2017 年 2—12 月,三学科共 282 名教师参加技能培训。2017 年,我县被省教育厅确定为"山东省农村义务教育薄弱学科教师教学技能培训"项目县。县教体局除提供物质保障、严格过程管理、完善评估机制外,还在以下方面创新实践。

一是专业引领贯彻始终。引导广大教师明确项目的意义和价值,将唤醒广大教师专业发展自觉、培育敬业爱岗精神的内驱力,与专家引领、名师带动的外引力有机结合。

二是整合利用本地培训资源。阳信是"鸭梨之乡",是山东省美协主席张志民的家乡,县教体局安排美术学员到万亩梨园写生,到"张大石头驿站"开展研学等活动。

三是构建培训文化。县教体局提出了"改变学科薄弱,首先提升自我"的培训口号,组织创编了训徽和主题歌,编印下发了《学员手册》。

四是坚持提升技能与涵养理论并重。要求广大教师坚持撰写训后体会,引导他们将感性与理性相统一,逐步从经验型向科研型教师转化。自参加种子培训到项目结束,先后编发培训工作简报 25 期,刊发新闻纪实、学员心得体会文章 300 余篇。

(五)互利共赢,探索职前职后相贯通的培养体系

作为省级财政困难县,自 2016 年 9 月以来,我县累计有 40 余所农村中小学分六批承担了省内五所高校共计 764 名大学生的支教实习工作任务。一是为实习大学生提供优质的工作、学习、食宿条件。二是加强人文关怀,支教开始组织迎新见面会,结束时安排欢送会,中秋、元旦等传统节假日组织联欢会。三是强化跟踪指导,为每位实习生配备一名指导教师,学校功能用房、教育实践、教学教研活动全方位开放,学区、学校、教研组分别从不同层次组织师德报告会、专业成长经验交流会、示范课、汇报展示课等帮助实习生迅速适应工作环境,熟悉教学程序。四是以学区为单位创办《实习支教工作简报》,由实习学生编辑,为他们搭建感悟教育实践、推进专业成长、涵养教育情怀的平台。

阳信县承担支教实习任务以来,不仅有效缓解了乡村学校师资紧张的局面,而且改善了教师生态,激发了其专业成长的活力。我们还利用高校的人才优势和资源优势进行联合办学与课题研究,邀请师范院校资深教授为全县干部、教师做专家报告,开展职前教育、

职业准入与职后培养相衔接的协同行动,积极探索创建职前教育和职后教育相贯通的培养体系,在源头上提高新入职教师质量。

四、取得的成绩

一是教师专业发展的自觉性、主动性得到激发。继续教育学分银行的建立,整合了教体局各业务科室的工作职能,使县级以上的面对面培训丰富了内容、拓展了空间,更能学用一致,因需施训,推进了教师的专业成长。乡村教师本科以上学历所占比例由2013年的45.69%提高到2018年的57.57%。

二是对乡村教师的引领作用更加凸显。"三名"建设工程的实施,使乡村学校校长、教师坚定了信仰、拓宽了视野、激发了思考、启迪了智慧、提升了能力,涌现出全国模范教师、国家教育行政学院培训专家王立新,特级教师齐爱军、孙希山等先进典型,商店镇大韩小学青年教师董雯雯入选全国首批优秀乡村教师培养奖励计划300人名单。2018年在竞聘成功的七个农村特级教师岗位计划中,有滨州名师两人、阳信名师三人、阳信名教师工程人选两人。在山东省第三届"齐鲁名校长"、第四届"齐鲁名师"人选评选中,我县入选3名校长、4名教师,其中乡村学校校长2人、教师1人。

三是新入职教师的职业认同感进一步增强。新入职教师职初培养遵循强化师德、注重实践、自主提升、文化浸润等原则,坚持政治上关怀培养,生活上关心体贴,业务上引领指导,绝大多数新入职教师能迅速适应教师角色,教育教学行为规范严谨,扣牢了职业生涯的"第一粒扣子"。近年来我县新招考的教师有一半以上充实到乡村学校,其中2018年新入职的108名教师中有62人到乡村学校任教,一批批学科知识扎实、专业能力突出、教育情怀深厚的新入职教师源源不断地输送到乡村学校,为乡村教育振兴积蓄了力量。

四是薄弱学科教师师德水平与教学技能有了显著提升。经过一年多的培训,通过专家引领与志愿者的示范带动,广大学员为"奉献、友爱、互助、进步"的教育志愿服务精神与精细严谨的工作态度所感动,精神面貌焕然一新,师德水平有了提升,专业发展自觉被重新唤醒,专业技能有了显著提高,基本保证了三个学科的教育教学正常开展。省项目办领导、专家多次对阳信县教体局的组织工作和取得的成效给予高度评价,山东省教育志愿者服务网对阳信县的工作经验多次进行宣传报道。

五是乡村学校师资紧张的局面得到有效缓解。由于县域内师资分布不均衡、向县城流动、乡镇部门借用等历史因素及放开"二孩"等诸多因素影响,乡村学校师资紧缺。支教实习制度的推行,对乡村学校可谓雪中送炭,有效缓解了师资紧张状况。而且随着一批批支教大学生与指导教师取长补短、互促共进,激发了原任教师的专业发展积极性,给乡村学校带来了生机与活力。

五、当前的困难与思考

乡村学校教师的保障经费存有缺口。受县、乡两级财政状况所限,乡村教师的交通补贴、生活补贴不能兑现,周转房建设迟缓,补充新入职教师的数量抵不上退休教师的数量,师资缺乏的现状仍无法彻底改变。

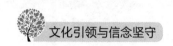

体制机制瓶颈制约。基础教育综合改革措施尚未落地到位,城乡学校校长、教师交流机制还不顺畅,集团化办学、城乡学校发展共同体还局限在浅表层。

乡村教师专业发展的内生动力不足。部分乡村教师观念固化,工作标准不高,精神懈怠,工作责任心不强,不能胜任教育教学。临近退休的教师不同程度地存在职业倦怠感,青年教师往往敬业精神不够,团队意识不强,过分注重个人生活享受。

实施乡村振兴战略,是党的十九大做出的重大决策部署,是决胜全面建成小康社会、全面建设社会主义现代化国家的重大历史任务。让乡村孩子接受公平而有质量的教育是我们教育行政部门的庄严承诺!雄关漫道真如铁,而今迈步从头越。我们将进一步强化乡村教师队伍建设,立足阳信实际,攻坚克难,为努力造就一支下得去、留得住、教得好,数量充足、结构合理、素质优良、甘于奉献的乡村教师队伍,推动全县教育优质均衡发展而不懈努力!

(原文发表于 2019 年第 23 期《现代教育》,有改动)

喜迎改革开放 40 年,不忘初心再谱新华章

阳信县第二高级中学　朱洪彬　蒋栓德

春华秋实桃李满天下,凤凰涅槃展翅再高飞。

为整合办学资源、提升办学条件,山东省滨州市阳信县第二高级中学(简称"阳信二中")于 1997 年在县城建设了新校并实现整体搬迁。

新校投入使用后,阳信二中逐步发展成为滨州市高中教育的排头兵,"阳信二中现象"远近闻名,成为阳信"人才的摇篮",为阳信高中教育跨越发展做出了突出贡献,受到学生欢迎和社会各界好评。

春和景明,万象更新。时光来到 2018 年,恰逢改革开放 40 年。在 2018 年春天这个万物生长的季节,阳信二中进一步深化改革,翻开了崭新的一页——

统一思想、转变作风、精准把脉、直面问题、不懈奋斗、砥砺前行,豪情满怀地吹响"不忘初心,牢记使命,抢抓新机遇,再创新辉煌"的战斗号角,旗帜鲜明地唱响教育教学主旋律,实施"民主、公开"管理,"痕迹"管理,求真务实,真抓实干,踏上了凤凰涅槃、再次高飞的新征程,目前已经取得明显实效。

一、蜚声全国——"阳信二中现象"远近闻名

阳信二中前身原本地处山东省阳信县商店镇(原阳信三中)和温店镇(原阳信二中),新校位于阳信县阳城六路西首路北 1255 号。1997 年,阳信县人民政府征地 188 亩新建阳信二中,建筑面积近 4 万平方米,分设教学区、生活区、运动场区及休憩区等,还兴建了暖气工程。当年建校,当年招生。

该校高质量的教育教学蜚声全国,被誉为"阳信二中现象",省内外许多学校和滨州市各高中纷纷慕名前来"取经"。

1. 新型现代化学校

建校之初,阳信二中教师虽无造诣精深之巨擘,却不乏治学有方之士。

时代推进,学校教学设施日臻完善,教学质量逐年提高,校容校貌日新月异,规模不断发展壮大,拥有丰富的教育资源、雄厚的师资力量、先进的教学设施、科学的管理机制和优良的校风学风。2018 年,该校有 60 个教学班,在校学生 3500 多人,教职员工 300 余人。

学校办学条件优越,教育教学设施先进,拥有功能齐全、设施先进的实验室、微机室、电子监控室,每个教室都配置了闭路电视双向教学系统。按国家标准设计建造了篮球场,校园芳草漫坡,白杨成林,庭院幽雅,意趣自然,是突出生态价值的绿色校园。

自新校建校始,学校坚持准军事化、封闭式、24 小时跟踪管理,以教育教学为中心,以教育科研为先导,全面推进素质教育。

在全校师生的共同努力下,学校成为校园环境优美、校风学风优良、教学设施统一、信息化技术应用水平领先的新型现代化学校。

2. 人才的摇篮

多年来,深厚的文化积淀了优秀的育人传统,从"基础扎实、学有创见、志存高远、人格健全"到"严、实、新、特、全",阳信二中人从精神层面上认准了自己的追求方向——"高"(高目标、高境界)、"正"(树正气、走正道)、"实"(说实话、做实事)。

奋斗不止,硕果累累。特别是 2000 年以来,阳信二中取得了喜人成绩,成为阳信"人才的摇篮"。

学校先后被评为滨州市高考优胜奖单位、滨州市现代化教育技术示范学校、滨州市精神文明单位、滨州市校舍维护先进单位,是全国中学语文教改、省物理教改基地。

二、深化改革——精准管理,再次涅槃高飞

"问渠那得清如许,为有源头活水来。"

2018 年以来,阳信二中深化改革,下定决心再谱新华章,再创新辉煌。

"阳信二中现象"的密码何在?密码就是学校科学实施的"五个一"精准管理。

1. 确定一个办学目标

确定一个办学目标:学生快乐,教师幸福,社会满意。

目标既定,动力无穷。目标就是方向:家长放心、学生向往、社会满意就是一切工作的标准;学校应该是学生快乐成长的乐园、教师幸福成长的家园;而快乐来自成功,幸福来自奋斗,成绩赢得尊重。

阳信二中校长朱洪彬特别强调团队精神,他说:"没有优秀的个人,只有优秀的团队。一个人要想得到别人的尊重,就必须努力工作,做出成绩。大家齐心协力、凝心聚力、同舟共济,共同打造阳信二中这个优秀团队,才能赢得社会的认可、别人的尊重。"

2. 唱响一个主旋律

唱响一个主旋律:教育教学质量主旋律。

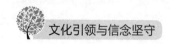

教学质量是学校的生命线,是学校生存发展的根本保证,直接影响学校的声誉、生源和发展前途。

阳信二中制定了一系列扎实有效的规章制度,请进来、走出去,学先进、补短板,开阔视野、提升境界,组织优质课比赛,召开学生教师表彰会、备课组长会、中层培训会、质量分析会、专家报告会、班主任培训班、学生励志报告会,开办"空中课堂"等,工作紧张而有序,忙碌而高效。

3.遵循一个治校方略

遵循一个治校方略:民主、公开治校方略。

教师是学校真正的主人,校长只是服务者。阳信二中建章立制,兴利除弊,无论是教师还是学生,都有章可循,有法可依。言必信,行必果。一切按制度办,制度是大家共同制定的,必须人人遵守。

学校成立民主议事教职工代表工作委员会,由全校教职工以无记名投票方式选出30位教师组成,参与学校民主管理。在办公楼门厅设立"校务公开栏""党务公开栏",出台了《阳信县第二高级中学校务公开工作规范》,严格按规定进行校务公开。

4.实施一个管理方法

实施一个管理方法:"痕迹"管理,精准施策。

教师工作很大程度上是个体劳动,备课、上课、批改作业等往往是独立进行的。上课按时到场,人在教室,可课的质量如何,别人往往不得而知。

阳信二中实行"痕迹"管理,取得了实效。简单而言就是用数据说话。一学期或者一段时间内,教师的工作如何,不是某个领导说了算,而是根据教师的"工作痕迹"给出评判:平均分、优秀率、及格率、教案、听课、集体备课、习题,在市、县、校、年级的位置,大数据赫然在目,令人信服。

5.弘扬一种作风

弘扬一种作风:求真务实之风。

"找不出问题就是最大的问题!"校长朱洪彬要求教师直面问题,自揭家丑,不文过饰非,开会不搞"一团和气""形势大好",而是要"问诊把脉开药方"。

通过教学质量分析会,制定详尽的成绩分析表,各学科、各任课教师、各班情况都"晒"在聚光灯下,一目了然,高下立判。

通过备课组长会,制定明确、详细、易操作的教学常规、听评课记录、自查自纠表等细则,逐条压实,立行立改。校长、业务校长推门听课,把脉课堂。

动真格、见真章,一招一式,没有半点花拳绣腿。目前,求真务实之风已在该校蔚然成风。

(原文发表于2018年10月25日《中国教育报》,有改动)

"三段一体化"综合教育园区建设

——以阳信县翟王镇乡村教育振兴发展为例

翟王镇学区　张海珍

摘　要　党的十九大报告提出要优先发展教育,推动城乡义务教育一体化发展,高度重视农村义务教育。当下,发展不平衡、不充分问题仍然是乡村教育最大的短板。综合各种因素,2014年始,兴建中学、小学、幼儿园"三段一体化"的综合教育园区,标志着翟王镇教育向实现教育公平、振兴乡村教育发展的目标迈出了坚实的一步,激发了教育的内生力,全面提升了教育质量。

关键词　"三段一体化";乡村教育;提升质量

一、问题的提出

党的十九大报告提出,从现在到2020年全面建成小康社会,到2035年基本实现社会主义现代化,到21世纪中叶全面建成富强民主文明和谐美丽的社会主义现代化强国。这是对中国未来发展的全新谋划展望。其中,包括两个与教育工作有关的目标:一是优先发展教育,推动城乡义务教育一体化发展,高度重视农村义务教育;二是实施乡村振兴战略,总体要求是产业兴旺、生态宜居、乡风文明、治理有序、生活富裕。这些都为新时代农村教育发展提供了重要的遵循和方向保证。

从当下来看,教育发展中最大的不平衡仍然是城乡发展的不平衡,最大的不充分仍然是乡村教育发展的不充分。未来乡村教育应该是什么样的?老百姓向往的美好的教育生活是什么样的?作为教育工作者,我们能给老百姓带来什么样的教育实惠?教育现代化离乡村教育还有多远?这一系列问题引发每一位教育人深深的思考和启发。基于此,成立综合教育园区是振兴当地乡村教育的一种必然。

二、"三段一体化"综合教育园区的内涵及着力点

"三段一体化"综合教育园区建设,是翟王镇政府为了提高教育教学质量,落实国家乡村振兴战略,2014年起,依据《山东省普通中小学基本办学条件标准(试行)》(鲁教基字〔2008〕15号),启动建设包含幼儿园(含亲子教育)、小学、中学(含技术教育)三个学段的综合教育园区,着力树立全面、全体、全视角的"三全"教育观,探索教育服务、教育质量、传统文化、体验学习、国家人才战略计划落实的综合教育模式,以德育和劳动教育改革为突破口,整合国家课程和地方课程,促进国家课程校本化,构建"三段一体化"的综合课程体系,落实"德、智、体、美、劳全面发展的社会主义合格建设者和接班人"的培养目标,打造幸福、文明、淳朴的乡村文化教育品牌。其着力点在于打造园区文化,重新建构评价系统,实施教育教学改革,推动全镇教育文化发展,促进乡村振兴战略落地生根。

三、"三段一体化"综合教育园区建设过程

（一）调查当地教育现状

阳信县翟王镇位于阳信县中南部，南与惠民县接壤，总面积 66.8 平方公里，有 96 个自然村。学校布局相对比较分散，除了一所中学以外，还有六所小学及附属幼儿园。学校规模大小不一，小学 1～6 年级人数从 80 人到 500 人不等，硬件条件设施配备不足，师资水平相差较大，教学质量偏低。随着社会经济的发展，老百姓不再只依靠耕地维持生活，大量年轻人除了在家乡创业外还外出到一线城市打工，提高了生活水平的同时，思想上进一步开放，对高水平教育的需求也越来越迫切。具体表现在以下几方面。

一是学校硬件条件差距大。学校校舍条件差，基础设施配备低于标准化学校建设要求。部分学校校舍为 20 世纪 90 年代的校舍，陈旧不堪，校园内部路面及活动场地高低不平，操场为土质地面，风刮一身土，出汗一身泥。各类教育设施及资源配备不足，利用率较低。

二是大班额现象严重。部分小学学生基数大，个别班级人数达到 63 人，大大超过了 45 人的班额标准。除中心小学外，其他小学均出现教师老龄化严重、师资不足和结构不均衡现象。比如，韩箔定点小学 2014—2018 年退休教师 15 人，需至少聘请三位代课教师才能维持正常的教学秩序。

三是学校管理粗放，办学水平差。各定点小学课程意识差，且开设不全，学生学业水平测试成绩合格率、综合素质评价等级评估水平较低，整体教育教学质量与城镇相比明显落后，出现了较严重的学生择校、择师现象。优秀教师大量外流，家长对学校的信任度降低，主动要求把孩子转入县城学校，近三年优质生源流失率连续增长，2018 年已达 40.26%，部分教师也出现了强烈的职业倦怠感和敷衍塞责、得过且过的心理。

综合以上分析，学校布局、条件、设施、师资、生源状况、学校管理水平等问题已成为当下我镇教育的主要矛盾。

（二）探讨解决问题的途径——成立教育园区，共享教育资源

以构建学习型社会、全面实现教育现代化为目标，科学、系统地做好农村学校（含幼儿园、成人学校或站点）布局规划，使乡村各类教育有场所、有阵地，尤其要及早制定农村义务教育学校布局调整的指导标准，优化和稳定农村义务教育布局，为此，翟王镇从 2014 年开始建设，2020 年全部竣工，成立中学、小学、幼教一体化的综合教育园区，标志着翟王镇教育向着实现教育公平、振兴乡村教育迈出了坚实的一步。

1. 教育园区设施条件大幅度改善，教育资源得到有效整合

翟王镇教育园区成立后可以形成"中学—小学—幼儿园"12 年一贯的格局优势，新建 84 个班级规模的教学楼、公寓楼、餐厅、报告厅，拥有全县最大的运动场，占地 40 余亩，建有标准的田径场、篮球场、排球场、足球场、手球场、乒乓球场，单杠、双杠等设施齐全，建有 1500 平方米的室内体育馆，为丰富师生的课间活动、增强师生体质奠定了坚实的基础。实验楼内图书室、阅览室、实验室、艺术功能室、舞蹈室、书法教室、创客教室等功能用房齐

全,实验设备完善。图书数量、实验、仪器、音体美器材等设施配备达到国家二类标准。此外,校园环境建设也有新的突破,一是自然环境,教学楼前种植的桃园、梨园、杏园及法桐大道,形成了翟王教育园区绿化美化"三带一路";二是文化环境,校园文化建设围绕社会主义核心价值观体系,以爱的教育为核心,带给师生向上生长的力量,让校园里充满着浓郁的人文气息。

教育园区建设避免了定点学校分散重复性投资,优化整合了师资力量,解决了师资严重匮乏的问题;原来学区腾空的校舍升级改造成标准化学区幼儿园,学前教育得到快速、规范、优质发展,实现了真正意义上的学校均衡化发展和教育公平,"成立教育园区,振兴乡村教育"的目标将逐步实现。

2. 以人为本,为师生共同发展奠基

教育园区成立后,学生受到的教育将更全面,课程方案真正落地实施;学生的兴趣爱好会得到引领提高,习惯养成逐步建立规范,安全教育、品德教育将更深入内心;推进教育公平,落实立德树人根本任务,发展素质教育,培养德智体美劳全面发展的社会主义建设者和接班人的目标将进一步实现。

教育园区成立后,教师结构不均衡的现状得到根本性转变,教师发展的平台更宽阔。教育园区以努力打造"4+N精彩课堂模式"为着力点,充分利用教师队伍集中和合理搭配的老中青教师年龄结构的特点,以课堂教学为抓手,走进课堂、研究课堂,努力打造经验型教师、创新型教师和专家型教师。新的教育理念、优秀的教育经验、高效的教研活动都为教师发展铺路,为学生发展奠基。

3. 用互联网对接城区名校,协同发展

积极创造条件,加强硬件建设,充分利用移动互联网等,加快实现与城区名校的对接帮扶;开展好同城联动、校际交流互动。目前,已经与阳信县第一实验学校等城区学校成立教育集团,统一规划,组织开展系列活动,特别是理念对接、文化交流、管理模式构建、教师发展共同体、社区开放五个维度的协同化发展已经形成文本方案。

(三)探索解决问题——激发教育内生力

翟王镇教育园区自2018年9月正式启用,新的学校设计新颖,设备齐全,环境优美,在全县堪称一流。接下来需要学校管理者追求卓越,大胆改革,勇于创新,加强管理,在拥有一流设施的情况下,办一流教育,育一流人才。新的园区管理者针对工作实际,经过班子成员充分论证,提出了教育园区发展十项基础工程,以激发教育内生动力,提升教育质量,全面振兴乡村教育。

(1)领航工程。规范党建工作,完善党建管理,提升党员教师政治素养,胸怀大局,带头实干,争创各级党建工作先进集体。

(2)平安工程。组织教师深入探索有效措施,建立安全管理长效机制,构建和谐稳定、平安幸福的教育园区。

(3)质量工程。质量是教育园区发展的生命线,要树立正确的质量观。质量高低是学

校发展综合因素共同作用而成,应从文化建设、学校管理、高效课堂、教师队伍、评价机制等入手,全面优化管理过程,扎实提高教育质量。

① 建立先进办学文化体系。德育是学校文化的核心,学校文化是德育的"酵母"。校园环境、建筑、布置以及校风、学风、人际关系、师生言行举止等无不处处彰显育人的张力。德育用文化去浸润,"润物无声"是德育的最好手段。环境是重要的育人因素,"环境即教育",环境有"耳濡目染,不学以能""潜移默化,自然似之"的育人效果。

② 精细化管理学校。精细化首先是一种理念,精细化就是让人在做人、做事上到位,体现一种扎实的工作作风;其次是一种行动,把每个人的潜能、每件事的效益都发挥出最好水平。

③ 锤炼出德才兼备的干部、教师队伍。针对师资薄弱的现状,要求干部带头、以点带面、促进整体。提出干部、教师队伍建设"十条底线原则",分别是担当作为、直面问题、善于学习、突破自我、制度为先、尊重他人、唯旗誓夺、结果第一、团队至上、平和心态。

④ 改革完善综合考核评价机制。启动精细化学校管理评价标准和教师综合考核评价及绩效奖励办法制定工作,将其作为衡量教师工作业绩的重要杠杆。

⑤ 提升全员信息化素养。要培养未来人才,单靠一张嘴、一支粉笔是不行的。通过线上培训平台,朝向教育信息化 2.0 的目标迈进。

⑥ 召开专家论证会,开展高效课堂模式探索研究,全面提高教育教学质量,培养德智体美劳全面发展的新时代合格人才。

(4)智慧工程。引进智慧课堂项目,初中阶段实施智能教育,配备最优秀的骨干教师任教,留住优质生源,提高教学质量。

(5)未来工程。建造新时代"三味书屋",以经典阅读系列活动为载体,建立青年教师发展联盟,培养未来教育家人才。

(6)和谐工程。完成两个"一体化"体系构建,一是德育课程一体化,落实立德树人的教育宗旨,打造家庭教育社区,实现协同育人;二是实施幼教工作一体化发展,依法建立更加安全、美丽、规范的公民办幼儿园,关注民生、服务百姓。

(7)美丽工程。在各定点小学开展"小而美、小而优"乡村小规模学校建设,发扬独立自主、自力更生、艰苦奋斗的精神,让学校整洁有序,真正变成美丽的家园,让低龄儿童享受美好的教育。

(8)生态工程。继续优化教育外部生态发展,加强非法校外培训机构和无证幼儿园治理,规范教育内部生态,在职教师严禁出现有偿家教等与师德规范相违背的有关行为。

(9)健美工程。音体美教学是学校工作中的重要一环,是学校特色发展的重要阵地,在手球、足球、艺术教育等特色项目建设的基础上与学校管理整体相融合,探索质量测评办法,提高音体美教学水平。

(10)幸福工程。用求真、向善、寻美命名学校各项建筑工程,打造与师生教育生活贴近的空间,让建筑工程、美丽校园成为教育园区幸福课程的一部分,让师生感受到教育园区的美好。

四、取得的成效

2018年8月,教育园区启用,整个乡镇布局发生了深刻的变化,形成了新的农村学校发展格局。办学理念更加凸显,校园文化特色鲜明,师生成长充满阳光,教育质量提升速度加快。不到一年的时间,中学荣获全国手球项目传统学校、全国科技发明实验示范基地荣誉称号,小学、幼儿园分别荣获市级特色学校(幼儿园)荣誉称号,先后有5位校长入选市、县级名校长(园长)培养工程,骨干教师比例提升了26个百分点,体育节及各种德育活动丰富多彩,学业水平检测合格率100%,受到学生家长及社区的好评。

五、反思与展望

随着2018年全国教育大会召开以及《中国教育现代化2035》的出台,新思想,新要求,需要我们加强反思,围绕"发展更加公平而有质量的教育",必须直面问题,狠抓落实。一是进一步完善教育园区硬软件建设,实现对农村教育的差异性补偿和治理创新。二是运用教育合力,提高基于教育质量提升的学校精细化管理水平,实现为乡村教育发展服务的效益最大化,从研究的视角解决乡村学校管理水平低下而导致的偏离教育目标和方向的问题。三是以"弟子规"课程为引领,弘扬传统文化,解决农村孩子发展素养的问题。

(原文发表于2019年第12期《现代教育》,有改动)

"农家田园":用自立激活自信

阳信县劳店镇中学　南林

劳店镇中学(简称"我校")是一所乡村校,学生也来自农村,教师外流严重。2016年4月15日,"孙正军校长工作室"团队一行来到我校,对我校现状进行了分析,之后工作室成员认为,我校缺乏自己的教育自信,并给出了"药方"——"用自立激活自信"。

"虽然地处乡村,但出于各种原因,我们调查发现,大多数学生也是'不稼不穑'。这不能不说是一种遗憾。"孙正军校长说。于是,在工作室成员建议和指导下,我校开辟了"空中农场"和"无土栽培室",这种以农业种植为特色的实践活动在乡村实施便利,又对培养学生的观察、思维等能力有着至关重要的作用。

在我校新建的"农家田园"里,每个畦垄都安装了小型喷灌装置,师生们在这里精耕细作。学生们直言:"这里有收获的快乐呀!我们可以吃到自己种的草莓、西红柿,还有茄子、黄瓜……"

学校的老师,特别是生物老师,把"农家田园"当作他们的"风水宝地",他们可以很轻松地在学生劳作时完成相关知识的教学,形象又直观。

思想品德老师也别有感触:"学生在劳动时,活动的是身手,培养的是精神品质。"他们发现,劳动的时候,人的手脚是活跃的,心境往往是宁静的,这是与学生交流的好时机。

随着时间的推移,我校的校园环境和师生精神面貌逐渐有了变化,校园内的每一条道路都有了自己的名字,原来光秃秃的墙壁被精心写上了古诗词。课间操,一个个方队在富有韵律的音乐声里展示着自己,有的班集体跳绳,有的班集体打军体拳,最有特色的是全校半数班级都可以做他们自己创编的"瑜伽体操"。

我校的变化引起了当地政府和教育局的重视,今年 5 月,为了配合学校承办山东省普通中小学"1751"改革创新工程现场会,政府专门拨款,为我校建设了一座可以容纳 500 人的报告厅。

因为加入了"孙正军校长工作室",我们学校找到了适合自己的发展方向,从而在自主办学中收获自信,学校发生了质的变化。

(原文发表于 2017 年 7 月 12 日《中国教育报》,有改动)

担当作为激发动能,持续发力静待花开

阳信县第二高级中学　朱洪彬

尊敬的各位领导、各位同仁:

大家好!

非常荣幸,市局领导给我提供了一次与大家交流的机会。借此机会,对关心和支持我校发展的各位领导和兄弟学校的各位同仁深表感谢!

一年来,我校广大教师强化质量意识,自加压力,奋力拼搏,激情实干,创新攀高,教育教学工作得到了持续、健康、稳步发展,特别是今年的高考成绩得到了大幅提升。

归纳起来,主要得益于以下几个方面的工作。

一、加强队伍建设,激发动能

为提高教师的教育教学水平和管理能力,我校不断完善制度、创设条件、搭建舞台,坚持不懈地加强高三教师队伍建设。

一是关注评价引领。优化教师职称评价办法和评优树先办法,在评价量化指标中加大了高三教学成绩比重,调动了教师的工作积极性,使教师的努力方向更加明确具体。

二是注重过程管理。高三教学工作是学校的中心工作,而教学质量又是过程管理的体现。学校形成了由校长、副校长、年级部、心理辅导师、班主任、学生会组成的全员管理团队,对学生和教学常规的过程管理常抓不懈,努力做到了精细管理、精准施策。

三是完善管理模式。校级领导分包高三学科组,把控方向,量化听评课,落实集体备课。年级主任担任虚拟班班主任。

二、对标高考,持续发力

为全面提升教育教学质量,我校狠抓工作落实,倡树正能量,多措并举,有力推动学校各个环节高效运作。

一是打造高效团队。学校从助力教师专业成长入手,"走出去学,引进来教",学先进、

补短板,开阔视野,提升境界,借力发展。先后邀请高考命题专家、名校名师等29人到校"传经送宝",进行全员培训。分批次组织全体高三教师到山西忻州一中、河南息县二中、湖北恩施高中、内蒙古师大二附中、青岛城阳一中等11所名校交流学习。通过加入联盟、与名校联合等形式,为教师提供与名校名师交流学习的机会。一系列措施,使我校教师的政治境界、师德修养和业务素质得到明显提高。近两年我校有2人入选山东省"齐鲁名师""齐鲁名校长",2人入选"滨州市十佳名师",1人入选"滨州市最美教师",5人获"市教学能手",一大批青年教师正茁壮成长。

二是开阔办学视野,盘活优质资源。第一,增加教学、学习网站平台的开发,充分利用优质网站资源,注重收集和利用名校的高考备考信息和试题,丰富教师的教学资源;第二,与市内外多所学校结成联盟,进行联考和资源共享;第三,加入中国好教育联盟,借助优质资源开展教师业务培训、专家讲座、同课异构、联考等活动。通过这些活动,及时查找问题。立足高位,开阔视野,转变观念,提升教师的教学水平,增强学校的综合实力。

三是不断优化培优措施。第一,强化传承。暑假分别组织管理人员和各备课组备考交流会,分享经验;第二,成立虚拟班,为优生提供交流平台,也便于集中利用各种优势资源;第三,成立以竞赛教练为主的全校培优团队,对优生的试卷进行二次批阅,全面会诊,精准补差;第四,巧借外力寻求突破,邀请山东省实验中学、历城二中等名校名师为优生进行专题辅导。

三、激情备考,全面发力

第一,家校联动,共筑学生成功之路。成立家长值班室,邀请家长走进课堂,参与监考、自习值班,进行联谊讲座,共话教育。

第二,调整心态,轻装上阵。陪伴是最好的管理,领导和老师到教室和宿舍陪伴学生,让学生坐得住、睡得香、吃得下。

第三,及时召开高考备考动员会、誓师大会。通过班旗授旗仪式、冲刺誓师大会、考前宣誓、基础年级加油助威等活动,强化学生的目标意识和内在驱动力。

在新学年,我们继续发扬二中精神,凝聚人心、科学备考,力争再创佳绩。

(本文为2020年4月21日作者在滨州市高中教育工作会议上的发言文稿)

让学习在课堂上真实发生

——阳信县第三实验小学语文"五步教学模式"建构纪实

阳信县第三实验小学　杨国芹

尊敬的各位领导、各位同仁:

大家好!

我来自阳信县第三实验小学(简称"我校")。一直以来,我校聚焦高效课堂,扎实践

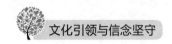

行。今天借此机会,把我校语文"五步教学模式"的建构情况向大家进行汇报。

一、模式构建的背景

教学模式不是一个固定的教学流程,而是在教学过程中努力体现的教学思想和方式方法。之所以构建这样的教学模式,源于我们的历史。

2015年7月,我们关于教学模式的课题研究结题了。但我们没有就此止步,而是把课题研究成果继续推广下去。一学期后,我校有幸成为滨州市主题式综合课程实验学校。在实验过程中,我们尝试把原本的教学模式依据小学主题式综合课程基本模式进行优化,但以下问题比较严重:教师零散的发问依然很多;学生的合作交流不够深入,真正独立学习的时间偏少;师生之间缺少真诚的对话和恰当的评价……

针对以上问题我们思考:教师如何让学于生?怎样让核心问题贯穿整堂课?怎样把"活动的、合作的、反思的学习"在每一节课的教学中具体落实?课堂上怎样让每个学生能敞开心扉,自信地表达……

在我们迷茫时,《滨州市深化小学语文教学改革指导意见》发布,为我们指明了方向,即我校的语文课堂教学要着眼"整体",努力"让学"。

教学内容的开发要有整体性,跳出"只教课文、不见整体"的狭隘教学视野,从整个单元、整册、整个学年、整个学段的视野构建语文教学模式;在教学中要给予学生整块的学习时间,尽可能多地给予学生自主学习、质疑提问、合作探究、充分表达的时间和机会,教师只是在学生遇到困难时进行引导和帮助。就这样,2017年9月起,我们正式开启"五步教学模式"的构建。

二、模式优化历程

2017年10月起,学校骨干教师用该模式在本校以及县域其他学校上研讨课,邀请县教研室领导、专家走进我们的课堂。课后,与教研员等专家进行交流讨论后,我们继续优化模式。2018年3月,滨州市教科院要求探索建立1+N高效课堂模式,由此"五步教学模式"在我们全校铺开。我校课堂教学改革领导小组成员不定期推门听常态课,并及时与教师交流反馈,剖析存在的问题并找出解决问题的策略。为了让该教学模式教学效果达到最佳,我们还着力推行了一项工作:集体备课。

备好课,是上好课的前提,遵循《滨州市深化小学语文教学改革指导意见》中"整体、让学"的原则,我校语文学科从单元整体教学出发,构建"单元整合、双线并行、言意共生"的语文课堂教学体系。这样的教学体系需要教师改变以往独自备课、互不交流的局面,以单元为单位,开展年级组集体备课。

三、模式解读

"五步教学模式"是适用于单篇教读课的一种教学模式,下面就以《小马过河》为例为大家进行模式解读。

（一）第一课时

1.整体导入,明确目标

这个环节以单元整体目标为切入点,以便师生明确单元主题、训练要素,为下一步学习做好铺垫。

老师导入:"孩子们,第五单元的单元主题是'办法'。围绕'办法',这一单元选取了《寓言两则》《画杨桃》《小马过河》三篇课文。《亡羊补牢》告诉我们想办法要听取别人的建议;《揠苗助长》告诉我们想办法要遵循规律;《小马过河》告诉我们用恰当的办法去解决生活中遇到的问题呢。"这样的导入从整体入手,引导学生了解单元主题和内容,激起了学生的阅读兴趣,为下一步的学习奠定了基础。

2.自主认写,扫除障碍

这个环节主要学习生字词。识字、写字是贯穿整个义务教育阶段的重要教学内容。此模式与其他教学模式的不同在于:学生基于以往所学和生活经验,自主识写,会认、会写的不再教授,不会认、易写错的师生共同分析。整个教学活动是以学生的自主学习为主,教师只是根据学况加以点拨,进行帮学。

3.自主阅读,初步感知

在扫除阅读障碍的基础上,学生通读课文,读准字音,以便对课文有整体的了解。

4.汇报交流,读通课文

学生展示初读成果,难读、易错的地方教师随机给予指导。初读时,学生会进行一些思考,通过生生、师生交流以及资源共享,引导学生对课文内容有比较深入的了解。

5.回顾梳理,明确任务

师生共同梳理本节课所学的内容,依据当下学习现状,确定下节课学习任务。

（二）第二课时

1.回顾导入,明确目标

上课伊始,老师导入:"上节课,我们认写了生字,读通了课文。这节课我们继续学习第十四课《小马过河》。"导入很常态化,但也让我们知道了这节课是在孩子们识字、写字以及读通课文的基础上开启的,让我们知道了这堂课的基础。本节课的学习目标老师没有直接呈现,因为低年级的孩子对概念化的目标不感兴趣,但老师的目标指向性明确:以课后题为依据,依据学生的实际学习状况,引导孩子们自学、互学。

2.复习巩固,了解学情

课上,老师带领学生复习上节课所学的生字词,既巩固了生字识记,又为后续学生借助词语讲故事进行了铺垫。

3.问题导航,自主探究

这个环节中,通过学生质疑,师生共同梳理出一个能贯穿全文的问题,为学生的自主

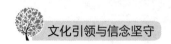

学习提供方向。在这个问题的引导下,学生开始自主学习,进行个性化地解读。

本环节不适合低学段学生采用,因为质疑提问能力的形成是需要基础的。我们针对此种情况,在实践中探究出此模式在低学段的变式:习得方法,自主探究。

老师通过教读第二自然段,习得阅读方法:借助提示语读出人物恰当的语气,然后老师从教(教第二自然段:什么是提示语,提示语告诉了我们什么,提示语的作用),到半扶(学习难为情地说……这一句子),再到全放(学生在小组内合作学习),学生运用学法迁移,自主学习,提升了语文素养。

在实际教学中我们发现,学生提出这种贯穿全文的问题有很大难度。针对这种情况,我们从三个层面做起:一是根据一定的阅读方法教师提问,并说明这样提问的原因,以便学生习得方法,以备后用。二是让学生交流教科书提出的问题,这些问题都是编者精心设计和编排的,有利于引领学生理解课文内容,习得语文学习方法。这两个层面是在学生不会质疑和提问的前提下进行的必要教学,是对学生阅读能力的训练(一般中学段我们从这两个层面做)。高学段教师放手让学生自主质疑,说出内心真实所想,教师给予梳理和引领,在反复训练中学生便会渐渐学会质疑和提问。

4. 合作交流,碰撞提升

小组内合作学习,相互交流个人学习所得。在此基础上,教师引导全班同学汇报交流,相互启发,共同成长。

这节课上,小组内选择一组对话分角色朗读,学生在情境中练读,在相互影响下借助提示语,捕捉自己对文本人物的独特体验。在小组展示的环节,学生读出不同角色的语气,加深了对课文主题的理解。

5. 实践运用,丰富积淀

在此环节中,教师要关注学生当下的生活,着眼于让学生成为全面发展的人,实现从"语文教学"到"语文教育"的转变。

这节课上,老师借助词语讲故事(落实课后第二题)、根据课文内容谈自己的看法(落实课后第三题)、唱儿歌(复习生字、内化语言、指向当下生活)等,都是引导学生内化语言,对文本内容进行意义重构,并联系学生当下生活,让学生在小组内合作学习,谈自己真实的想法,让学习在课堂上真实发生。

五个环节,五个指向,环环相扣,低结构,有逻辑,用好教科书,教好教科书,实现了小学语文课堂教学的价值。

作业是教学活动的重要组成部分。我校成立了"作业设计联盟"。每个"联盟"由本年级同学科的老师组成,集体研讨后,以单元为单位制定"作业设计统筹方案",方案至少包括单元教学目标和作业内容,使得作业设计与教学目标一致。同时正视学生的差异性,作业设计更具针对性和层次性,使学困生的负担不太重,学优生也能得到更好发展。

四、收获

探索"五步教学模式"的过程,为学生的成长搭建了平台,使他们更阳光自信、健康向

上。这一模式也成就了教师。全校现有 26 名语文教师,其中获县级教学能手 9 名,市级教学能手 2 名,市学科带头人 3 名。执教《小马过河》的刘召英老师,2016 年被评为滨州市小学语文教学能手,先后四次执教市级优质课、观摩课。张莉老师获市优质课一等奖,执教市观摩课,还做过专题发言。在大家的帮助下,我个人也有了收获:先后被评为全国新教育先进个人、滨州市小学语文教学能手、滨州市小学语文学科带头人,多次执教市县级优质课、观摩课。师生的成长也为学校发展注入了活力,学校先后被评为山东省教学示范学校、滨州市教学工作优秀单位,连续三年被评为阳信县教学质量优胜单位。

（本文为 2019 年 4 月作者在全市小学语文研讨会上的发言文稿）

创新,让每个孩子都有出彩的机会

阳信县第一实验学校　樊雷

全国的科技辅导员老师:

大家好,非常荣幸能有机会和大家进行交流。今天我汇报的题目是"创新,让每个孩子都有出彩的机会",以我们学校"三步走"创新教育模式的探索和实践为例。

"三步走"创新教育模式是阳信县第一实验学校以科技校园建设为载体,顺应时代要求,实施创新教育,在创新教学实践中,大力开展创新教育活动,探索形成了以动手创新课程、思维创新课程、学科创新课程为主的创新教育模式。"三步走"创新教育模式以创新理论为基础,开发中小学低年级以小发明、小制作、小实验为主的动手创新课程,中年级以"培养发明技法,开发创新思维"为主的思维创新课程,高年级以创新教育与学科教学深度融合的学科创新课程。

一、"三步走"创新教育模式实施背景

培养学生的创新精神、创造能力和动手实践能力一直是基础教育追求的目标,无论是教育部出台的《中小学生综合实践活动课程指导纲要》《义务教育小学科学课程标准》,还是近年来"创客教育"理念的提出,都反映出国家对创新型人才培养的重视。

叶澜指出,学校不应只关心少数尖子学生,为高一级学校培养专门化的、精英式的人服务,不应仅以培养出获奖、考上名牌大学或后来成为著名人物的学生为荣,还应致力于为每一个学生的终身学习和发展奠定坚实的基础。

应试教育把教育带入了一个机械化的重复训练过程之中,学生在日复一日、年复一年的题海战术中成为分数的工具。冷冰冰的分数如乌云般将教育本该有的功能遮蔽。虽然我们总是告诉学生学习是自己的事情,但是这个看似最私人化、最关系到自己未来的事情,学生却觉得跟自己关系不大,他们的动力几乎都来源于外部,来自对老师、家长和考试的助推。分析其原因,在于我们的学生缺乏自我发展的内驱力,学生的学习没有明确的方向。只有让学生明确成长的方向,教育才会充满活力,为此我们创设了"三步走"创新教育模式。在学习过程中,通过创新能力的培养,学生的兴趣爱好得到滋养,其逐渐发现自

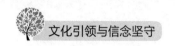

己的个性特长,明晰自己的发展方向。

二、"三步走"创新教育模式实施途径

如何让培育学生创造力的教育真正落实在教学中,而不是游离于课程之外的小制作、小发明、课外兴趣小组活动中,如何在学科课程中培养学生的创新素养?这些都是长期以来没有解决的问题。我们需要深入审视课程的内涵,因地制宜重构课程内容和实施策略。在此基础上,阳信县第一实验学校以创新的创新课程为突破口,建构以培养学生创造能力为目标的课程框架,打破学科界限,整合课程内容,建立起基于动手创新课程、思维创新课程、学科创新课程为主的"三步走"创新教育模式,提出了"创新,让每个孩子都有出彩的机会"的教育理念。

下面我们用具体的实例来介绍动手创新课程、思维创新课程、学科创新课程。

(一)动手创新课程

面对低年级孩子知识储量少、有些知识不能很好接受的现状,我们开发了一系列动手制作课程和有关物理学、化学、生物学等的实验探究课程,使学生在过程体验中获得知识,提高动手能力。

我们学校以社团的形式开设了七巧板课程、小发明课程、航模课程、小制作课程、绘画课程、兼职课程、泥塑课程、机器人、3d课程。在"神舟11号"和"天宫2号"成功对接的时候,我们组织学生在小制作课程中制作"神舟11号"和"天宫2号"模型,并被《光明日报》宣传报道。

在动手创新课程的开发中,我们还重视实验探究课程的开发。生物教材中有关于食品储存技术的介绍,联系阳信是冬枣的主产区,冬枣的产量大、保存时间短的现实,学生探索冬枣保存方法。

有同学发现个别农民用未采摘的白菜保鲜冬枣。通过对照实验,我们发现这种保鲜方法方便、经济实用。这个创意实验不但在创新大赛中获得了一等奖,而且为我们当地的冬枣保鲜解决了很大的问题。通过此种方法,学生不仅学习了知识,还增强了社会责任感。

当我们在学习生物影响环境这部分内容时,有学生提出我们学校周围有大量的盐碱地,上面只生长碱蓬,那么碱蓬能否改良这些盐碱地,使其变成良田呢?我带领学生进行了碱蓬对盐碱地的生物改良的实验探究,通过数据发现碱蓬对盐碱地具有一定的改良作用。这个实验的研究成果通过论文的形式进行了发表,也为我们当地盐碱地的改良提供了一种很好的方法。

(二)思维创新课程

为了唤醒被应试教育丢掉的创新思维和实践能力,我们开发了以发明技法和思维锻炼为主的思维开发课程,并制作了相应的微课供学生观看,极大地调动了学生的创新积极性。

对思维创新课程,我们的具体做法是:以打造"科技校园"为主线,开发创新教育校本

教材,建设创新教育网站,每月出版一期创新刊物《奇思妙想》,每月开展一次创新教育课程,开设创新发明社团,每学期开展一次创新比赛。

1. 开发创新教育校本教材

我校高度重视科技类校本教材的开发,以学科教材为依托,充分利用本地特色资源,使学科知识生活化。力争从每单元后的研究性学习中选取学生既感兴趣又能促进学科知识掌握,还能培养学生能力的内容,开展活动。我校的创新教育校本课材《创新让每个孩子都有出彩的机会》已出版。

2. 建设创新教育的网站

我校建设了创新网站 www.yxys. 30edu. com,及时上传有关创新的信息,展示学生的创新成果。

3. 创办创新刊物《奇思妙想》

为给学生搭建一个良好的平台,培养学生发明、创造的兴趣意识,开发和提高创新能力,我校创办了创新刊物《奇思妙想》。《奇思妙想》的创办使学生在交流中学会展示自己的研究成果,剖析研究中的得失,树立不断探索真理的精神,使每一个学生都有出彩的机会。

4. 开展创新教育课程

我校自 2013 年以来就将科技创新教育课程上课表、进课堂,并纳入日常的教学管理,不仅保证学时,还有课题和创新方案,每个月还对创新教育过程进行评价。

5. 开设创新发明社团

组建社团,开展丰富多彩的活动,培养学生的个性特长与创新人格。几年来,我们已组建发明创新研究院、创新摄影、机器人工作室、生化探究社等社团 40 多个,每周二、四下午最后一节课开展活动,实现了"人人进社团、周周有活动、个个有特长"的目标。

6. 开展创新比赛

每学期举办一次科技节,举办一次创新比赛,鼓励学生大胆创新。大赛按科技创新、教具创新、实验创新、艺术创新等进行分类。优秀作品将推报青少年科技创新大赛、机器人创新大赛、山东省初中生创新实验大赛等和申请国家专利。

下面展示一下学生在思维创新课程上的部分成果。

有同学发现浴室平面镜容易起雾,就根据空气流动的原理发明了浴室平面镜除雾装置。这项发明成果在青少年科技创新大赛中获奖。

有同学发现数据线充电的时候比较短,不方便,就发明了手机充电兜。

尹丙玲老师发现儿子的写字姿势不正确,就利用漆包线制作了一个书写姿势矫正器。

刘梦林同学用两个凸透镜设计发明了便携式显微镜,获得了全国创新大赛一等奖。

(三)学科创新课程

创新思维不仅在科技领域有其广阔的天地,在其他学科中也发挥重要的作用。将创新的思维渗透到每个学科、每一节课中,解决在课堂上无法探究、拓展的学生喜好和关心的问题,使学科知识生活化;真正培养学生对学习的热情和兴趣,使学生具有练就发现问题的"眼睛"、用于思索的"脑袋"和勤于创新的"巧手"。

语文学科:以新激思,培养学生的想象力。

数学学科:以新促智,培养学生的求变、求异、发散思维。

英语学科:以新求异,了解西方文化,求同存异,创造语言环境。

物理学科:以新激趣,从生活走向物理,从物理走向社会。

化学学科:以新激奇,利用化学实验激发学生的好奇心和求知欲。

生物学科:以新激变,探寻生命起源、生物进化。

政治学科:以新养德,传承创新文化,弘扬创新精神、塑造健全人格。

历史学科:以新求进,培养学生对人类社会发展规律和历史进程的认知。

地理学科:以新促爱,探索天文、气象、地质等自然变化规律,培养学生对祖国河山的热爱。

音乐学科:以新陶情,用音乐陶冶性情,领略高雅艺术。

体育学科:以新强体,倡导劳逸结合,科学健体。

美术学科:以新健美,提升审美能力,培养审美情操。

创新教育:以新促新,培养动手动脑能力,开发创新思维,为学生的终身发展奠基。

2019年9月,教育部基础教育司公布的《关于加强和改进中小学实验教学的意见》中指出,创新实验教学的方式,倡导做中学、研中学、创中学,强化学生亲自体验,增强实验教学的趣味性和吸引性,提高实验教学的质量和效果。为此,我和其他生物老师共同开发了初中校本实验创新教材《给孩子一个鲜活的生物世界》。我们根据初中生物教材的编排顺序,对100多个知识点进行了创新,使学生能利用身边随手可得的材料进行实验创新,让学生从过程体验感悟中获得知识,形成科学探究的生物学素养,为学生的终身发展奠基。

三、"三步走"创新教育模式推广路径

"三步走"创新教育模式有没有可推广的价值呢?下面我们从创新教育的意义、途径和方法等方面,做一下分析。

1. 是培养未来创新人才的需要

创新是引领发展的第一动力,我们要培养造就一大批具有国际水平的战略科技人才、科技领军人才、青年科技人才和高水平创新团队。

开展青少年科技创新活动及研究性学习,重要的是使青少年在经历和体验科学探究的过程,获得实践探究的机会,锻炼和提高学生提出问题、分析问题和解决问题的能力,培养学生的科学潜质、创新精神和实践能力,也为学生参加高校拔尖人才选拔提供条件。

李皎月同学在我校就读期间积极参加各种创新比赛和创新实验,探究冬枣保鲜技术就是她负责实施的。她曾参加全国中学生生物学奥林匹克竞赛获一等奖,并于2017年被北京中医药大学自主招生录取,获得了本硕博连读资格。

2. 是提高教师的科研能力、创新能力,促进专业发展的需要

苏霍姆林斯基说,如果你想让教师的劳动能够给教师带来乐趣,使天天上课不至于变成一种单调乏味的义务,那你就应当引导每一位教师走上从事研究这条幸福的道路上来。滨州市科技馆的顾志谦老师,从1996年参加工作就指导学生参加中央电视台的《奇思妙想》和《我是发明家》,培养学生获46项专利,在全国的科技创新大赛中,获得很多奖项,个人也获得了很多荣誉。

3. 是彰显学校的办学特色,提升教学质量的需要

一所学校的青少年科技创新教育开展得好,反映了这所学校办学思想正、教学理念新、学习兴趣浓、发展后劲足,带来的一定是学校的办学特色鲜明以及教学质量的全面提升。

阳信县第一实验学校、章丘四中、历城二中都是以创新教育作为鲜明的办学特色,是具有一定影响力的区域名校。

4 是推进国家课程改革,创新教育和素质教育的需要

国家新一轮课程改革和高考中考方案,将更加突出学生的科学素养、综合实践能力和创新能力等核心素养的培养。

党的十九大报告指出,到2035年我国基本实现社会主义现代化。到那时,我国经济实力、科技实力、综合国力将大幅跃升,跻身创新型国家前列。目前的中小学生到2035年正处于创造力发展的高峰阶段,正是努力攀登科技高峰的黄金年龄,正赶上现代化强国建设的关键时段。所以,现在加强科技创新教育,就是要为下一阶段社会主义现代化强国建设提供强有力的科技人才支撑。现在加强中小学科技创新教育恰逢其时,不可不为,不可慢为,必须以时不我待、只争朝夕的精神,脚踏实地,奋起直追,努力赶超。

青少年是祖国的未来和希望,青少年的创新能力和实践能力的培养,关系到国家和民族的兴衰。让我们借国家课程改革和创新教育的春风,积极投身于青少年科技创新教育事业,做学习型、创新型、专家型教师,为培养更多、更好的创新型人才贡献力量!

我们相信,科学的未来,在今天孕育,在明天绽放!相信创新一定能让我们的孩子都有出彩的机会!

(本文为2020年7月3日作者在中国科学院未来科学家培养师资培训线上研讨会的发言文稿)

教育艺术

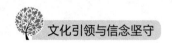

学中共党史,悟人生智慧

阳信县第一高级中学 张艳飞

一、红船起航梦想,创新伴我成长

一百多年以前,在武昌起义的隆隆炮声中,清帝宣告退位,一个王朝结束了,两千多年的君主专制制度结束了,国人欢欣鼓舞地期盼着一个崭新时代的到来。然而,新成立的民国却让人们的希望变成了失望,最后直至绝望。北洋政府对外妥协退让,签署丧权辱国的不平等条约;国内军阀混战,人民生活在水深火热之中。此时的中国,像一艘千疮百孔的大船,冒着狂风暴雨,在漆黑的大海上艰难前行,每前进一步都暗藏着船毁人亡的危险。多灾多难的中华民族,路在何方?

历史的脚步走到了 1921 年的夏天,在浙江嘉兴南湖的一艘游船上,一群来自天南海北的年轻人正在热烈地讨论着什么。在南湖其他游客眼中,这似乎是一件再平常不过的事情,然而历史证明,这一幕将永远铭刻在历史的长河中。因为中国共产党就在此时宣告诞生,这一伟大的历史事件就像即将升起的朝阳的第一缕光芒,虽然微弱,但极具穿透力。它划破了漆黑的夜空,给迷途的中国指明了前进的方向。

"小小红船承载千钧,播下了中国革命的火种,开启了中国共产党的跨世纪航程。"红船精神由此提出:开天辟地、敢为人先的首创精神,坚定理想、百折不挠的奋斗精神,立党为公、忠诚为民的奉献精神。红船精神指引伟大的中国共产党走过了百年征程,对我们中学生的学习和生活同样有巨大的指导意义。其中首创精神位列首位,其重要性不言而喻。

首创,顾名思义,就是第一次创造,具有原创性和开拓性。用在我们中学生身上,可以换个词——创新精神。可能有的同学认为创新离自己的生活很远,其实创新就在我们的身边。你在解题时自己找到了一种新的解题方法,效率高,答案正确,这是创新;你在做饭时用多种食材做出了一道别致的美食,味道好,营养高,这是创新;甚至你在骑自行车上学时,发现了一条新的小路通往学校,既安全又便捷,这也是创新。有的同学认为可能这些只能算是小的创意,没错,但是"千里之行,始于足下",有了小的创意,我们就有可能实现大的创新。

要培养自己的创新精神,就需要保持一颗好奇心。这种好奇心不仅体现在遇到新鲜事物时,即便是教材中或教师讲的知识,你也要保持好奇心,去追问为什么。当你觉得你的疑惑没有被解答时,要尝试着自己去解决。著名的地质学家李四光正是因为对其他科学权威认为中国是贫油国的结论心存疑问,因此在研究的基础上提出了自己的理论,并发现了一个又一个大型油田,为祖国的地质事业做出了巨大贡献,这是创新的力量;著名物理学家爱因斯坦正是对牛顿的绝对时空观心存疑问,才提出了相对论,这也是创新的力量;莱特兄弟正是因为不相信当时科学界的权威观点"任何比空气重的机器都不可能飞起来",才发明了飞机,这还是创新的力量。

所以,同学们只要坚定信心,主动学习,用心思考,创新的种子就会在心中渐渐萌芽。当每个人心中的种子逐渐长成参天大树时,你不但将实现自己的人生价值,也必会给国家

和民族带来希望!

二、井冈山上红旗扬,求实精神指方向

1927 年,面对国民党反动派的血腥屠杀,中国共产党人发动了南昌起义、秋收起义、广州起义等一系列武装起义。在起义中,中国共产党人展现出英勇顽强的战斗精神,给了革命低潮时期的中国人民以极大的鼓舞。但由于经验不足,我党一开始把斗争的方向定为"城市中心",也就是借鉴俄国革命经验,在城市中举行起义,先占领城市,后进攻乡村。这种方式无疑适合俄国,却并不适合中国。所以,三大起义都遭受了重大挫折。面对敌强我弱的现实和中国特殊的国情,毛泽东同志决心将部队带到井冈山,并成功开辟了第一个农村革命根据地——井冈山革命根据地。在此期间,毛泽东同志指出了中国革命成功的道路:工农武装割据、农村包围城市,最后夺取全国政权。这就是著名的井冈山道路。

井冈山道路是马克思主义普遍原理同中国革命具体实践相结合的产物,是毛泽东思想产生和形成的重要标志。而由此孕育的井冈山精神也成为中国共产党人革命精神的重要组成部分。习近平总书记在视察井冈山时总结了井冈山精神:坚定执着追理想、实事求是闯新路、艰苦奋斗攻难关、依靠群众求胜利。

井冈山精神内涵深刻,其中重要的一点是:实事求是闯新路。实事求是,也就是要尊重客观事物的规律,一切从实际出发来解决问题。我们中学生在学习和生活中也应该有意识地做到实事求是。比如说学习效率的问题。小刚看到小明通过延长学习时间使得学习成绩大大提高,便有样学样,也延长了学习的时间。可是实行一段时间后,并没有什么效果。究其原因,小刚缺少了一个实事求是独立思考的过程。小明学习时间的延长只是现象,关键是他无论在什么时间学习都能保持高效,能够集中注意力,专注地投入学习,久而久之,自然有所收获。而小刚却在延长的学习时间里缺乏足够的内驱力,没有明确的任务,效率低下,自然收效甚微。所以,别人的方法虽然好用,但我们也不能照搬照抄,拿来就用,而应该从实际情况出发,经过认真的分析和思考,找出其精髓所在,结合自己的特点加以改造。

三、高举奋斗旗帜,走好自己的长征路

在井冈山道路的引领下,到 1930 年夏,全国已经建立起大小十几块农村革命根据地,分布在十多个省,革命力量达到十万人。在革命形势蓬勃发展之际,由于共产国际的指导脱离中国革命实际,中共中央犯了"左"倾错误,导致第五次反"围剿"失利,中央红军被迫开始长征。在长征途中,党中央纠正了"左"倾错误,确立了毛泽东同志在党中央的领导地位,革命形势转危为安。

此后,红军四渡赤水,巧渡金沙江,强渡大渡河,飞夺泸定桥,爬雪山,过草地,历经千难万险,最终取得了长征的胜利。长征精神的内涵可以概括为:乐于吃苦、不畏艰难的革命乐观主义;勇于战斗、无坚不摧的革命英雄主义;重于求实、独立自主的创新精神;善于团结、顾全大局的集体主义。

每一代人有每一代人的长征路,每一代人都要走好自己的长征路。作为中学生,我们

也行走在自己的长征路上。如果把"长征"这两个字的概念再压缩一下，其实可以把学习生活看成一次长征。这样的"长征"虽然不需要我们长途跋涉、穿越枪林弹雨，但是一样需要我们拥有坚定的理想，勇敢地跨越横亘在我们前面的"雪山"和"草地"，征服许多看不见的"娄山关""腊子口"。而要胜利地完成我们自己的长征，就需要我们具备艰苦奋斗的精神。有的学生可能会问，现在的时代还需要奋斗吗？我的答案是，当然需要。

从国家发展的角度看，奋斗是每个爱国公民的必然选择。祖国是什么？祖国不仅是长江、长城、黄山和黄河，更是我们每个人脚下的这片土地和生活在土地上的人民。只有我们每个人都爱自己的祖国，我们的国家才会强大。爱国距离我们每个人并不遥远，就在我们身边。什么是爱国？老一辈革命家谢觉哉说："爱国的主要方法，就是爱我们所从事的事业。"每个人做好自己应当做的事，这就是爱国。老师认真上课，工人认真做工，学生认真学习，这就是爱国。每个人都在自己的岗位上奋斗，我们的祖国才会变得更为富强。所以，爱国需要奋斗。

从家庭的角度看，奋斗是子女不可推卸的责任。现在你的父母正值壮年，但是当你慢慢长大，走向社会，他们也会渐渐老去。每个年龄段的关注点是不一样的，而老年人谈论最多的话题就是子女。如果那时的你还没有属于自己的一番事业，在家无所事事，你的父母会是怎样的心情？有的同学可能认为，我家庭条件不错，不需要奋斗。可是现在家境殷实并不等于永远这样，我们必须要通过奋斗为父母的晚年提供一个尽量牢固的城堡。

从个人发展的角度看，奋斗是你成长的必经之路。青春因磨砺而出彩，人生因奋斗而升华。你也许觉得远处的那个目标还模糊不清时，那就先上路，在前进中寻找方向，在跋涉中积攒能量。也许就在人生的某个十字路口、奋力前进的某个瞬间，你突然有所感悟，苦苦追寻的目标渐渐变得清晰。所以，请先行动起来，这一点无比重要。

四、延安精神放光芒，勇于自省促成长

长征胜利后，中国共产党在祖国的大西北又开拓出了一片新天地。随着抗日烽火在中华大地已成燎原之势，以延安为中心的陕甘宁边区成为抗日战争的大后方。面对极其艰苦的环境，中国共产党迎难而上，愈挫愈奋，相继取得了抗日战争和解放战争的伟大胜利，并孕育出了延安精神。延安精神培育了一代代中国共产党人，是我们党的宝贵精神财富。要坚持不懈用延安精神教育广大党员、干部，用以滋养初心、淬炼灵魂，从中汲取信仰的力量，查找党性的差距，校准前进的方向。

延安精神的内涵有：坚定正确的政治方向，解放思想、实事求是的思想路线，全心全意为人民服务的根本宗旨，自力更生、艰苦奋斗的创业精神。延安精神内涵能够确立，有一个至关重要的核心要素就是延安整风运动，而整风运动中有一个重要的方法就是开展批评和自我批评。美国记者斯诺在红军营地发现："最使人感兴趣的是红军所办的墙报，里面有批评栏和表扬栏，在表扬栏中，人们称赞个人或者集体的勇敢、无私、勤奋和其他美德；在批评栏中，同志之间互相批评，并指名道姓地批评他们的军官。"正是有了这种开诚布公、坦荡无私的胸怀，延安精神才得以确立和发展。批评与自我批评，是我党自我纠错的重要方式，这种勇于自我反省的方式非常值得我们中学生学习。

早在春秋时期，我们的古圣先贤就认识到了自省的重要。曾子曰："吾日三省吾身。"唐太宗李世民善于听从大臣的批评和建议，魏征就曾直谏200多次指出他的过失。他的这种从谏如流和勇于自省的品德为盛唐奠定了基础。晚清名臣曾国藩智力平平，步入官场之初也是屡屡碰壁。但他有自我反省的优点，于是他在反省后不断调整自己的处事方式，并最终名垂青史。既然自省有着如此重要的作用，我们应该怎么做呢？

首先，正确认识不足。要相信自己的优秀不会因为犯错而打折，因为在成长的道路上不可能一帆风顺，应当把缺点当成自己的成长点。因为一旦突破这些点，你就会变得更加强大，也就离自己的成功更近一步。

其次，用好日记本。我们在每天睡觉前，要留下一点时间反思一下自己一天的学习和生活。生活中有哪些不好的习惯需要改进？课堂上有哪些知识没有掌握？是否及时地解决了自己的困惑？今天的时间有没有荒废？每天通过日记不断督促和反思自己，让自己改进不足，取得进步。

最后，善于听取别人意见。苏轼有诗云："不识庐山真面目，只缘身在此山中。"人要全面认识自己，就需要别人的帮助。所以，用虚怀若谷的心态去听取老师、父母和同学的意见，这对于认识和改进自己的不足有很大的益处。

古罗马哲学家西塞罗说："每个人都会犯错，但是，只有愚人才会执过不改。"希望同学们把批评和自我批评当成自己成长的重要武器，把反省变为自己的习惯，这就是对延安精神的一种很好的传承方式。

唤醒、激励、引导，实现良知的自觉生长

——例谈"教育即良知生长"理念的实践

阳信县第一高级中学　张艳飞

我热爱中华优秀传统文化，尤其为王阳明先生的"良知"学说深深折服。在进行班级建设时，我从王阳明先生"教育即良知生长"的理念出发，通过系列活动，形成了独具特色的良知教育模式。

一、理念："教育即良知生长"

王阳明先生把人们心中的"善"归结为良知，因为"人之初，性本善"，所以每个人的心中都有良知，这也就意味着每个人都有向善向上的潜质，因此不放弃每个学生、公平对待每个学生应当成为教师的基本信仰；未成年学生的良知处于未成熟的状态，还很弱小，因此要发挥教育的作用，让良知由弱变强，从幼稚到成熟，这就需要给学生树立起正确的世界观、价值观和人生观；良知生长的过程强调"事上练"，做到知行合一，因此教师要用合适的教育方法创设机会逐步引导学生的良知生长。

苏霍姆林斯基说："请记住，没有也不可能有抽象的学生。"理论要发挥指导作用，必须

要结合实际情况做出合适的规划与取舍。那一年，我担任了艺术班的班主任。这个班几乎集中了学校全年级成绩最差、学习习惯最糟的一批学生。经过思考和观察，我把这批学生的良知生长目标细化为四个词：自信、自强、自律和自省。要实现良知的生长，不能单纯依靠外力，而应当激发学生的内驱力，因此我把良知生长的过程分为唤醒、激励和引导三个阶段。

二、实践：实现良知生长的途径

1. 唤醒

（1）唤醒沉睡的自信——给学生的一封信。

面对刚接手的艺术班，虽然我早已做好了充分的心理准备，但学生的表现还是让我大跌眼镜。课间吸烟、课上气哭老师、夜不归宿通宵打网游、一言不合就拳脚相加……这样的事原来在带普通班时闻所未闻，可现在就活生生地出现在我的眼前。面对前所未有的挑战，使用重拳打击几乎成为我下意识的选择。然而，教育家杜威的一句话把我从错误的道路上拉回："当重点放在矫正错误行为而不是放在养成积极有用的习惯时，训练就是病态的。"从"教育即良知生长"的理念出发，要实现良知的自觉生长，必然找到良知的生长点，就像一棵小树要茁壮成长，需要从根部浇水一样。我发现学生这些出格行为的背后大多隐藏着这样一个症状——缺乏自信。家庭、学校、个人因素的叠加，使得他们长期在学习中体会不到成功的快乐，自信心不断遭到打击。而自信的缺失又导致他们缺少改变糟糕现状的勇气，形成了恶性循环。因此，我需要做的第一件事就是——唤醒学生沉睡的自信。要唤醒学生的自信，就需要挖掘他们的优点。正如罗伯特•安东尼所著《自信的秘密》一书中所说："通过集中注意自己的优点，你将在心理上树立自信。"我决定利用周一的晨会时间开一次特别的班会，读一读我写给学生的一封信。

在信中，我首先表达了对学生的感激。我这样写道："感谢命运让我成为你们的班主任。有的人认为你们调皮、不懂事、学习习惯差，这说明他们对你们缺乏了解。在我的眼中，你们阳光、朝气，有爱心、有活力，用不了多久，所有的人都会发现你们的优秀。"

接下来是对每个学生精彩瞬间的回忆，例如，"有时候一天的工作结束后，我躺在床上一时无法入睡，脑海中便会浮现出这样的画面：

小龙同学正奋力奔跑在秋季运动会 3000 米的跑道上。随着他越跑越近，我看到汗水顺着他的发梢滴落在肩头，灿烂的阳光照耀在脸上，仿佛整个人都笼罩在一片金色的光辉里。他为了一个目标努力拼搏的样子，真帅！我知道他这种努力拼搏的样子也会出现在课堂上，我热切地期盼这一幕的到来！

那天早上，我经过音乐教室时听到了动听的音乐。透过窗子，我看到小超正在神情专注地弹奏古筝。小超专注的样子，真美！那天他在课堂上回答老师的问题时，也表现出了这种专注的神情，我相信有了这种专注的力量，你一定会取得越来越大的进步！"

我在信中提到了每个学生的名字，都采取了先表扬、后提要求的做法，这样一方面有利于增强学生信心，构建良好师生关系；另一方面又以高期望值来激励学生改正自身缺点，这在某种程度上迎合了心理学上所提到的"皮格马利翁效应"。

这封长信收到了意料中的良好效果，在我读完后，学生们眼含热泪，全部自发起立，用经久不息的掌声表达着内心复杂的感情。我的眼睛也湿润了，这群孩子是多么需要老师的关爱和鼓励啊！

（2）唤醒奋发图强的精神——用故事的方式传递思想。

有了自信，还需要自强不息的奋斗精神，这样才会成为人生的强者，才能担负起属于自己的时代责任。而传递思想，则需要合适的德育手段。人们都喜欢听故事，通过讲故事能够透露出很多的信息和价值观，比起直白的说教，这种暗喻的方式更容易让人接受。我便利用学生晚饭后到第一节晚自习前的二十分钟时间讲故事。故事的选取主要以自强为主题展开。讲故事之前，我经常和学生互动，用问题诱发学生思考，再根据学生的反应随时调整讲故事的方式，这样就较好地保证了讲故事的教育效果。我给学生讲我的考研故事——我专科毕业后在外漂泊，四年之后由于走投无路，凭借顽强的拼搏考入一所211大学读研；讲我的写作故事——职业生涯进入倦怠期，我决定借助写作实现自我救赎，在屡战屡败后，终于在《德育报》《班主任之友》等在全国有重要影响的教育期刊发表30多篇文章；讲我的大学故事——在保证学业的前提下，通过各种兼职和勤工俭学的方式实现了包揽学费、住宿费和生活费的自给自足，创造了属于自己青春的奇迹。

我给学生讲述身边人的故事。我校毕业生邱梦娜先天脊柱变形，无法走路，每天由妈妈背着上学。面对苦难，她没有怨天尤人，而是靠自己的拼搏考入了理想大学，为自己的未来点燃了一盏明灯。门口包子铺老板创业屡遭失败，他并没有气馁，而是凭着顽强的毅力和吃苦耐劳的精神让生意逐渐好转，最终成为县一级的劳动模范；班内学生小司原来历史成绩差，在老师的激励下，他发奋努力，在一个月后的考试中取得了全年级前十名的骄人战绩。

通过这些故事，自强不息这四个字渐渐注入学生心田，并最终化为前进的源头活水。

2. 激励

教育是一项持久性的工程，还需要激励。激励之法可以用语言，但更好的应是创设机会，让学生在实际行动中体会到自信和自强带来的力量、成功之后带来的愉悦，这样的亲身体验胜过千言万语的说教。王阳明先生提倡良知的生长应在"事上练"，说的正是这个道理。

那年的秋天，一场颇具规模的校际观摩交流活动在我校举行。校领导非常重视，对校园进行了全新布置，其中就包括在餐厅前设置几块宣传板，介绍健康饮食的相关知识。得知消息后，我意识到这是一次绝佳的激励学生的教育机会，因为写写画画正是我班美术生的长项。于是，我找到校领导主动请缨要求由我班学生完成此项任务。得到授权后，我兴高采烈地来到班里，第一时间向学生传达了这个喜讯。我郑重地对学生说："我们学校将迎来百年校史上规模最大的一次学习交流活动，届时会有全国各地的领导和老师来这里观摩学习整整一天。他们中午用餐时肯定会经过我们承包的那几块宣传板，并且一定会驻足欣赏。所以，这几块宣传板的意义可是非同寻常，制作水平的高低在某种程度上影响着我们学校在客人心中的形象。而校领导毅然将这个重要的任务交给我们，其中包含着

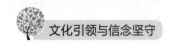

对我们班的充分信任。我已立下军令状，保证按时上交一份令人满意的答卷。孩子们，接下来就是你们大展身手的时候了，十七班首次亮相结果如何，在此一举！"

讲完话后，看到学生们眼睛里闪动着激动的光芒，我知道，这个"重大任务"让他们那刚刚唤醒的自信和自强的心潮开始澎湃激荡。接下来便是紧锣密鼓的准备：开班会，选出设计组、后勤组和审核组，全部学生都被调动起来，分别负责宣传板制作的相关事宜。这帮看起来玩世不恭的孩子像是被施了魔法，他们焕发出我从不曾见过的热情全身心投入这份"事业"，课间无人嬉戏打闹，大家开口谈的都是宣传板。而当设计方案定稿进入现场绘画和书写阶段时，孩子们更是到了废寝忘食的地步。原来距离吃饭还有十分钟时他们就开始坐立不安，而现在放学铃都响了好一会儿了，却仍然不肯放下手中的画笔。我不禁惊叹，唤醒后的良知，竟然释放出如此巨大的能量。

经过一番热火朝天的准备，任务顺利完成，观摩学习的日子也到来了。这一天的午餐时间我特地赶到餐厅门口拍摄了老师们观看宣传板时的照片并采访了他们的观感。下午来到班级，我把照片展示给大家，然后把老师们对宣传板的高度评价转达给学生。我最后说道："其中有位河南老师的评价给我留下了深刻的印象，她说这是她见过的最美的宣传板。孩子们，你们不但保质保量地完成了学校交给你们的任务，而且还如此完美，我为你们骄傲，一中为你们骄傲！"

最美宣传板事件无疑给这些远离成功很久的孩子们打了一剂强心针。此后，我继续给学生创设着这样的教育机会：创办《高考，加油！》画报为高三学长祝福；利用周末组织《大美阳信》画展，为家乡的发展喝彩；去敬老院献上一台精心准备的晚会，献出属于艺术生的一份爱心……这些活动发挥了学生的强项，强化了学生自信和自强的信念，也传递了友善与关爱之心，收到了不错的教育效果。

3. 引导

要实现良知的自觉生长，不仅需要激发学生向上和向善的动力，还需要引导他们形成良好的习惯。这些孩子自制力差，意志力薄弱，因此培养他们的自律和自省的习惯就显得尤为重要。

（1）学会自律——以契约的方式。

要培养学生的自律意识，就需要学生具有自治的能力。自治有两层含义，一是集体的自我管理，二是个人的自我管理。从集体的自治走向个人自治，也就由他律走向了自律。签署契约可以激发学生的自我意识、责任感，有利于学生自治能力的养成。

在开学初我曾主导制定班规，但效果并不好，于是我决定由学生自主制定班级公约来代替原班规，我的角色也由决策者变为建议者，只负责为学生出谋划策。程序如下：首先由每个学生和班级签订契约（由班主任代表班级），学生承诺为建设优秀班集体贡献力量，班集体则承诺尊重学生的各项权利，包括在班级大会享有发言权和表决权、选举权和被选举权、各项班级活动的参与权、安静学习权、劳动权等。然后由学生投票选出班委会草拟班级公约，在班级大会上讨论，班主任审核之后正式生效。出乎意料的是，学生自己制定的班级公约对每个学生的要求非常严格，因为他们认为"我们不能辜负老师的信任"。在公约生效后，班级的整体氛围也为之一振。

在班级层面的契约实施一段时间后,范围缩小,实行以小组为单位的契约签署行动。由小组成员自己制订每日学习计划,计划的完成情况由小组长担任"诤友",负责监督。如连续几天完成任务较好,由小组为单位申请老师的奖励;如无法完成任务,则由没有完成任务的学生接受约定好的惩罚。

接下来就是个人与梦想签订合约,这是自律习惯形成的最后阶段。从某种程度上说,自律的习惯难以养成,是因为梦想缺乏张力,无法变成行动,导致了知行分离。那如何才能增加梦想的张力,并转化为源源不断的动力呢?我借鉴了美国心理学家厄廷根提出的WOOP思维模式。W(wish)代表个人的愿望或梦想;O(outcome)指梦想达成后的结果;O(obstacle)代表梦想转化为行动过程中会遇到的障碍;P(plan)指将采取何种方式来克服前进道路上的困难。从此理论出发,每名同学制作一个WOOP思维表格,把自己的梦想、结果、障碍和计划写下来,放到醒目的位置。以某同学的WOOP思维表格为例:W(梦想):考入中国美术学院,学习油画;O(结果):符合自己的兴趣,自尊心得到满足,辛劳的父母会引以为荣,毕业后可以从事自己喜欢的工作;O(障碍):数学严重偏科,影响总分提升;P(计划):每天抽出30分钟,系统复习初中到高中的数学知识。这样,学生每天可以清晰地看到自己前进道路上的障碍,并能够通过目标达成后的美好感觉不断激励自己努力;同时能够理性地对待自己面临的障碍,并提醒自己按照计划去执行,这样就有了知行合一的意味。当然,整个WOOP思维表格的绘制和具体计划的制订需要教师适当的指导,计划的落实也需要教师持续关注。

在自律习惯培养的过程中,我借鉴了马卡连柯集体教育理论中的平行影响原则,很大程度上发挥了集体在教育中对个人发挥的作用。随着计划的不断推进,学生自律的习惯有了较大幅度的好转。

(2)学会自省——以批评和自我批评的方式。

《传习录》记载了王阳明先生感觉良知弱小时,会利用静坐的方式克服私欲,促进良知生长。这种方法就是自省,是实现良知生长的重要途径。静坐的方式不太适合学生,因此我采用了召开自省会的方式。

自省会以小组为单位,一般两周召开一次,班主任列席参加。组长先是总结两周来组员的表现,一般是先表扬,后批评,然后是包括组长在内的每名同学做自我批评。这样的流程借鉴了我们党召开批评和自我批评会议的方式,用真诚的态度和恳切的语气提出意见,鼓励大家说真话,以发现各自的不足,促进成长。由于班内早就形成了和谐友善的氛围,而作为班主任的我也会经常做自我批评,给大家树立了榜样,所以这样的方式并没有导致学生之间关系紧张,反而更加深了学生的友谊。更重要的是,这种形式为学生自我反省意识的养成开了一个好头。

为了让自省会的效果落地,学生在下次自省会召开时,会带来自己的反省日记,如实汇报自己的改进情况。小组长则会根据每名学生的实际情况做出反馈,包括为改进良好的学生申请奖励或为改进不佳的学生提出具体的建议。我也会根据学生的实际情况进行适当的指导。

随着自省活动的持续开展,学生自省的习惯培养有了很大的起色,同时也让学生学会

更理性地分析自我,更客观地评价自我。他们懂得了不管一个人多优秀,都会有不足,都会犯错。犯错是成长的必经步骤,没有必要刻意隐瞒错误和不足,而应当想办法从错误中学到东西,以避免下次犯同样的错误。这也正是正面管教理论所倡导的内容。

当然上述唤醒、激励和引导的过程不是一劳永逸的,良好的道德和优秀的习惯也不可能在短期内形成。但是随着上述活动的不断开展,我欣慰地看到自信和自强的意识、自律和自省的习惯正逐渐地植根于学生的心里,体现在学生的言行举止中。而良知正是在学生的这种自我意识的驱动下实现了自觉生长。

（原文发表于 2020 年 12 月 28 日《德育报》,有改动）

记一次微班会

阳信县第一高级中学　张艳飞

一、背景

最近一段时间由于外出学习频繁,班级事务投入的精力明显减少。多亏几个班委的能力较强,所以班里表面看起来还是风平浪静。但是在平静的外表下面,却是暗流涌动。有些同学自制能力差,当我在校的时候还没有什么大的问题,而我不在校时,这些同学的问题逐渐暴露,甚至发展到上课听 MP3 做作业、边看书边玩手机的地步。面对这样的状况,我知道必须整顿一下了。就在此时,《班主任之友》优秀作者的证书和编辑寄来的贺卡飘然而至,给我带来了巨大的喜悦,也触发了我的灵感,何不以此为契机,召开一次微班会呢?经过和班长的一番谋划,一堂微班会新鲜出炉。

二、过程

主持人:同学们好,又到了年终大盘点的时候了。今天我们来"盘"谁呢?请看大屏幕。

（出示《班主任之友》优秀作者的证书、收到的新年贺卡以及一年发表的 12 篇文章。同学们不断地发出啧啧的称赞声,最后爆发出热烈的掌声。）

主持人:过去的一年,我们敬爱的班主任取得了如此多的成绩,令我们钦佩。《班主任之友》是国内非常知名的刊物,在教育界影响很大,而能够被评为优秀作者更是莫大的荣耀。作为历史老师的班主任,经常给我们讲"有几分材料说几分话"。同学们,接下来就让我们通过分析材料探究一下班主任成功的秘诀。

（出示照片:照片一,课间——有的老师在刷手机,有的在聊天,而班主任在读书、写文章;照片二,班主任的电脑文件夹打开,每周都有一篇教育随笔;照片三,班主任的抽屉里藏着厚厚的一摞修改多次的草稿纸。）

主持人:同学们,你们发现了什么?

生 1:班主任很努力,别人休息的时候他还在读书写作。

生2：班主任非常懂得积累，大量的积累为文章的发表奠定了基础。

生3：班主任很有毅力，这么长时间坚持写作，不容易。

主持人：同学们总结了很多，努力、日积月累、毅力，但究竟是什么呢？接下来，就请班主任给我们讲述一下他成功的秘诀。

（同学们热烈鼓掌。）

师：终于轮到我上场了，刚才我一直在那儿坐着，看到同学们给我拍的照片，听着同学们在讨论我的事，这种感觉很奇妙。闲话少说，言归正传。同学们说到了努力，说到了毅力，其实我认为自己能取得这些成就，秘诀只有一个——战胜诱惑。首先，我的目标很清晰——每周完成一篇教育随笔，每月四篇，每年就有48篇。如果按照每篇2000字计算，一年就会有近10万字。即使剥离一些水平较低的文字，三年也能有20多万字，到时候我就可以把这些文字结集出版。每当想到这些，我就会浑身充满力量，而玩手机游戏、看电影、闲聊这些原本吸引我的事就会变成破坏我梦想的恶魔，令我厌恶。有的同学可能会说，你写文章总有累的时候吧？难道你就能抵挡得住诱惑吗？确实，这时候诱惑就会变得异常强大。每到这时，我就把手机关机锁到橱子里，耳朵里塞上耳塞隔离外部的世界。因为我知道战胜这些诱惑最有效的措施就是远离他们。有的同学可能觉得做到这一步很难，因为手机、MP3太诱人了，听着音乐写点东西多有乐趣，如果只是埋头写东西多枯燥啊。一开始我也这样想。但是，渐渐地我发现这样效率很低。与其说是在听着音乐写东西，倒不如说是给自己想听音乐找一个看似高尚的借口。于是，我选择全神贯注地做一件事。告诉你们一个神奇的现象，当我完全沉浸到写作的世界中时，我感受到一种难以言说的快乐，这种快乐让我充实，带给我精神的愉悦。后来我知道，原来快乐分成两种，一种是享受型的快乐，比如说听音乐、看电影、购物；另一种是创造性的快乐，也就是专心致志做一件事的快乐。后者比前者更持久，更有意义。不知道同学们有没有这种感觉？

生：老师说得对。原来我看小说特别上瘾，一开始想看完这章就结束，结果看完这一章就想下一章，以至于上课时都忍不住拿出来看。自从被老师发现之后，小说被没收了，我也不再想小说的故事情节发展到哪一步了，现在全身心投入学习中，确实能够感受到老师说的这种快乐。

师：你很坦诚，说出了真心话，感谢你的分享。我说了这么多，同学们能不能总结一下我成功的秘诀是什么？

（集体讨论，代表发言。）

生：秘诀就是战胜诱惑。具体做法是制定一个清晰的目标，把大目标细分为具体的小目标，远离诱惑，学会享受专注带来的快乐。

师：同学们总结得很好。要成功就要战胜诱惑，要战胜诱惑就要有坚定的信念和清晰的目标，这就像灯塔，为你指明前进的方向；把大目标切分为具体可行的小目标，可以让你始终保持一颗清醒的头脑，让你记住你想要的是什么，并从一个个小目标中体会到成长的快乐。在这个过程中切记尽量远离诱惑，不要过于相信自己的自控力，要想尽一切办法让自己远离它。当自己沉浸到为梦想而拼搏的过程中时，要学会享受这个过程，你不但会收获专注的快乐，而且终将收获梦想成真的喜悦。

主持人：感谢亲爱的班主任向我们毫无保留地讲述了一个优秀作者的成功秘诀。见贤思齐，作为学生，我们是不是应该向班主任看齐，在战胜诱惑方面拿出我们自己的行动呢？我写了一份题为"抵制诱惑，迈向成功"的倡议书，希望愿意付诸行动的同学在这上面郑重地签上自己的名字，然后就自己怎样抵制诱惑写一个小小的计划书，放到自己课桌的醒目位置，以此提醒自己。

（同学们纷纷签名，写计划书。）

三、后记

接下来的几天里，我特地观察了一下同学们的抵制诱惑计划书，大多是要把电子产品交给老师或家长保管，只在周末休息时留出一个小时的放松时间。经了解，前段时间出现的电子产品泛滥的趋势也得到了有效遏制，学风随之有了好的转变。

回顾这些可喜的变化，当然和这节微班会课是分不开的。班会之所以有效，最重要的因素是教师的以身作则。身教重于言教，这样的教育方式更容易被学生所接受。在此基础上主持人的倡议和计划的推行也就顺理成章了。其实，只要我们善于思考，用一颗敏锐的心发现和捕捉这样的教育契机，教育工作自然会收到更好的效果。

［原文发表于 2020 年第 6 期《班主任之友》（中学版），有改动］

每周一信

阳信县翟王镇中学　宗鹏

编者按　2018 年 9 月，没有班主任工作经验的宗鹏担任了 8 年级 1 班班主任。宗鹏老师在第一节班会课上读了给学生写的一封公开信，她的坦诚打动了班里的所有同学，第一周班级各项考核评比竟位列各班级之前。宗鹏老师在周末又写了一封信表扬学生一周的表现，并把信发到班级群，让学生和家长共读。从此"每周一信"成为周末班会的"固定栏目"，一直坚持到 2020 年 7 月学生初中毕业。两年共写了 77 封信，8 万多字，其中 72 封写给学生，5 封写给家长。宗鹏老师的"每周一信"教育法，俯下身子、转换位子，以文字方式与学生平等交流，入脑入心，久久为功，不仅激发了学生的读写兴趣，而且提升了学生的思想境界，内化了学生的行为方式。"每周一信"成为师生工作交流、心灵沟通的纽带，也以信为媒搭建起家校共育的桥梁，取得了意想不到的教育效果。"每周一信"班级育人工作经验也在学校得到学习推广。现选编 4 封，以飨读者。

一、过程比结果更重要

可爱的 8.1 班的孩子们：

周末快乐！

唯愿你们读这封信的时候，能有一份轻松且愉快的心情——既享受了美妙的周末时光，又完成了所有作业，不必在周一老师们查作业时胆战心惊。

在刚刚过去的一周，最大的事当然首推歌咏比赛了。也许有的同学还在为我们班没能获得一等奖而遗憾，其实这大可不必。大家想一想：我们举行这次活动的目的是什么？难道就是为了分个一二，比个高低吗？当然不是。

让我们一起回想一下整个历程吧：不必说在唱歌时我们享受到了美妙的音乐，也不必说在观看表演时的兴奋与激动，更不必说在平时单调无味的学习生活中能够拥有全年级的师生齐聚大会场的快乐，单说一说为了迎接这次比赛，我们做过的那些事吧！我们各抒己见地选歌，我们见缝插针地利用碎片时间练歌，为求标新立异我们想方设法地变换花样，如怎么加动作、如何分声部等等。在整个过程中，你们是否切实感受到了你们就是班级的主人？你们的一言一行都是那么重要。这一切不都让你们体会到了参与活动的快乐了吗？如果你们感受到了，那么我们的目的也就达到了。

孩子们，当我们学会用主人翁精神参与活动、用欣赏的目光观察他人的时候，不但可以发现别人身上的闪光点，自己的心胸也会更开阔，所以参加任何活动要记得享受过程，不必过于纠结结果的好坏。其实学习和比赛是一样的，只要我们在整个过程中努力了、尽力了，结果并不是那么重要。当然我们也要相信天道酬勤，一分耕耘就有一分收获。

如果说上一周的主旋律是努力、进取、奉献，值得表扬，但我也不得不提一提班里出现的一点不和谐的杂音。通过班会检举，我得知班内有同学竟然还有吸烟的恶习，有同学还欺负其他同学，这让我很伤心。"吸烟有害健康"这句话人人都会说，可是我真的无法想象正在长身体的你们会如此随意地践踏自己的健康。从班级一组建，我就说过我们都是一家人，家人之间竟还会相互欺侮，简直让我无言以对。

今天我不会点名批评犯错的同学，只希望当你们读到这封信时，能够及时醒悟，能够知错就改。古语有云："人非圣贤，孰能无过？过而能改，善莫大焉！"我愿意给你们改错的机会。

孩子们，新的一周即将开始，成绩只代表着过去，错误也只代表着过去，希望今后的你们能做得更好，学得更踏实！

爱你们的班主任　宗鹏

2018 年 10 月 21 日

二、做最好的自己

可爱的 8.1 班的孩子们：

这个周末我最大的愿望就是你们都能感觉到自己已不同以往——你们更努力了。

在周五的第一节课上，我给大家分析了期中考试成绩，也布置了周末任务，让你们结合自己的薄弱学科展开分析，找出失分原因并想出解决办法。这些任务，你们完成了吗？如果你们已完成，那么肯定是努力了。如果没有，那就抓紧时间完成，在这方面魏文晓同学就是你们的榜样，要像她说的那样争取跑赢时间。

孩子们，进步的捷径就是自己找出问题原因，并想出解决办法，因为任何人的指导都不如你们自己的发现，难道会有人比你们更了解你们自己吗？当你们告诉自己"我要努力"的时候,远远比别人扯着你们的耳朵叮嘱"你们要努力"更能激发出你们的潜能。

孩子们,做努力的人吧,所有人会对你们刮目相待!

要做别人眼中努力的人,更要做坚强自信的人。我们生活在社会上,不可能让所有人都认可,当得不到别人认可的时候,怎么办?自责、否定自己吗?如果自己都不认可自己,又怎能赢得别人的认可?

周五下午我读大家日记的时候,先是被马瑞琛的日记吓了一跳,因为我感受到了她内心的痛苦与纠结,而痛苦的根源仅仅是因为我的一句话。暂不说我现在有多后悔说出那句无心的玩笑话,单说即便我当时就是要对她进行批评嘲讽,那么遇到这样的事应该怎么办?如果因此就否定自己,甚至对生活产生厌烦,那么你们就错了。越是这时候你们越要相信自己,不能仅因为别人的一句话就彻底否定自己,要争取做最好的自己。

如何做最好的自己?

首先,你们要问问自己想要什么。在回答这个问题的时候,一定要贴近自己的实际,不可过大、过空,否则你们会因为实现不了自己的目标一直失望下去。

其次,你们要静下心来向着自己的目标出发(行动)。想法很重要,但最关键的还是行动,从一件件可以做好的小事情做起,比如完成作业。

孩子,你们不努力,就永远不会知道自己有多大的潜力;你们不付诸行动,就永远不知道自己有多棒!

这个周末,你们在学习,我也在学习,学习的路上我们一直在一起。

也请马瑞琛同学读到后接受我深深的歉意。

爱你们的班主任　宗鹏

2018 年 11 月 24 日

三、在反思中争取进步

可爱的 9.1 班的孩子们:

周末愉快!

上周我们学习了《送东阳马生序》,宋濂的学习经历是否让你们有所得?我在课堂上说过,宋濂自幼多病且家境贫寒,但他聪敏好学还被称为"神童"。一个神童在学习上"勤且艰若此",终被明太祖朱元璋誉为"开国文臣之首"。七年级的时候我们学过王安石的一篇文章《伤仲永》,文中的方仲永也是一个神童,在"未尝识书具"的情况下就能"指物作诗立就",但是因为不学习,最终落了个"泯然众人矣"的结局。正如文章结尾所说:"今夫不受之天,固众人,又不受之人,得为众人而已耶?"我们都是普通人,不努力怎能行?

努力很重要,如果在努力的过程中进行适当的反思,那样会更棒!

这个周末我们都应该好好反思一下。这两天,我翻看原来的"每周一信",发现几乎每一封信中都有对你们在上一周表现情况的总结反馈。那时教室就在办公室的旁边,我去的次数多,发现的问题也多,及时发现也能及时纠正,我们班的成绩也总能遥遥领先。而这个学期教室在最东面,我也换了办公室,去班里的次数也少了。班里出现的问题只有其他老师或同学跟我说，我才会知晓。老师们反映说这学期我们班的纪律明显不如以前，纪律维持不好，学习成绩自然会有所下降。上次期中考试，我们班从第一名降到了第三名。原本我们的优势学科道德与法治、数学和英语都有所下降，物理与化学两科与成绩最好的班级相比，差距也比较大。如果我们再不努力，不反思自己，对班里出现的问题不处理，也许连第三名也难保。

我先带头反思一下我身上存在的问题，希望你们也能像我一样反思一下自己，并争取找到解决的方法。

第一，这学期我没有做好计划，因为没有计划，所以做事会事倍功半。从下周起我一定会提前做好计划。

第二，这学期我在做事的时候常常会有应付心理，凡事只求完成，不求尽善尽美。从下周起，我会严格要求自己，争取尽自己的最大能力，力求把每件事做到最好。

第三，作为班主任，这学期每天的第二节晚自习，我陪伴你们的时间明显少于其他班主任，我必须做出检讨，并力争每天都陪着你们一起学习。

第四，作为班主任，在"惩恶扬善"方面我也做得不够好，我狠不下心来惩罚犯错的同学，导致部分同学变本加厉地做错事。从下周起我定要做一个"包青天"，对犯错的同学决不姑息，该回家反省就回家反省。

第五，这学期备课时间少，有些知识点没有做好预设，有些该梳理的没有梳理到位，呈现给你们的都是"碎片化"知识，所以课堂效率不如上学期。今后无论多忙我一定尽我所能提前备好课。

第六，上学期你们的每一篇作文我都亲自批阅，这学期我没有做到。今后的作文我一定还会全批全改。

......

当然，我身上还有很多问题需要反思，如果你们觉得我哪些地方做得不够好，真诚地欢迎给我提出批评意见。

我曾对你们说过，一个人最大的敌人就是自己，当你们能够有勇气战胜自己的时候，你们就无敌了。

再一次提醒大家，反思一下自己在学校的表现，特别是学习方面存在的问题。让我们抛下自己身上所有阻碍我们进步的包袱，奋勇前行吧！

爱你们的班主任　宗鹏
2019 年 11 月 30 日

四、抚今追昔

可爱的 9.1 班的孩子们：

这封信我必须一改往日的问候语，因为今天是一个特殊的日子——清明节。这一天，全国上下都应对那些为国捐躯的英烈以及故去的亲人献上哀思，所以请同学们现在一起默念：愿逝者安息！

当我们不满现状时，老人们常常说我们是身在福中不知福。我奶奶以前就常常对我说这话，但当时我并不认同，因为在我看来，我哪有生在福中？就家境而言，我们家当时过得比不上某某，某某可以穿皮鞋，而我只能穿妈妈做的布鞋；就上学情况而言，某某同学的家就在离学校很近的地方，而我每天上学还需要骑着一辆破旧的自行车狂蹬十四五里路；就学习成绩而言，某某同学一直名列前茅，而我一直徘徊在中游……我为自己找到了无数条不如别人的理由，然后告诉自己我并没有生在福中，全然忽略了自己拥有的一切。

现在想来当时我确实是身在福中不知福，我上学能穿妈妈做的鞋子，而有的孩子却连妈妈也没有；我上学能有一辆破旧的自行车骑，而有的孩子连学也上不起（那时候不是义务教育，交不起学费，只能辍学）。

当你们读到这里的时候，也许会很不以为然，认为我唠叨，不与时俱进，不应该拿以前与现在比。但是孩子们，你们想过为什么我们的生活越过越好吗？从国家层面而言，如果没有那些革命先烈抛头颅、洒热血、奋战疆场的壮行，我们会有今天和平安定的生活环境吗？就拿我们正在经历的这次全球暴发的疫情来说吧，如果没有那些逆行的科学家与医务工作者，我们能够安然地待在家里？从家庭层面而言，如果没有我们家族中祖祖辈辈的辛苦经营，我们的日子怎么会越来越兴旺吗？所以我们应该懂得珍惜今天，更应该懂得感恩过去。

在今天这个特殊的日子里，虽然我们不方便到烈士陵园祭奠革命先烈，但是我们可以做以下几件事：

（1）利用网络，为革命先烈们献花。

（2）如果家人允许，就陪他们去上一次坟（这不是迷信），跪在坟前告诉那些逝去的亲人，他们永远活在我们心中。

（3）你们也可以回忆一下那些给你们无数次疼爱的已逝的亲人们的音容笑貌以及生活往事，然后写下来，读给家人听，借以表达你们的爱与哀思。

燃一缕思念的烛火，愿逝者安息；带着思念前行，愿生者坚强。

爱你们的班主任　宗鹏
2020 年 4 月 4 日

为学生点赞不可随意

阳信县第一高级中学　王文娟　阳信县第四实验小学　张观岩

俗语说："数子十过，不如赞子一功。"著名教育家陈鹤琴先生也说："积极的鼓励比消极的刺激好得多。"进行班级管理时，对学生进行表扬是教师常用的一种方式。然而，心理学家研究表明，过多表扬或不恰当的表扬会导致学生产生骄傲情绪和虚荣心态，会给学生造成不良的后果。所以，表扬一定要适度，要讲求方法，为学生点赞不可随意。

一、选好表扬之人

一个班级里有那么多的孩子，教师是不可能次次都逐一进行表扬的。班主任到底应该表扬谁，这里面有很大的学问。

1. 选取优秀生，树立榜样

英国学者菲尔丁说："典范比教育更快，更能强烈地铭刻在人们心里。"选取优秀生作为表扬的对象，能在班级中树立起学习的榜样，能起到立竿见影的作用。因为处在同一班级中的学生学习环境和学习经历基本相同，表扬优秀生，更易激起其他同学的崇"优"意识、赶超意识。

在选取优秀生进行表扬的时候，教师首先要选择那些德智体美劳全面发展之人，尤其是德这一方面能够服众之人。有的学生可能在学习上是"一枝独秀"，但孤芳自赏，这样的同学大多数学生不喜欢，更不能成为其他学生学习的榜样。如果把他们当作经常表扬的对象，其他学生会愤愤不平，会心理失衡，也就失去了榜样的示范意义了。

另外，教师还要对被选取的优秀生给予关注引导。"金无足赤，人无完人。"优秀生身上不可能一点缺点没有，对他们给予关注，不仅要关注他们的努力进步，还要注意发现他们的缺点和不足，引导他们改正缺点，不断地提升自己，让他们能够担负起榜样之名，成为其他学生争相学习效仿的对象。

2. 选择后进生，鼓励进步

表扬能促进学生向好的方向发展，对于后进生来说，表扬的作用更为突出。后进生由于学习成绩低下或品行不良，普遍存在缺少自信的问题，很多后进生还会"破罐子破摔"，表面上对什么都不在乎，缺少自我约束力，其实后进生更期待得到别人的关注和尊重，获得归属感。学生对于班主任存有特殊感情，以班主任为权威，他们更想得到班主任的关注，所以班主任的适度表扬更能使后进生重新认识和评价自己，提高自信心，找到进步的动力。

"冰冻三尺非一日之寒。"后进生的陋习并非一日形成，教师也要有足够的耐心通过表扬鼓励消除陋习。所以，在选好表扬对象后，教师要及时、适时且经常性地对他们进行表扬。

3. 选准中等生，抓好典型

莎士比亚说："赞美是照在人心灵上的阳光。"而在现实的教学管理中，阳光往往很少能照到中等生身上。教师往往会把主要精力放在优秀生的培养和后进生的转化上，而班级中的中等生往往被忽视甚至被遗忘。其实，班级学生成绩大多是纺锤形的，中等生占多数，可以称得上是班级的主力军。他们守纪勤奋，只是学习中等，如果教师能够将他们调动起来，班级肯定是另一番景象，班级管理也定会更上层楼。

中等生人数较多，选择时要抓好典型。世界上没有两片完全相同的叶子，每个人都有自己的个性。教师要特别注意，对中等生进行表扬时，不是要突出其个性特征，而是要为中等生树立起典型，从典型人物身上，让学生看到教师会对自己的进步看在眼里，记在心上。那么，教师在从中等生中选择表扬对象时，要选择那些具有中等生共性特征的典型之

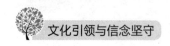

人,他们勤奋踏实、遵守纪律。

表扬中等生,能为中等生树起典型,立好标杆,能在无形中减轻优秀生的压力,也能鼓起后进生的信心。优秀生的榜样示范,在后进生看来,是可望而不可即的,而中等生是他们能够通过努力达到的,这样更容易激发他们努力前行。

二、找准表扬之处

只选好表扬之人是不够的,我们还要找准表扬之事,找准被表扬人的需要表扬之处。

1. 优秀生的勤奋和高效

优秀生品学兼优,一般情况而言,他们大都反应敏锐,我们对他们进行表扬时,切忌赞扬他们的聪明。如果夸赞学生的聪明,一来会助长优秀生骄傲情绪的产生,另外,也会让中等生和后进生自卑,丧失奋斗的信心。对优秀生进行表扬,要注意选择学生品德方面和学习方法方面的长处,让其他学生明晰自己的不足之处,明确奋斗的方向和奋斗的方式,找到奋斗的方法捷径。比如在表扬优秀生取得好成绩时,教师要把表扬的重点放在学生的勤奋上,让所有学生懂得是勤奋让其取得好成绩,好成绩是努力出来的。也可以让其介绍学习方法和应考经验,给其他学生提供借鉴,真正起到榜样示范作用和引领作用。

对于优秀生进行表扬,班主任一定要注意一点,不要频繁。优秀生在其他任课老师那里已经获得了足够多的表扬,班主任再过多表扬,不单单是让他们滋生优越感,瞧不起其他同学,也容易被其他同学孤立起来,不利于班级凝聚力的形成。而班主任也会被学生疏远,认为班主任带了有色眼镜,只看到了好学生,很不利于班级建设,不利于和谐班集体的形成。

2. 后进生的闪光点

后进生大多不守纪律,成绩比较差,但是每个后进生身上并非一无是处,班主任应努力寻找后进生的优点,挖掘后进生体现的闪光点进行表扬。

我班的小徐对学习不感兴趣,甚至不能完成作业,学习成绩很不理想。我发现他的字特别好看,就问他是否从小练字,夸赞他的字比我写得还要好。完不成作业受批评的他不会脸红,听完我的夸赞倒是脸红了,我知道我对他的夸赞他已经听进去了。我找了一个在黑板上抄写答案的机会给他,并当众表扬了他写的字,我看到他露出了非常害羞的笑容。后来他对语文学习的态度有所改变,而现在他能够主动进行学习了,我在表扬的时候特别提到他的进步。开始时,一手好字就是他的闪光点,后来通过努力取得的进步是他新的闪光点。当他真正通过努力取得了好成绩时,就对他淡化表扬了,因为他已经感受到好成绩给他带来的喜悦,以后这喜悦将会成为他学习的动力,激发他的内驱力。

3. 中等生的进步

20多年的教学让我发现,和优秀生相比,中等生在学习上取得了进步后,期望得到肯定的心态更强烈,获得老师的关注和表扬可以增强他们的成就感,增强他们在同学中的威信。

我们要善于抓住中等生在学习上的进步进行表扬,让其看到自己的进步,还要让其他学生看到中等生的积极心态。拥有积极的心态能够让学生在学习上产生较为持久的耐力,也能使学生深入挖掘个人的潜能,还能使学生不断调整奋斗目标。大多数中等生因为缺

少积极的学习心态所以劲头不足,甘于平庸。教师特别是班主任老师要善于抓住中等生在取得进步时的积极心态进行表扬。

三、设好表扬语

教师对学生进行表扬,有可能是一个眼神、一个微笑、一次点头、一次鼓掌、一个伸出的大拇指,但更多的是运用语言。爱听赞扬是人的天性,但是如果不了解学生的心理状态,不注意学生的个性特点,没有进行针对性表扬的话,可能会适得其反。

1. 表扬语要因人而异

在表扬中,教师一般会通过表扬,鼓励学生确立下一个目标,这对于中等生和后进生来说,会起到较好的效果。而对于优等生,如果经常鼓励学生确立新的目标,会增加他们的心理负担,不利于学生的长远发展。

2. 表扬语也要因时而变

班级建立之初,要抓班风建设,那就需要多表扬遵守纪律的学生,比如,"自律是做人的最高境界,老师在,能遵守纪律,这是非常好的。某某同学能够在老师不在的情况下遵守纪律,这更是高尚的行为"。之后要增强班级的凝聚力,就要多表扬维护班级荣誉的同学。

于学生个体而言,也需要在学生发展的不同阶段用不同的表扬语言。马斯洛的需要层次理论也适用于学生在班级内的发展需求,教师关注学生的不同阶段,通过表扬满足学生的需求,促进学生的发展成长。

3. 表扬语有时需要以点带面

切忌表扬一人,而在无意中伤害其他学生。比如,有的学生在校园内捡起废纸,教师对此提出表扬,如果是在班会等正式场合,这种表扬无意中会伤害其他保护环境的学生。这时,教师不妨以点带面,以一个学生扩及更多学生。泰戈尔说:"夜把花悄悄地开了,却让白日去领受谢词。"我们称颂白天,但我们要明白,夜也是我们称颂的对象。这时,这样的表扬更合适:"我看到某某同学主动捡拾校园内的垃圾,同学们,我们要为他保护校园环境的行为点赞。我想,班内很多同学也这样做了,只是老师没有看到,你们的行为同样是值得骄傲的。"

4. 表扬语可以是鼓励,也可以是感谢

教师在表扬的时候,往往以鼓励居多,但有时候用感谢来表达对学生的认可赏识会收到意想不到的效果。

约翰·杜威曾说:"人类本质里最深远的驱策力就是希望具有重要性,希望被赞美。"表扬作为一种教育策略,在学生的教育成长过程中有着不可估量的作用,教师要善于表扬。但是,并不是所有的表扬都有价值,并非所有的表扬都有效果,所以教师要注意选好表扬对象,找准表扬点,注意表扬语,切勿随意表扬,为学生点赞不可随意。

(原文发表于2021年1月《山东教育》,有改动)

教研论文

固本浚源

——让数学核心素养在家庭作业中"落地"

阳信县第三实验小学　李国燕　王冬梅

一、怎样理解"数学核心素养"

随着 2014 年《教育部关于全面深化课程改革落实立德树人根本任务的意见》中"核心素养"的提出和 2016 年《中国学生发展核心素养》总体框架的发布,"核心素养"已经成为教育专家、一线教师研究和讨论的热点问题。关于"什么是数学核心素养",我们查过很多文献,也没有找到统一的界定。南开大学教授顾沛说"数学核心素养是把所学的数学知识忘掉后剩下的东西";东北师范大学史宁中教授说"数学素养是会用数学眼光观察世界,会用数学思维分析世界,会用数学语言表达世界";孔凡哲教授说"数学核心素养指当前或未来的生活中为满足个人成为一个会关心人、会思考的市民的需要而具备的认识,并理解数学在自然、社会生活中的地位和能力,做出数学判断的能力,以及参与数学活动的能力"。各位学者站的角度不同,对"数学核心素养"的解释也不尽相同,真是"横看成岭侧成峰"。

对于众说纷纭的"数学核心素养",作为一线教师更是雾里看花、水中望月。东北师范大学马云鹏教授在《关于数学核心素养的几个问题》一文中对"数学核心素养"的解读让我们有了恍然大悟的感觉。马云鹏教授在文中指出:"《义务教育数学课程标准(2011 年版)》明确提出数学教学中应特别重视的 10 个重要能力,即数感、符号意识、空间观念、几何直观、数据分析观念、运算能力、推理能力、模型思想、应用意识和创新意识。可以把这 10 个重要能力理解为学生学习数学应达成的重要思维品质和关键能力。因此,把它们理解为数学核心素养是恰当的。"这真是"一语惊醒梦中人",原来苦苦追寻的"数学核心素养"竟在"灯火阑珊处",是早就相识的数学新课标中的"十大核心词"。

如果单单把"十大核心词"理解为"数学核心素养",或许有点偏颇,也有失科学性,但"十大核心词"让我们看到了"数学核心素养"这棵大树的"主干",让我们在落实学生的"数学核心素养"中有所依,有所循,有所侧重。固本浚源,数学新课标中提到的"十大核心词"也是数学教育的根本所在。因此,培育学生的"十大核心能力"成为我们数学教学中培养学生"数学核心素养"的主要抓手和依据。

二、如何在家庭作业中落实"数学核心素养"

为了在家庭作业中落实"数学核心素养",我们一年级教研组成立了"家庭作业设计联盟",作业主备人以单元或周次为单位,根据教学进度设计作业,设计好后提前一周发在作业群中,在联席研讨、取长补短之后,最终确定作业的布置范围、内容和形式。为了体现数学的本质特点以及趣味性、层次性、开放性,根据学生年龄特点和实际教学内容,经过长时间的探索和实践,一年级的数学家庭作业大致可分为口头类作业、动手操作类作业、实

践类作业三类。

（一）口头类作业

根据有关规定，一年级不准布置书面作业。为了让学生对当天学习的知识进行消化、吸收、巩固和拓展，我们根据教学实际情况让学生回家说一说、讲一讲、演一演。

一年级上册《1—10以内数的认识》单元主要涉及"符号意识""数感"两个"数学核心素养"，本单元的教学不能仅仅让孩子会认数、数数、写数，要注意学生"数学核心素养"的渗透和培养。本单元的家庭作业，一般根据教学进度让学生回家告诉妈妈，家中的什么物体用1表示、什么物体用2表示、什么物体可以用3表示……

学生说的过程就是从1匹马、1朵花、1头牛、1条鱼中抽象出数字"1"的过程，让学生体悟"数"是现实生活的一种抽象，不是现实存在，是一种符号表达。在说一说、讲一讲中，学生也感受到数与物的一一对应，同时也在现实生活中培养了学生的数感。

一年级上册《10以内的加减法》单元教学，教师一般关注学生运算能力、解题能力的培养，而忽略符号意识、模型思想、应用意识、推理能力的渗透。讲数学故事是本单元经常布置的家庭作业。

比如"我吃了3个樱桃，爸爸吃了2个樱桃，我们合起来吃了5个樱桃。""我有6本练习本，用掉了2本练习本，我现在还剩4本练习本。"……

数学模型是现实和数学的桥梁，学生讲数学故事就是用数学的眼光看世界，用数学的语言讲述现实世界。学生在讲数学故事中，逐渐建立了模型思想，同时培养了运算能力和数感，更体会到"＋""－"是数学符号对现实情境的表达。

（二）动手操作类作业

瑞士著名心理学家皮亚杰说："智慧自动作发端。"儿童的认知规律是从直观的动作思维到具体的形象思维，最后达到抽象的逻辑思维。动手操作是低年级儿童教学的基础和起点，同时，也是培养学生数感、创新意识、应用意识等核心素养的主要方法。根据教学内容，我们会布置一些动手操作类的家庭作业。

比如，在学习了一年级上册《认识图形》后，让学生回家自己找一些生活中的物品，搭建自己喜欢的模型，让学生在充满创意的拼搭中，加强对各种形体的直观感知，积累感性经验，形成简单的几何概念，发展初步的空间观念；在学习了一年级下册《下雨了——认识钟表》后，让学生回家制作钟表模型，引导学生把数学知识应用到生活中，增强学生用数学眼光看待生活的意识；在学习了一年级下册《阿福的新衣——厘米、米的认识》后，让学生回家先估测，再测量自己的书桌、床、电视柜的长度和宽度，估测是形成空间观念的重要手段，在大量的估测、测量活动中，培养学生初步的估测意识、估测能力和空间观念。

（三）实践类作业

实践类作业包括综合与实践和实践作业两种。综合与实践是培养应用意识、创新意识和积累数学活动经验的重要载体。青岛版义务教育小学数学用书，每册都会设计综合与实践活动。由于条件限制和评比压力,以前教师不够重视,在课上一带而过。现在在设计家庭作业时我们会充分利用教材提供的素材积极开展综合与实践活动。比如,在一年级上册学习《10以内数的认识》后,在全班开展了"找找周围的数"实践活动,引导学生到家里、社区以及日常生活中寻找数,体会数在生活中的作用,学会用数学的眼光欣赏世界,同时培养了学生的数学应用意识,激发了学习数学的兴趣。

根据教学内容我们还会设计一些实践作业。比如,在一年级上册学了《我是妈妈的小帮手——分类与比较》后,让学生回家帮助妈妈整理衣橱、鞋柜,对全家人的衣服、鞋子进行分类叠放;在学习了一年级下册《小小存钱罐——人民币的认识》后,让学生和爸爸妈妈一起清点存钱罐。通过这样的作业,学生不仅巩固了课堂上所学的知识,更提高了"数学核心素养"。

学生"数学核心素养"的培养不是一蹴而就的,需要长期的数学活动、数学经验的积累。数学育人就是要挖掘数学资源、用数学的方式育人,而家庭作业是不可忽视的一环。希望我们把"数学核心素养"的种子植入学生的家庭作业中,用足够的恒心、耐心、爱心给予培育,让学生的"数学核心素养"茁壮成长。

(原文发表于2020年3月《山东教育》,有改动)

语文教育要守住一份童趣

阳信县洋湖乡中心小学　高传波

"人生的全部秘密与可能都储存在童年那小小的火柴盒里。"

这句话的内涵非常丰富,但可以理解为童年经验决定人生的可能。而教育作为个体童年经验最重要的出发地,将会影响人一生的知识建构与生活向度。

在人的童年经验里,童趣是最愉悦、最轻盈、最难忘的部分。从建构人的童年经验这一角度出发,保住一份真挚而充盈的童趣,当是教育的应有之义。而语文作为基础学科,在守护童趣这一使命中,更负有不可推卸的责任。

作为语文教师,我们必须清楚,在日常教育中对学生童趣的关注、呵护与发展,其指向不仅仅是现在时,更是将来时。也就是说,关注并守护童趣,不仅对现阶段的语文教学有用,且对学生未来的语文学习与生活将起到关键作用。或者说,童趣的意义,并不局限于课堂,它将辐射至课堂之外乃至整个人生。从这个角度来看,童趣应该是语文教育中一个不得不予以重视的支点,而对这个支点的发现与培养,显然应该在小学阶段开启。

在小学语文教学中,守住一份童趣,就是保住了学生语文学习兴趣的火种。很多教师都疑惑为什么学生在小学之后的初中、高中乃至大学的语文学习中会丧失驱动力。原因其实很简单,那就是因为兴趣机制的损坏。根系受损,则一木难支。小学阶段的语文教育如果忽视甚至破坏了学生先天具备的童趣机制,伤害了学生的教育之根,那么学生在后续阶段的学习中就很难修复对语文的兴趣。而教师从一开始对童趣的呵护,就是维护学生先天的兴趣机制,就是发展并提升其对"无趣学习"的一种免疫力。事实上,统编小学语

文教材中的选文,基本是建立在童趣这一基点上的,我们在教学中不能忽视教材编者的这一良苦用心,在字词句教学之外,尚需发掘、强调并放大其思想情感方面的童趣,以擦亮花火,点燃学生心中的兴趣之灯。

在小学语文教学中,守住一份童趣,也就保住了学生思维发展的一个稳固基点。学生思维的发展,既需要牵引力,也需要内驱力。从教学来看,教师的导引作用会给予学生的思维以有效牵引,但这种牵引必须依赖学生内部驱动力的生成。如果内驱力始终缺场,学生的思维仅靠外部牵引是难以为继的。而基于童趣对兴趣的持续发现能力,正是思维发展源源不断的内驱力。在教学中,笔者发现统编教材是很重视借助童趣来引导学生实现发展的,且在课文编排上体现出一种循序渐进、前后连环的兴趣思维密码,但这需要教师在教学中做到心领神会,融会贯通,并真正体现在自己的教学细节之中,贯穿于课堂教学始终。而如果完全忽视了教材基于童趣发展学生思维能力的这一特点,那"实现思维能力提升"这一核心素养培养任务,也就是一句缘木求鱼的空话了。

在小学语文教学中,守住一份童趣,也就守住了学生价值观构建的一块息壤。童趣是学生与生俱来的,我们只要在教学中守住它,那么无论学生将来在学习与生活中遇到什么,其都能从对童年经验的遐想中守住最基本的善良、正直与爱。笔者以为,在小学阶段的语义教学中,所谓立德树人,正是要在童趣上下功夫、做文章,使学生在对课文中真善美思想情感的富有趣味的理解与体验之中,实现价值观的自生长。

童年的火柴盒,正是心灵的隐喻。作为盛装爱与快乐的容器,如果心灵在童年时没有被来自教育的力量装满,那人的一生都将无趣而孤独。作为语文教师,我们所要做的,就是一次一次划亮火柴,一点一点让童趣之光盈满学生的心灵,并照亮学生的未来之路。

（原文发表于 2020 年 5 月《语文教学通讯》,有改动）

青岛版小学《数学》二年级下册第一单元主要建模点分析与教学建议

阳信县流坡坞镇中心小学　马元芙

一、建模点 1:有余数除法的概念模型

【所属内容】信息窗 1（第 2～5 页）

【教材简析】

图片呈现的是野营活动中野炊的场面。远处:远山、树木、小鸟,映衬出一幅优美的自然风光。近处:快乐的游戏反映出了活动的主题,众多的食品等待着同学们去分配。

在学习有余数的除法之前,学生已经了解了平均分的含义,并会用乘法口诀求商。第一个红点问题:"9 个面包平均分给 4 人,怎样分呢?"教材呈现了用圆片代替面包动手分的过程,通过具体操作,学生理解有余数除法的意义。第二个红点问题:"18 块饼干可以平

均分给几个人？怎样分呢？"体会分法的不同。

【教学建议】

1. 创设游戏情境，初步认识有余数除法的模型

本单元属于计算教学，比较枯燥，创设生动有趣的教学氛围尤为重要。

在探究新知时，教师首先要关注学生有没有回忆起相关的旧知识和已建构的数学模型，例如，对于平均分这一概念，学生已经了解要每份分的同样多，且正好分完，没有剩余。教师可设计游戏：9 名学生，每 3 人一组组团，结果所有学生都顺利找到了自己的伙伴。然后，变换组团原则：9 名学生，每 4 人一组组团，这时学生会发现有一名学生落单了。

通过游戏让学生回忆起有关平均分和除法的知识，在二年级上学期建构的"平均分"被激活了。

2. 借助操作，明理建模

动手操作是学生理解有余除法的意义的基础。如果学生没有丰富的直观感受，就很难形成清晰的概念，尤其是在后续学习笔算除法时会有困难。

9 个面包平均分给 4 个人，可以 1 个 1 个地分，也可以 2 个 2 个地分，至于学生怎样分，教师不要干预。用算式表达分的结果，让学生明白本题不是先列算式，而是先分，分的结果是：每人 2 个还余 1 个，然后用算式表达这样分的结果。

对于"9÷4=2（个）……1（个）"这个算式，要让学生先解释各部分的意义并试读，最后教师再进行讲述。把"9个"面包平均分，每人需分得同样多，都是"2个"，且每一个"2个"就对应着"1个人"，换句话说，有几个"2个"，就能分给"几个人"。

3. 加强类比，完善模型

绿点部分的所有食物要动手分一分，帮助学生明白：结果和余数不是算出来的，而是分出来的，当然不一定分原物，可用小棒代替。

要加强红点 1、绿点、红点 2 的类比，让学生体会分法的不同。红点 1、绿点例题是不同的食物平均分给 4 人，每人分几个，是"平均除"；红点 2 是同一种食物，由于每份分的数量不同，分的份数也就不同，"包含除"。

在观察的基础上发现余数要比除数小，并分析为什么会小。对比上面的绿点与这个红点，学习如何确定商和余数的单位。规律如下。

平均除：商和余数的单位一样。

包含除：商和余数的单位不一样。

二、建模点 2：有余数除法的竖式计算模型

【所属内容】信息窗 2（第 6～9 页）

【教材简析】

图片继续呈现野营活动中野炊的场面：摘野果、采蘑菇、搭帐篷、烧烤鱼片……

教材安排了 3 道例题，编排的程序都一样，即问题—横式—竖式—发现。红点 1："22个野果，平均分给 4 个人。每人分几个？还剩几个？"来解决有余数除法竖式的写法与计

算方法。绿点:"48个蘑菇平均分给9人,每人分几个?还剩几个?"一是对上一题进行巩固,二是进一步理解余数要比除数小。红点2:"野营小队共17人,每顶帐篷住3人,需要打多少顶帐篷?"用有余数除法的知识解决问题(进一法)。

【教学建议】

1. 创设情境,解决问题,揭示除法竖式模型

在本单元中,从情境的创设到练习的设计,都非常注重与生活实际的密切联系。教学时,老师应利用好这些素材,使学生体会到学习有余数除法的必要性,同时发展学生解决问题的能力。

对于信息窗2所创设的情境,蕴含着可以用除法解决的问题,学生自己梳理信息、解决问题,这样既培养了学生面对纷繁复杂的现实情境筛选数学信息的能力,又能进一步了解有余数除法的模型。

学生独立列式后尝试解答,有可能口算出商,也有可能借助竖式算。教师要对学生的不同解决方法予以肯定,然后和学生一起学习竖式计算。由于学生刚刚接触除法的竖式计算,对于被除数和除数的书写位置、试商的方法.商的位置、商和除数乘积的位置、余数的位置及大小等应让学生深入理解,从而在理解的基础上掌握除法竖式的写法。

2. 再借情境,巩固除法竖式模型

在数学教学中,应该让学生把思考的过程用语言表达出来,这样既提高了学生的语言表达能力,又促进了思维的发展。

当学生列出横式后,可要求学生用竖式计算,并讲述计算的方法和步骤。观察红点1和绿点问题,再次发现余数比除数小。

(原文发表于2018年1—2月《山东教育》,有改动)

由"初中数学'菜单式'综合作业的开发与实施的研究"引发的思考

阳信县实验中学　王伟燕

《基础教育课程改革纲要》指出,要改变机械训练的现状,倡导学生主动参与、乐于探究的学风,培养学生获取新知识的能力、分析和解决问题的能力以及交流与合作的能力。《义务教育数学课程标准》也指出,基本技能的形成,需要一定量的训练,但要适度,不能依赖机械重复,要注重训练的实效性。设计多样性的、创新性的数学作业,对综合提升学生解决问题能力、培养学生的数学素养有着重要作用。

目前,对于数学作业的研究屡见不鲜,但并没有形成一个适合学生心智发展、尊重学生个体差异的有效作业模式。我们在研究基础上提出一种新的作业模式,即"菜单式"综合作业,更加有利于提升不同层次学生的核心素养和心智发展。

"菜单式"综合作业是一种实现互动、尊重学生实际和个体差异的可供学生自主选择的分轨式作业模式。它将每日作业分为"均衡作业餐"（基础知识类作业）、"营养作业餐"（应用提升类作业）和"特色作业餐"（拓展、探究类作业）。学生可以根据自己的现有知识水平从三种类型的作业中自主进行选择，既可选择一类，也可任选两类组合，还可以三类全选。

"菜单式"综合作业的设计与学生的最近发展区相吻合，在自己认知基础上解决适合自己的问题，从中找到学习数学的自信，也能通过选择进行提升训练，从而激发学习数学的兴趣、潜力及提高抗挫感。菜单式综合作业使"被动作业"转变为"主动作业"，让做作业成为学生的一种生活乐趣。

一、转移中心，以生为本，杜绝形式主义

所谓的"以生为本"，简单来说，包括两层含义：第一层是"以学生的学为本"；第二层是"以学生的发展为本"。其中"以学生的学为本"是基础和前提；"以学生的发展为本"是归宿和目的。作业设计要体现"以生为本"的理念。"菜单式"综合作业分板块设计，目的是让学生根据自己的实际情况自主选择板块进行练习，充分尊重学生的个体差异；在每一板块题目的设计上也要充分考虑学生实际情况，从以课本为中心向以学生为中心转移，从以教师为中心向学生为中心转移。

二、紧扣标准，适合学情，杜绝怪、难、偏

新课程标准强调，教学中以培养学生各种能力和提高学生综合素质为目标。义务教育阶段的数学课程，其基本出发点是促进学生全面、持续、和谐发展。在作业题目的设计上应以新课程标准为依据，以培养全面发展的人为根本出发点，针对学生的个体差异，力争让每一位学生在适合自己的作业中取得成功，获得轻松、愉快、满足的心理体验。要想设计一份有价值的作业，首先教师必须对学生的实际情况进行充分了解。其次，作业布置要注重系统性，遵循学生的一般心智成长规律、认知特点，渐进有序地开展。

三、明确时间，训练专注，杜绝放羊式

有的教师往往只注重作业的布置，对于完成作业的时间没有要求，即使有要求也只是形式上的要求，导致出现部分学生课外作业完成效率不高、每天做到很晚等现象，甚至有的家长误认为作业多负担重。所以布置作业的同时，教师需要明确作业完成的时间。那怎样掌握每个学生完成作业所用的时间以及完成的效率呢？现在是信息时代，先进的多媒体技术已运用于教学中，我们可通过教学软件根据学生提交作业的时间来掌握完成作业所用时间。

四、形式多样，注重挑战和趣味，杜绝机械重复

作业是课堂教学的延续，是对学习目标达成情况的检测。作业首先是学生巩固知识

的一种方式；其次，作业可提高学生的数学素养，更重要的是可培养孩子对数学知识学习的情感、兴趣、毅力等。传统的作业往往是单一的数学习题，单纯的计算、应用类作业。例如有的老师这样布置：完成课本多少页的哪些题目或者是完成配套练习册哪个课时的题目等，这种布置作业的方式对培养学生的创造性思维效果不明显，并且容易造成学生丧失做作业的兴趣而出现应付作业的现象。"菜单式"综合作业注重作业的多样性，既有基础知识类作业又有拓展、探究类作业，满足不同学生的需求。俗话说：万事皆适宜最好。作业亦是如此，注重形式，更要保证作业的实效性和趣味性，避免机械重复性作业。

五、存在的困惑

"菜单式"综合作业以学生为中心，尊重学生的个体差异，但同时也带来一些困惑。

1. 教师如何判断学生是否选择了适合他自己的题目

有的学生基础比较好，但比较懒，有可能只选择"均衡作业餐"（基础知识类作业），这样就偏离了我们的设计意图，失去了意义，所以我们在让学生自主选择的基础上还应该有所要求。如何要求、如何监督、如何量化，都是需要解决的问题。

2. 作业题目由学生自主进行选择，选择的题目不同如何进行讲解

平时我们讲解题目常用的方式是师徒讲、小组内讲、教师讲，对于只做"均衡作业餐"（基础知识类作业）的同学可利用师徒讲解方式进行，其他的可采用小组内讨论的方式进行。在讨论的过程中，有一部分同学可能题目还没有来得及看比较生疏，这样讲解起来就比较慢。同时，基础差的同学更是跟不上节奏。如何提高学困生的数学素养是我们需要思考的问题。

（原文发表于2020年1—2月《山东教育》，有改动）

名著导读需谨慎

劳店镇中学　张如意

名著导读是语文教材中一道特别的"大餐"。其目的是通过对相关名著的导引，引领学生全面、深入地阅读原著，以达到见微知著、拓展学生的阅读视野、提升阅读素养的目的。名著导读，顾名思义，重在"导"，即引导学生如何有效地阅读。需要明确的是：教材中提供的信息，包括关于作者、作品风格、作品的思想内涵以及附加的关于作品的精彩章节等，仅仅是"导"。如果仅阅读教材中的这点文字，显然是不够的。

然而，当下关于名著导读普遍存在的现象是：教师或者仅仅依据教材，划出关于这部名著的知识点，也就是所谓的考点，如作者的相关信息、作品的创作背景、作品的风格、作品中人物的名字及性格特点、作品中的经典桥段，然后让学生背熟就万事大吉；或者从各种考卷中搬来现成的相关考题，组成一个"拼盘"，一股脑印成复习资料，且美其名曰"名著知识大集合"，然后告诉学生，背得越全，记得越牢，得分就越高。这样的名著导读，无疑

是对导读的异化。学生根本不用去阅读原著,只需背诵、记忆教师发给自己的资料就行了。名著导读,变成了名著导"背"。这无疑阻断了学生阅读原著的兴趣,学生就没有机会体会到原著的厚重精深、感知到原著的语言美与思想美,学生的文学素养提升就无从谈起。那么,为何名著导读演变成了名著导"背"?

首先,责任在老师。老师自己都没有去阅读原著,自己都没有建构起对原著的认知体系,不能从理性和相对专业的角度去评价这部作品,怎么能给学生以正确而深刻的引导?教师在对学生进行名著导读之前,有没有勇气问自己:这部名著我读了几遍?这部名著在哪一方面表现特别出色?这部名著可以通过哪些学习活动呈现给学生?……只有有了这些自信,才能把名著导读真正做好,然而很多语文老师缺乏这样的自信。教师阅读面的狭窄必然导致在对学生进行名著导读时捉襟见肘,最后只能成为名著零散知识的"搬运工",恨不得把所有可能的考点都搜集起来,让学生机械式、重复记忆。其实,这样的行为,只是教师的一厢情愿和心理安慰。学生没有去阅读名著,亲近原著,在脑海里形成自己的阅读体验和独特感悟,记住的也只能是皮毛。这样的浅层知识,岂能让学生包打天下?因此,教师的这种做法,除了能给学生一些碎片化的知识外,无一用处。

其次,关于名著导读的考查方式过于单一。考察呈现在考卷上的就是几个填空题,无非圈定在人物评价和重点情节这些范围之内。学生完全可以通过以往的记忆轻松搞定。久之,就会给学生传达出这样一种信息:无须花费时间去阅读原著,只需背诵老师提供的资料,就能轻松得分!对于老师而言,无须花费心思去研究原著,只需搜集资料,就能一路绿灯。笔者关注了很多关于名著导读的考查题目,大多考查的都是纯记忆性的内容,有的题目还有点"阴"。比如,关于《海底两万里》的知识点考查:"尼摩船长自称与_____断绝了关系;鹦鹉螺号上的藏书量有_____册。"这样的题目,考查的内容与原著有多少关系呢?这些犄角旮旯里的信息,对于引导学生阅读原著有多少益处呢?我觉得除了满足命题者"阴"一下学生的心理外,对学生一点用处也没有。但这样的考查方式,无疑更加刺激了老师和学生,多背诵、多记忆,信息量越大越好,越全越保险。不去阅读原著,死记硬背关于原著的信息,学生"省时",老师"省力"。

如何才能让名著导读走出名著导背的尴尬?笔者觉得可以从以下两个方面做起。

要善于基于原著设计探究性学习活动。教师要有读整本书的意识和自觉,要在学生阅读名著之前,自己先阅读原著,读懂,读通,读深,形成对原著的理性认知和个性思考,并在此基础上设计有利于激发学生阅读原著兴趣的探究性学习活动。比如,对《海底两万里》一书,教师可以在阅读原著的基础上,设计这样一个探究学习活动:原著中的尼摩船长是一个怎样的人?请你根据作品内容,以一个随他一起航行的水手的身份,给尼摩船长写一封信,表达对尼摩船长的崇敬之情。这样的探究学习活动,需要学生潜入原著中用心阅读,在关于尼摩船长的情节叙述中,感受船长的过人胆识、不畏艰险、心地善良、重情重义等。只有把握了这些关于尼摩船长的细节,才能带着对人物的情感写完一封信,信件内容才能做到有理有据,有情感温度。而这些都不是通过背诵一些关于人物性格的词汇和几个故事情节就能达到的。

问题考查要指向原著的核心知识。所谓原著的核心知识，就是体现学科思维和学科能力的知识。名著知识的考查，应该是指向语文这一学科的信息归纳整理、批判质疑思维和语言建构及运用、文化理解与传承等能力的。这就要求我们的名著考查不能只设计一些思维含量低、单凭背诵就能应对的题目。那应该设计什么样的题目，才能满足名著导读的要求？笔者认为应尽量少考一些细枝末节的客观题，多考一些体现阅读过程和阅读思维的主观题。比如《水浒》中，《鲁提辖拳打镇关西》一章，我们可以设计这样的问题：① 请用 50 字以内概述这个章节的主要内容，需要用上"鲁提辖""拳打""镇关西"三个关键词。② 请写出与本章故事紧密相连的前后两个故事情节。③"鲁提辖"为何没用别的武器解决"镇关西"而选择用"拳"？为何只用"拳"而不是"拳打脚踢"？继续想一下《水浒》中还有哪些好汉是赤手空拳路见不平拔刀相助的？以上几个问题，呈现了一个阅读梯度，既有对原著情节内容的考查，也有对原著结构体系的考查，更有对具体人物性格、心理等细节的考查。回答这些问题，需要学生认真阅读原著，才能形成理性认知，非背诵一些孤零零的知识点所能及也。而学生基于这些问题的阅读，属于对原著的深度阅读，指向的是语文学科思维和语文素养。

同时，对名著导读的考查，尽量少考体现"某一点"的题目，多考一些体现整本书阅读过程的"串""面"式题目。如《骆驼祥子》阅读考查，教师可以这样命题：祥子的个人命运与两个女人息息相关：虎妞和小福子。她们俩对于祥子的性格变化产生了怎样的影响？请结合相关故事情节加以分析。这样的命题，就需要对整本书的情节进行前后关照，又要围绕"性格变化"进行左右勾连，这样的考题，就是"串"式的。这样的考查，需要学生对原著进行深入阅读，对故事情节及人物形象进行甄别和赏析。

总之，名著导读应该把有效导读放在首位，需要教师设计出有利于导读的活动或探究性问题，不能以导"背"替代"导读"。

（原文发表于 2019 年 10 月《中学语文教学参考》，有改动）

以"数对"一课为例谈数学思想方法教学

阳信县第二实验小学　黄敏

徐大有老师曾在全市优效课堂观摩评选活动中提出，数学老师要从教学中体会到数学的美，让数学散发独特的数学味，体现出思维体操的独特魅力。这里的数学味很大程度上指的是现在被正式列入"四基"的数学思想方法。

一、关于数学基本思想

数学是研究数量关系和空间形式的科学，数学的产生与发展所依赖的思想，有抽象、推理和模型。这些在本节课中都有体现，模型和抽象的思想几乎贯穿整节课，尤其是抽象的思想体现最充分。

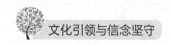

1. 抽象

本节课贯穿了两条主线:一条是图的抽象和演变,即由实物图、点子图到方格图。这一抽象的过程细腻、清晰,为学生的后续学习做好铺垫。另一条是确定位置的方法:由不同的描述方法、列与行的方法到数对的方法,逐步递进、简化、抽象,使学生对数学的简捷性和抽象性有了深刻感受和体会。

课堂中,两大主线的层层递进与发展,把本节课所涉及的数学知识和数学思想展现得淋漓尽致。而且对于两大主线的每一次递进、转化,教师引导学生进行前后对比反思,及时提升学生的认识,培养反思习惯和能力。通过学习,学生不但熟练地掌握了数对知识,而且真正感受到了数学能把复杂的问题简单化、数学符号的简洁清晰,最重要的是学生真正经历了数学知识、数学思想的形成过程,这些都为学生的全面发展、长远发展打下了良好基础,也让这节课散发着数学的独特韵味。

2. 模型及符号意识

本节课不仅仅要教会学生用数对的方法来表示位置,更重要的是让学生在解决问题中构建数对模型,经历用简洁的数学符号确定位置这一抽象的过程,这才是本节课的重点,力求学生在经历了由文字描述到符号表达、由繁到简的再创造过程中,进一步感受数学的抽象化、符号化。

符号意识主要是指能够理解并且运用符号表示数、数量关系和变化规律,知道使用符号可以进行运算和推理,得到的结论具有一般性。建立符号意识有助于学生理解符号的使用是数学表达和进行数学思考的重要形式。

我在课的设计中指出:数学是严谨的、科学的、简练的,我们可以用符号表示事物,也可以把位置抽象为数字,还可以把数和形状结合起来。笛卡尔看到蛛网创建了数对,我们也应该用数学的眼光去看待生活,说不定也会有惊人的发现!

二、关于数学思想方法

达尔文说:"方法的知识是最有价值的知识。"我们以前的教学只是把数学思想方法当成副产品,可有可无,现在,作为数学教学的重要目标之一,我们有义务用这些来武装学生的头脑。

1. 数形结合

数与形是数学中两个最古老也是最基本的研究对象,它们在一定条件下可以相互转化。数形结合是小学数学中一种常用的、重要的数学思想方法。

华罗庚曾说:"数缺形时少直观,形缺数时难入微。"数与形反映了事物两个方面的属性。我们认为,数形结合,主要指的是数与形之间的一一对应关系。数形结合就是把抽象的数学语言、数量关系与直观的几何图形、位置关系结合起来,通过"以形助数"或"以数解形"即通过抽象思维与形象思维的结合,使复杂问题简单化、抽象问题具体化,从而起到优化解题途径的目的。

本节课中的数形结合重点是借助数对的精确性、程序性和可操作性来阐明形的位置,将形概括成数,让学生进一步体会数与平面上任意一点的关系,使繁难的问题简捷化。

2.一一对应

学生能用数对表示现实情境及方格图上的某个位置,在拓展环节让学生体会到在一定的平面内有无数个点,每一个点都对应一个数对,不同的点用不同的数对表示,从而对一一对应思想有了更深刻的认识。

数学思想方法是数学的灵魂,蕴藏在数学知识之中。具体的知识在人头脑中会逐渐淡化,思想方法则终生难忘。抓住思想方法这个灵魂,让学生在数学学习中学会思考、善于思考,学会有效地去探求新知识,使他们适应未来的学习和发展,这是我们数学教师义不容辞的责任。

（原文发表于 2019 年 4 月《中国教育学刊》,有改动）

活动中拓展思维,实践中提升素养

——关于开设初中数学综合实践活动课的几点思考

阳信县第一实验学校　毛慧杰

在当前的数学教学实践中,培养学生数学核心素养,尽管已得到教师的广泛认可,但在实际的数学教学中,并没有真正得以体现和落实。开设数学综合实践活动课程,是提升学生数学素养、培养学生抽象推理能力和数学建模能力的一个很好的办法。《基础教育课程改革纲要》也积极倡导各地选择综合课程。数学综合实践活动课,以解决实际为依托,引领学生在实践活动中积累数学经验,唤醒数学思维,培养问题意识,提升数学素养。以下是关于开设初中数学综合实践活动课的几点思考。

一、开设数学综合实践活动课的意义

（一）利用数学综合实践活动课促进学生数学素养的发展和数学学习方式的转变

传统的数学学习,将学数学和做数学题等同,认为学数学的目的,就是为了会做数学题,忽略了真正的数学学习是为了促进学生思维的发展,而将学生困于教室,困于习题,很难真正促进学生数学素养的提升。学生的解题过程,也只是对例题和老师所讲解习题的简单模仿和重复,遇到真正有思维含量的问题,学生往往毫无头绪。数学综合实践活动课,让学生更多地体验知识的生成与应用,培养学生的理性思维和批判质疑、勇于探究的精神,促进学生思维的发展;让学生在发现问题、解决问题的过程中乐学善学、勤于反思并且提升信息意识,学会从实践中获取有用的信息。

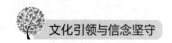
（二）利用数学综合实践活动课改变师生之间的互动模式

以课堂为主阵地的数学学习，师生间的互动模式往往是老师提出问题并加以引导，学生思考问题并作答。在这样的互动模式下，学生以解决老师预设的问题为主，没有主动提出问题的意识。数学综合实践活动课，需要学生自己设计方案解决问题，而老师是合作者，真正改变了老师和学生之间的互动模式。

（三）利用数学综合实践活动课改变学生之间的合作方式

在数学课堂教学中，因为学生基础知识的差异，造成部分学生参与度较差，一部分学生成为课堂探究活动的主角，而另外一部分学生沦为课堂教学活动的看客。数学综合实践活动课以小组为单位展开，在拼图、折纸、测量、问卷调查、搜集数据、制作立体模型等具体的实践活动中，让每个学生都可以参与其中，提高学生的参与度，促进学生之间的合作与交流。

（四）利用数学综合实践活动课改变以测试为主的评价方式

传统的教学以成绩为主要的评价标准，用一套试题的得分决定学生学习的水平。这种评价方式，只能体现学生的解题能力，并不能真正反映学生的综合素质。部分学生是做题高手，真正遇到实际问题却束手无策。数学综合实践活动课，设计多种评价标准，改变以往以考试为主的评价方式，让更多的学生体验到成功的喜悦。

（五）利用数学综合实践活动课促进不同学科知识间的整合

数学学科与其他学科知识有密切的联系。比如行程问题、正比例函数、反比例函数中蕴含大量物理知识，浓度问题与化学知识密切相关，甚至翻折、旋转、轴对称等图形的变幻蕴含数学之美，与美术相关知识有密切联系。数学综合实践活动课的开发，可以促进学科知识间的整合，使学科知识不再单一。

二、数学综合实践活动课的实施

（一）数学综合实践活动课的开发

初中数学包括四个学习领域，分别是数与代数、空间与图形、统计与概率、实践与综合运用。教材中，实践与综合运用并没有完整的课题，也没有具体的课时安排，而是被整合进了前面几个领域中。在具体的教学过程中，实践与综合运用往往被老师忽视，或是蜻蜓点水式的一带而过。但是，近几年的中考越来越侧重于学生实践与综合运用能力的考察。学生的实践与综合运用能力，仅仅依靠刷题是不可能提升的，必须在真正的实践操作中逐步培养，因此，开发数学综合实践活动课程是非常有必要的。在每个学习领域，老师需要根据不同的数学学科知识，开发符合学生数学知识水平的实践课题，引导学生将数学学科知识运用到解决实际问题中来。数学综合实践活动课题的开发与设计，要关注课题的实用性、创新性、综合性和开放性。

根据初中三年各领域的知识特点，我们共整合了 12 节数学综合实践活动课的课题，见表 1。

表1　数学综合实践活动课课题

相关领域	课　题
数与代数	数列的排列规律探索
	无理数的研讨
	怎样交话费更合算
	生活中的函数
	圈地问题(最大面积问题)
空间与图形	平面图形的镶嵌
	折纸中的数学
	七巧板中的数学
	寻找最短路径
	学校旗杆高度的测量
	遮阳棚的设计
统计与概率	家庭用水情况调查与水资源保护
	毕业典礼活动方案设计

(二)数学综合实践活动课的实施

数学综合实践活动课,倡导从"以知识能力为核心"向"以素养为核心"转变。在具体的实施过程中,不需要额外增加课时量,而是融合于数学课程之中。数学老师作为课程的具体组织者,引领学生开展课程的学习。学生在老师的带领下,以小组为单位,根据具体的实践课程,提出问题、设计方案、解决问题、汇报成果。一个课题的解决,不拘泥于一节课,允许学生在课外充分实践探索,最终拿出最佳的成果。现以"测量学校旗杆度"为例,向大家介绍数学综合实践课的实施过程。

课题:测量学校旗杆的高度

(1)问题的提出:学校进行升旗设备更新,将原来的手动升旗旗杆替换为电动升旗旗杆,旗杆的高度也和原来不同,大家都想知道新旗杆的高度是多少,你有什么办法在不放倒旗杆的前提下,测量出新旗杆的高度呢?

(2)分组实践:全班分为 4 ~ 6 个小组,各小组在组长的带领下,选择合适的工具进行实践,记录测量数据、计算最终结果,整理为实践报告材料。

(3)成果汇报:每组学生代表向全班同学汇报活动过程、测量结果及运用到的数学知识。

(4)延伸思考:对于这个问题的解决,大家还有没有其他的方法?

(同学们还想到了用速度、三角板、人站在旗杆下拍照等方法测量旗杆的高度。)

(5)实践活动总结:每位同学对本次实践活动进行总结,梳理实践过程中运用的相关数学知识,撰写数学小论文。

(三)数学综合实践活动课的评价

数学课程标准的基本理念是以评价促发展。数学综合实践活动课要设计多元评价体系,利用评价让学生认识自我、展示自我,促进学生全面发展。而传统的评价方式,一是以笔测的方式进行,用分数的高低对应学生的等级。二是在课堂上,老师提问学生回答后,老师给予鼓励性语言评价。三是作业批阅后,老师在作业本上进行文字点评或等级的划分。这种传统的评价方式,虽然有诊断、激励的作用,但对学生参与课堂的程度、与同学合作交流的广度、对知识挖掘的深度并没能准确地把握与反馈,学生较为被动。数学综合实践活动课,不以简单的对或错来评价学生,老师设计合理的评价量表,采用多维度、多角度评价方式。

三、数学综合实践活动课的价值

(一)探索学科教学与综合实践活动课的整合方向,推进素质教育的全面实施

中小学综合实践活动课指导纲要中提到,在设计与实施综合实践活动课时,要引导学生主动运用各门学科知识分析解决实际问题,使学科知识在综合实践活动中得到延伸、综合、重组与提升。因此,学科知识与综合实践活动课的整合也成为如今课程改革的一大趋势。数学综合实践活动课的开发与实践,符合课程改革的方向,有助于提升学生核心素养,推进素质教育的实施。

(二)丰富学校课程体系,构建创新型校本课程

新一轮的课程改革进一步推进了课程管理体制的改革,确立了国家、地方、学校三级课程管理体系,学校在课程上有了部分决策权。很多学校依据自己学校的特色,开设了形式多样的校本课程。多数校本课程,以体育类、艺术类为主。数学综合实践活动课的开发,使操作类的创新型课程成为校本课程的一部分,可以进一步完善学校的校本课程体系。

(三)改善数学脱离生活实际的现实问题,让学生在实践中感悟知识与生活的密切联系

数学发展所依赖的思想在本质上有三个:抽象、推理、模型。通过抽象,在现实生活中得到数学的概念和运算法则;通过推理促进数学发展;通过模型建立数学与外部世界的联系。不管是抽象,还是模型的建立,都不能脱离现实生活,而现在的数学教学,重视学生运算、推理能力的培养,忽视了学生抽象能力和解决实际问题能力的培养。数学综合实践活动课的开发与实践,让学生体验建模的过程,灵活运用数学学科知识解决实际问题,感悟数学源于生活、数学服务于生活。

开设数学综合实践活动课,让学生把学数学与用数学结合起来,让学生领悟数学知识的真谛,从本质上提升学生解决问题的能力,进一步培养学生的问题意识,提升学生的数学素养。另外,开设数学综合实践活动课也可以使数学老师的课堂教学能力与综合素质有所提升。

(原文发表于2020年7—8月《山东教育》,有改动)

指向学科核心素养的体育教学新问题与对策研究

阳信县第一实验学校　王辉

一、前言

所谓指向学科核心素养,是指从学科架构视角将学科的定位、性质、内涵有机贯穿于学科教学过程中的一种着重学科素质、学科思维和素养能力落实的教学理念。虽然我国中小学体育教学在素质教育改革政策和核心素养教育理念下主动进行了教学改革与教学实践探索,引发出大量教学手段与教学实践教育探索活动,推动了我国中小学体育在教学手段、教学方法、教学评价等多个层面的研究,但我国中小学生体质健康水平、体育学习意愿与自主体育锻炼意识的养成率呈逐年下降态势是一个不争的事实和教育难题,35.2%的学校甚至出现主动降低体育学科要求和教学难度的尴尬现象,不得不让我们反思体育教学改革存在的深层问题。真正高质量的学科教育是以学科教学为介质,培养学生适应终身发展和未来竞争所需的正确价值观念、必备品格和关键能力的教育。体育是贯穿整个教学体系和对个体体质健康具有终身影响力的教育活动,因此中小学体育学科核心素养的教育探索具有重要时代意义和社会意义。中小学体育教学只有落实核心素养要求,以学生的学习现状和需求为出发点,使体育教学具备关键性、终身性并贯穿学生发展过程始终,加强关注学生的体育情感、情境性、动态性成长体验和诉求,突出体育教学活动中学生的知识、技能、情感、态度和价值观等素养的培养顺序和要点,才能改变当前我国中小学体育教学功利性、单一性、短视化教学的现状。本文就指向学科核心素养理念,探索中小学体育教学在核心素养定位、性质、内涵认知和实践过程中存在的新问题,并在此基础上探求具体解决对策,以提升我国中小学体育教学核心素养的水平和成效。

二、培养学科核心素养背景下我国中小学体育教学存在的问题分析

(一)学科核心素养意义理解不全面,核心素养教与学的目标性不明确

中小学是学生身心发展最为迅速、体育情感和体育价值观初步定型的关键时期,该时期的体育技能、体育情感与价值认知水平对学生今后的体育学习与终身体育意识的最终形成具有重要作用。因此注重启迪、情感关注、体育价值观培养和体育运动技能的成长性、发展性是当前中小学体育教学的关键和突破点。2014年教育部要求落实体育教学的核心素养教学意识和途径;2016年教育部提出中小学生的体育核心素养要求;2017年《体育与健康教育准则》要求在实践中培养核心素养,但有高达78.9%的学校管理者对指向学科核心素养理念的理解不全面,导致69.8%的教师认为学科核心素养的具体指向局限在学生的体育品德、体育运动能力以及健康行为几个方面,不关注学科核心素养的整体效果。即使教师在教学过程中兼顾了学生的创新思维,但80%的内容实际上是教师在确定了具体教学模式后按照预设引导学生形成的既定结论,难以真正实现创新能力的培养。

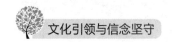

（二）核心素养教学缺乏明确的过程顺序和目标指向,拉低落实层面的执行力

指向学科核心素养在体育教学中的提出给中小学体育教学带来了诸多改变。首先,教学内容上,改变了过去中小学体育教学以单一的运动技术教学为主线,以传授基础知识和基本技能为唯一目标和过度关注技术细节、技术要求的现象。从教学思想上教师能够尊重学生的主体地位,依据学情、学生身心发展规律组织教学,注重教学评价的引导与反馈作用。但按照学科核心素养理念来看,当前中小学体育教学缺乏过程顺序和目标指向,虽然提出了"从理念到现实,从活动到学科,从课堂到课程,从先天到后天,从双基和三维目标到核心素养"的过程顺序和目标指向,但在实际教学过程中,学科核心素养体系建构过程尚未解决和明确,特别是体育学科核心素养内涵、培育过程和评价依据等根本问题依然还是围绕体质测试、体育运动技能成绩而设计,并没有从根本上加以解决。

三、培养学科核心素养背景下我国中小学体育教学改革与提升对策分析

（一）明确体育学科核心素养教与学的目标指向,注重核心素养教育的过程性和结果预期性

培养学科核心素养背景下,探索我国中小学体育教学改革与提升对策首先要解决的问题就是明确体育学科核心素养教与学的目标指向,注重核心素养教育的过程性和结果预期性,这也是素质教育背景下中小学体育教学尚未解决的学科疑难问题,也是今后体育教学实现核心素养培养的关键突破点。

（二）加强对核心素养教学过程顺序和目标指向明确性的探索,加强落实,真正关注能力和素养的兼容性成长

指向学科核心素养提出已有五年之久,却至今难以在教学实践层面引起足够关注和产生较好的教学成效,主要原因在于核心素养教学缺乏明确的过程顺序和目标指向,执行力弱。我们需要加强对核心素养教学过程顺序和目标指向明确性的探索,加强落实,真正关注能力和素养的兼容性成长。这就需要我们打破当前体育教学以运动项目选修为教学单元,以体质测试、体育单项运动成绩为唯一考核标准的授课机制。应从体育人文、体育学科本质出发,以"立德树人"和"终身体育"为根本培养目标,通过有层次、有顺序的体育教学活动的组织,促进学生分阶段的核心素养培养目标和能力达成,根据学生的身心发展规律和认知规律,制定指向核心素养培养的教学目标,使学生"学为愿学,学为所用,学有所长",使教师"教为所学,教有所用,教有所长",以实现体育学科核心素养培养目标和教育理念。

（原文发表于 2020 年 11 月《青少年体育》,有改动）

研修体会

向往更美好的教育

劳店镇学区　张雪峰

一、文化自觉，学校管理的更高境界

学校文化，是在长期办学过程中积淀而成的一种特殊的气质、特色、氛围，包括精神文化、课程文化、课堂文化、制度文化等。目前学校普遍认识到学校文化的重要性，大都倡导以人为本，把人作为教育实施的核心，用文化来统领学校，走和谐的文化管理之路。文化管理较人治管理、制度管理而言，显得越发人性和具有生命力。它实践了办学校就是办文化的理念。当它像空气一样弥漫于整个校园时，学校管理便走出了成功的一大步。

文化管理虽然是一种高级管理方式，但如果融入教师的自发自觉，就将步入一个更高的境界——文化自觉。

所谓文化自觉，就是学校文化的自我觉醒、自我反思、自我创建，表现在教师身上，就是自觉地树立教师信仰，自觉地完成学校任务，自觉地履行学校公约，自觉地成为表率，自觉地探索创新；表现在中层领导身上，就是自觉地筹划工作，自觉地提高执行力，自觉地把握全局，自觉地去做正确的事；表现在校长身上，就是自觉地更新办学理念，自觉地构建精神文化，自觉地唤醒和引领师生幸福前行。

二、专业自觉，团队成长的最佳状态

学校工作千头万绪，但最主要的是人的问题。事在人为，在学校，事在师为。学校的一切工作、校长的办学理念最终要靠教师来实践和落实，教师团队的素养决定了办学的水平，教师专业成长是学校发展的不竭动力。

现实中，我们一些教师忙于日常工作，辛苦而无悔，却很少学习和研究、反思和总结，造成个人教学理念、教学方式的滞后，专业成长成为空话。

专业自觉，是一所学校发展的基础。校长要引领教师自觉地走专业成长之路，让其享受成长、感受成长的幸福，提升专业技能，不但要提升教师的思想境界，更要为学校发展注入不竭的动力。

唤起教师的专业自觉，校长要以身作则，率先垂范，高举旗帜，走在前面，要深刻思考校长的使命和担当、工作的方式和方法。

三、生命教育，学校育人的更高目标

教育，是一棵树摇动另一棵树，是一片云推动另一片云，是一个心灵唤醒另一个心灵。教育的功能是唤醒和点燃，教育最终要落脚于人的成长。

要打造生命化课堂。课堂是师生生命成长的场所。课堂应该是"思维场"，注重智慧的生成和发展；应该是"情感场"，注重情商的培养和心灵的陶冶；应该是"发展场"，一切归结于孩子和教师的生命发展。现在的课堂应该由知识化课堂向生命化课堂转变。生命

化课堂是一个崭新的概念，真正体现了人本理念，关注人的生命，关注人的成长。生命需要用生命呵护，成长需要用成长来扶持。生命化课堂必须是真实的，而非虚假的；必须是深刻的，而非肤浅的；它不需要做作，需要的是扎实、充实、平实和真实。

要构建生命化课程。课程是学校教育的载体，反映的是校长的办学理念，决定的是学校的办学品位。校长要提升课程规划力和课程领导力，做好课程的开发与整合，借助课程，使学生的学科素养得到提高。课程构建要心中有人，心中有爱，心中有差异，要尊重学生个性与选择，让孩子从小选课程，长大选人生。校长要提高课程意识，从教学意识向课程意识扩展，关注人的成长，丰富人的精神世界，通过课程实施丰富人性。学校要创造性开设好入校课程、离校课程、升旗仪式课程、大课间课程、班会课程、节日课程、班级文化课程等，把碎片化教育整合为关注生命成长的课程。要切实开展好阅读课程，通过阅读让孩子与文本对话，在阅读中感悟，在阅读中提升人文素养，在阅读中自我教育。

四、依法治校，校长办学的更高层次

加强学校制度建设、提高法律风险防范能力是校长的必修课，要求校长多学习、研究有关教育法律法规，提升法治思维，运用法治方式。

法治思维指国家机关及工作人员依据法治理念，运用法律规范、法律原则、法律精神和法律逻辑对所遇到和所要处理的问题进行分析、综合、判断、推理和形成结论、决定的思想认识活动与过程。法治方式是运用法治思维来处理、分析和解决问题的行为方式。校长应当具备法律规则意识、底线思维，服从法律权威，自觉将法治精神、理念、规则运用于认识、分析处理问题的过程中实现权力的规范化运行，协调国家权力与公民权利之间的关系，从而办人民满意的教育。

此去浙大应有忆，映日荷花别样红

河流镇学区　杨强强

"问渠那得清如许，为有源头活水来。"炎炎盛夏，酷暑七月，带着些许期待，我们阳信县名校长及教育干部培训班在西子湖畔的浙江大学开班了。短短几天时间里，专家的报告、学员的研讨、现场的教学，掌声不断，异彩纷呈，如同一股清泉流淌心田，沁人心脾，令我对校长办学和管理学校有了新的思考和认识。

一、学生素养与教师素养并重，校长应更多关注教师素养

振兴民族的希望在教育，振兴教育的希望在教师。目前，关于学生核心素养的话题越来越多。我想，关注学生的核心素养就必须关注教师的素养，没有高素质的教师怎能培养出高素质的学生？因此，我们在关注学生核心素养的同时，必须高度关注教师的素养，而且要千方百计采取一切措施来提高教师的素养。

教师的职业素养要求是师德好,业务精。教师的人格魅力、价值取向和人生态度对学生、对教育效果会产生深远的影响。韩愈说:"师者,所以传道、授业、解惑也。"传道、授业、解惑的能力,就是对教师应该具有的职业素养的高度凝练。当然,教师的学习能力、研究能力、创新能力、信息技术能力、阅读能力也是必不可少的。具备良好职业素养的教师,才能在工作中展现自己的才华,以身作则,言传身教,培养具有核心素养的学生;才能记得来路,不忘初心,砥砺前行!

二、关注学生的生命成长,为花季学生护航

周仁娣教授专注于研究青春健康教育,她告诉我们:作为教师,更应该做到以生为本,关注学生的生命成长,为青少年护航。我们要重视"培养什么样的人、怎样培养人和为谁培养人"。学校的领导、老师必须了解孩子,了解学生的生理发育和心理发展规律,才能有效地管理、引导、教育孩子。

真正意义上的教育是以青少年的发展为主体的,教育的全部价值都应归结到青少年身上。提升青少年的生活品质,让他们健康成长、幸福生活是当代教育所要关注和解决的重大问题,也是教育的真正核心所在。关注青少年的生命成长是关注未成年人思想道德建设的内容之一。

教育要有前瞻性,要潜移默化地进行。做人比读书更重要,心理健康和生理健康一样重要。学校要指导家长开展家庭青春教育,因为家长是孩子最直接、最安全、最适宜的青春健康教师。

校长、德育主任,特别是班主任,要不断学习,不断提高,通过自身的健康心理状态和良好的心理素质去感染与影响学生,帮助学生解决成长中的各种问题,克服发展中的各种困难,以获得人格的健全发展。

三、弘扬中华优秀传统文化,树立文化自信

党的十九大报告指出,文化自信是一个国家、一个民族发展中更基本、更深沉、更持久的力量。而要真正做到文化自信,必须学习中华优秀传统文化,传承中华优秀传统文化,弘扬中华优秀传统文化。

我们中小学的文化自信要建立在中华优秀传统文化的基础上。国学是中华优秀传统文化中的精髓部分,要经过创造性地转化和创新性地发展,从中提炼出优秀的文化基因、文化要素、文化精神,才能构建中华优秀传统文化这一"中华民族永远不能离别的精神家园"。

我们坚定文化自信,首先要将中华优秀传统文化根植于学生的价值观培养中,落实到学生的日常生活学习之中。中华优秀传统文化是社会主义核心价值观的重要文化源泉。校长、教师要引导中小学生树立正确的世界观、人生观、价值观,扣好人生道路上的"第一粒扣子"。

文化自信建立在中华优秀传统文化基础上的方式方法,就是要变"教"为"育"。注重国学经典的体验与实践教育,以文化人,以文育人,知行合一。将国学经典通识教育融入

家庭、学校与社会,在行住坐卧的日常生活中,在对待父母、师长和同学的态度言行上加以应用实践,不断提高国学教育培育人格和启迪智慧的教学效果。

历时一周的培训匆匆而过,历经洗礼的心灵久久不能平息。培训的结束意味着新的开始,在今后的工作学习中,相信有领导的关怀、专家的引领、同伴的互助、师生的奋进,我们阳信教育一定会创造一番别样美好的天地。

未来的样子,终由你自己决定

阳信县第三实验小学 刘召英

说实话,没有经历过大学的时光对我来说终究是一件憾事。听说我们要去浙江大学学习,心里有说不出的激动。

漫步浙江大学华家池校区,垂柳、香樟树交相辉映、直插云霄,一池的荷花轻盈绽放,参差不齐。池中央赫然印着浙大校训"求是创新"。浙大秉承"务求实学,存是去非"的办学理念并赋予其新的内涵:博学审问、深思熟虑、自出心裁、辨别是非。

一、要有丰厚的知识储备

身处知识更迭的时代,不做旁观者,才能变成真正的行者。做教师更应如此。专业知识储备是教师的基本要求和必要条件。缪水娟老师在"基于核心素养的学校教学改革"的报告中谈到,中国教育最本质的就是教师应创设富有文化影响力的教育,唤醒学生的内在需求,促进学生核心素养的发展。对于"核心素养",缪老师谈到1个核心、3个方面、6大素养、18个要点。王莺老师谈到自己任校长期间,开学做的第一件事就是让各科老师默写所任学科、所教学段的课程标准……这些让我深知自己的欠缺与不足。

二、要有探究的品格

"创新是一个民族进步的灵魂,是国家兴旺发达的不竭动力。""创新是人类真知的全部来源。"可以说,人类从蛮荒走向文明、从蒙昧走向有知、从远古走向现代的漫长历程中,每一次进步都体现着创新的作用。沈启正老师讲了一个例子引起我的反思。一个学生发现不同的书上海市蜃楼的图像有的是正的,有的是倒的,于是问:"沈老师,海市蜃楼成的像究竟是正的还是倒的?"一向博学的沈老师也不知道准确答案,就答应学生课下查查。一天、两天过去了,沈教授没有找到准确的答案,一连十几天,国内的图书馆找遍了,仍未找到合理的解释。沈教授没有就此止步,而是扩大搜索范围,终于在国外的学术杂志上找到了精准的答案及原因。如获珍宝的沈老师不仅告诉了学生正确答案,还给出版社写了一封信,要求更正书中的错误。沈老师在报告中谦虚地说自己才疏学浅,但我想教学中他不盲从、不轻弃、不屈服、不张扬的品格已深深地印在学生的心灵深处,这便是教育过程中彰显的大智慧!同为教师,专业成长之路迥异,就在于有的人知道了懂得去研究,有的人知道了不去行动,成功会垂青探究之人。

三、要有坚持的精神

"不积跬步，无以至千里；不积小流，无以成江海。骐骥一跃，不能十步；驽马十驾，功在不舍。锲而舍之，朽木不折；锲而不舍，金石可镂。"坚持，就会创造奇迹。试想，当王莺老师自认为教得特别优秀的课却被师傅批得体无完肤后，不去反思、超越、改变，会有今天的硕果吗？张重辉老师在谈到家庭出身时说当时父母生病，他作为知青却去了黑龙江，条件艰苦，处境恶劣。如果他不够执着和坚毅，能顺利走到今天吗？试想：我们天天让学生多读书、读好书，我们教师中能有几人能甘于寂寞，尽享孤独地去书海里遨游？我们天天让学生认真、按时完成家庭作业，又有几人能以我要成长的标准严格要求自己？个别学生思想有波动，又有几个老师能不厌其烦地对学生的问题进行深入思考，长期追踪……行事贵有恒，长久自芬芳，我们需要的是静下心来、沉下心来。

学习，是对自己最好的教育。浙大培训让我懂得一名优秀教师要有丰厚的知识储备，要有乐于探究的品格，要有始终如一的坚持精神。丰厚的知识储备，让我们有能力去解决人生路上所遇到的种种挑战和困难；探究的品格使我们有坚定的信念，去赢取未来人生路上所遇到的种种机会和可能；坚持的精神让我们不断提升自己、沉淀自己……我的未来，也许取决于很多要素，但是最核心的、最根本的要素，终究还是我自己……

忆江南——浙大学习修行

阳信县金阳街道张黄小学　郭书国

第一次参加"三名"建设工程培训活动，第一次在"人间天堂"杭州进行学习深造，第一次在浙江大学参加培训，聆听"苏派"专家讲座，何其荣幸！高见卓识，核心素养，坚守国家课程价值；深度对话，明晰教育教学新追求；管理情绪，化解压力，快乐从心开始；案例分析，以人为本，走出误区；理想课堂，文化创建，教育不是雕刻而是唤醒；信息技术重构我们的教学方式，在游戏中学会学习；针砭时弊，教育不要口号化，走向更有效的协作研究；用音乐点亮人生，加强人文修养，坚守高尚情操。

一、不断修行做人师

我的课堂高效吗？学生善学吗？学生乐学吗？沈启正教授的讲座"理想课堂的文化创建与教师发展"带给我深深的思考。他说，要用教育理想打造理想课堂，在理想课堂中，教师要少讲精讲，把课堂话语权还给学生，充分发挥学生的主动性、积极性，让学生多学；教师要预设合理，引导得当，把学生思维的启动点、练习点、转折点、拓展点、批判点依次展现，充分发挥学生的主动性、积极性，让学生多学、善学、乐学！一句话：理想课堂是一种教学形态，集中表现为教师教得轻松、学生学得愉快。那我们的课堂呢？

扪心自问：我们教得轻松吗？学生学得愉快吗？在多次打磨的优质课中，我们已经设定了程序和步骤，不允许有新的生成与挑战，不允许打乱原来的阵脚。展示课成了表演课，

学生慢慢地丧失了激情与智慧，缺少生机和活力。在常态课中，我们有没有接受学生的质疑呢？

沈教授对于学生质疑"海市蜃楼成像是正还是倒"进行了大量的资料查阅，从国内到国外，最终弄明白了答案，纠正了教材的错误。沈教授的治学精神令人敬佩，他的严谨探索也成就了他。我也有过类似经历。学生质疑教材中的用字错误，我查询《新华字典》《现代汉语词典》，向《小学语文教师》求教，最后证明是教材的失误，得赠两本《小学语文教师》。这让我兴奋不已。教师要有渊博的知识和丰厚的文化，要不断学习专业理论知识，从"似匠如医"的经师、"似镜如灯"的能师成长为"似水如云"的人师。

二、用好手机做能师

科技变化日新月异，手机功能不断升级。现在人不离机，机不离手，手机支付、扫码识别……迷恋手机也会误事，关键是老师如何利用手机服务教学，让课堂充满生机。

章苏静教授在"信息技术视频下的课堂变革"讲座中展示了功能多样化的智能手机应用于课堂教学的神奇效果。一位年过花甲的老太太在课堂上运用手机教学得心应手、驾轻就熟，有线连接、投影仪无线连接、印象笔记、语音笔记、讯飞翻译，使游戏化学习与学习游戏化有机结合。对手机使用宜疏导不宜围堵，我们应该充分利用手机引发学生的学习兴趣。

三、艺术修炼做"善"师

艺术追求的是美，人文追求的是善。张重辉教授的讲座"音乐与人文修养"，让我们感受到音乐的人文魅力。我们不可能都做音乐老师，但可以通过音乐传递人文精神。

学生的思想教育不能单纯通过说教，可利用文化艺术的感染和熏陶作用。情动于中而行于言，触动内心，才会有感而发。琴、棋、书、画、剑、诗、医、茶、花，我们可以利用擅长的艺术形式，向学生传递人文关怀，使其感受艺术的魄力。我向学生展示自己精心制作的剪纸作品，对称的造型、红艳的色彩、巧妙的数字，吉利吉祥喜庆。学生在感受美妙的剪纸艺术时，也接受了传统文化教育。

做关注学生健康发展的教师

阳信县第三实验小学　　王冬梅

一、做幸福的教师

马卡连柯说："我确信我们的教育目的不仅仅在于培养能最有效地参加国家建设的那种具有创造性的公民，我们还要把受教育的人一定变成幸福的人。"苏霍姆林斯基也认为，要使孩子成为有教养的人，能快乐、幸福地面对世界。可见，培养幸福的人，让幸福伴随孩

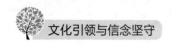

子一生,是教育的终极目的之一。

幸福是一种心态,感受幸福是一种能力。世界上没有哪一个人能将自己没有的东西给别人。教师要培养幸福的学生,自己首先要做幸福的教师。

本次学习,龚惠香教授给了我很大启发。龚教授指出,面对同样的刺激,处理的方式不同,结果也会不同。教师应该学会调节自己的情绪,及时疏导负面情绪,做情绪的主人。

教师面对的是世界上最可爱、最纯真的孩子,这是一种自带幸福的职业。我们在工作和生活中不是缺少幸福,而是缺少感悟幸福的阳光心态。清晨起来,我把温柔的叮咛送给亲爱的儿子;上班路上,与熟悉的家长亲切地打着招呼;来到学校,与执勤的同事真诚地问候;走进教室,把阳光的微笑传递给可爱的孩子们……这不就是幸福吗?上课,看到孩子们为解决了难题而舒展的眉头;下课,孩子们叽叽喳喳地围绕在身边说他们的趣事与糗事;放学,与家长交流孩子们的成长问题……这不也是幸福吗?苦乐全在琐碎、繁杂的工作和生活中,我们改变心态,就会时刻被幸福萦绕。

幸福的人,总是给人花一样的芬芳,给人阳光一样的温暖,给人柔风一样的舒爽。只有师生共同拥有舒展的心灵,才能温暖彼此、滋养彼此、成就彼此。作为一名教师,我要努力修炼自己,拥有阳光心态,多一些理解、宽容、信任和欣赏,做情绪的主人,在眼前手边、心灵深处寻找和发现教育中的快乐,体验和感悟教育的幸福,做一名幸福的教师,打造幸福的课堂,培育幸福的学生!

二、做学习型教师

曾看过这样一组数据:一个大学毕业生工作所需的知识只有 5%～10% 是在校获得的,而 90%～95% 的知识是在工作以后的不断学习中获得的。

章苏静教授在报告中指出,优秀的人会用互联网迭代升级自己的知识,利用各种高效工具把别人甩在后面。更让我敬佩的是章教授虽然年近 60 岁,但她对信息技术的深入研究和娴熟的应用震撼了我。旅行时她用翻译 App 导游;她自制阳台花卉智能浇灌装置,根据天气情况、花卉喜水情况智能浇灌;她带领学生开发学习游戏,结合孩子爱玩的特点,使学习游戏化,让孩子们像爱玩游戏一样爱上学习。章教授这个年龄,在学生时代应该也没有接触电脑,这些都是她与时俱进、后期学习的。比她年轻的我还有何理由不去努力学习?

"问渠那得清如许,为有源头活水来。"在科技迅猛发展、信息爆炸的新时代,要成为一名合格或者优秀的教师,就必须不断更新知识储备,不断加强学习,熟练运用现代化教育教学技术和手段;要成为学生的良师益友,就必须顺应时代的发展,不断转变教育观念,注重学生的能力培养和情志发展;要成为一名平凡但不平庸的老师,就必须跟随时代的步伐,坚持思考和学习,不断提高自身素养。只有做一名学习型教师,不断充实自我,不断超越自我,不断完善自我,才能实现与学生共成长。

三、做会欣赏学生的教师

学生是独立的个体,差异是客观存在的。孔子提出"因材施教",可在实际教育教学中这一教学原则往往浮于表面,或许下面的案例会给我们更多的启发。

王莺老师讲了一项特殊的作业——绘画周记的故事。原来,王莺老师在天长小学任教的时候,每周三都会安排学生写一篇周记。有位善于绘画但不擅长写作的学生周四上午总是"生病",王莺老师后来根据学生的差异,答应这位学生周三的周记可以是绘画,但要配上简要的文字说明,至少要有个标题。这样每周四这位学生就会交上一份特殊的周记——绘画周记。绘画周记中不仅有精美的图画,还有醒目、新颖的标题,更有简洁、优美的文字说明,这也成为每周四老师们期盼的时刻,这个孩子一交上作业,老师们就会聚拢过来争相传阅、欣赏。正是这样的特殊作业,成就了这位学生——中央美术学院的优秀学生。

每个孩子都是独特的,是立体的。只有我们多维度去看我们的孩子,用更多的关爱来滋润孩子成长的心灵,用多元的观点评价孩子,我们才会看到孩子更多的优点;只有老师会欣赏我们的孩子,才会发现鲜花有鲜花的芬芳,大树有大树的风采,小草也有小草的魅力。

这次学习使我深刻感悟到:教师要立足学生的健康发展,不断充电学习,学会分解工作压力,学会欣赏学生,学会享受课堂和学生的成长……学会在平凡、清贫、琐碎中不断汲取幸福和快乐的元素,和学生一起用爱的芬芳酿出甜蜜,萦绕成一团团幸福!

为期一周的浙大学习虽已结束,但浙大"勤学、修德、明辨、笃实"的价值观将继续激励着我前行。在未来的教育教学路上,我愿不断修炼自己,让自己成为一束光,照亮自己,更照亮学生前行的路!

学思相融记于心,思行相兼方留痕

阳信县实验幼儿园　孙伟

此次南通学习,收获颇丰。我们零距离了解了南通的幼儿教育和幼儿教师。在南通如东青少年宫幼儿园的数日跟岗学习让我感恩、感动,深深地感动于她们的敬业精神,折服于她们的专业技能。

一、课程开发幼儿为本,选自生活返璞归真

当我们只关注孩子的行为时,就没有看见孩子;当我们关注孩子后面的意图时,就开始看孩子了;当我们关注孩子意图背面的需要和感受时,就真的看见孩子了。

幼儿园课程的开发,要从幼儿身边的事物着手。教师要有善于发现的眼睛,捕捉教育的契机,由一个点展开,扩展到幼儿教育的各个领域,形成网络式课程。把时间还给孩子,优化一日活动作息;把空间还给孩子,优化孩子室内外游戏环境;把材料交给孩子,改变材料的选用习惯。以课程原本化为基本途径,将游戏精神融入课程建设全过程,让教育像呼吸一样自然。

(一)听出"心意",悟出"创意",幼儿园课程游戏化

多元课程,多彩美丽,在精彩的课堂教学中,我们不仅领略了如东青少年宫幼儿园教师

的风采,更饱食了教育大餐。如东青少年宫幼儿园的每位教师极力为孩子们创设宽松的氛围,知识不是教师讲出来的,而是幼儿在直接感知和亲身体验的基础上总结出来的。

幼儿园课程游戏化的目标是"树立正确的儿童观、游戏观、课程观,使幼儿园课程实施符合幼儿身心发展规律和学前教育规律,促进幼儿健康快乐成长"。如东青少年宫幼儿园以游戏为基本活动,关注幼儿的经验和体验,让幼儿以游戏的方式学习,可以更好地激发幼儿的自主探究和学习。

(二)混龄教育和谐共生,以大带小其乐融融

幼儿阶段是儿童社会性发展的关键期。如东青少年宫幼儿园的混龄教育模式,为幼儿提供了一种能和不同年龄同伴交往的环境。该幼儿园每周五开展"混龄一日活动",幼儿自由结伴,由两名大班幼儿和一名小班幼儿组成"三口之家",在入园、晨间活动、区域活动、早操、午餐、户外活动等环节开展一日混龄活动。在混龄活动中,大班的幼儿获得了展示自我的机会,懂得照顾、帮助比自己小的弟弟妹妹,做他们的榜样,增强了自信心和自豪感。小班的幼儿有了崇拜和模仿的对象,获得了同伴的引领,丰富了生活和学习经验。"小社会,小家庭。"生活与教育相辅相成,以大带小其乐融融。

二、立足园本做教研,思维导图来呈现

教科研是幼儿园可持续发展的不竭动力,是教师对教育规律的深入探究,是教师对教育教学现象从感性认识上升到理性认识的必由之路。只有将教研与实际的教育教学、游戏和幼儿生活相结合,才能发现问题、研讨问题、提出建议、解决问题。

在如东青少年宫幼儿园,我们看到了实实在在的教研。研讨问题来源于幼儿生活活动或游戏中的问题,来源于课程开发过程中的盲点,来源于观察幼儿的小发现,来源于区域游戏和材料的小碰撞……所有的问题都与幼儿有关。教研之前提出问题,引发思考,结合实际,准备材料。教研过程中,教师轮流发言,轮流做会议书记员及时记录、分类和总结教师的发言。教研最后环节,书记员现场用思维导图清晰梳理,帮老师们回忆此次教研的思路和今后研讨的方向。

三、业务精湛重团建,素养高尚重学习

古话说,"千人同心,则得千人之力;万人异心,则无一人之用"。如东青少年宫幼儿园师徒结对的阶梯式教师培养机制,极大地调动了年轻老师们的积极性,为我们提供了学习的榜样,指明了今后的努力方向。

思悟同行促成长,每一次学习都在交流中共享智慧,在探讨中不断提升。让我们一起携手,根据儿童的需求,读懂儿童背后的兴趣与等待,让幼儿园的每一个活动都成为精彩的课程。

隆冬踏雪，来一次唤醒之旅

阳信县实验小学　文玉燕

德国教育学家普朗格说，教育的最终目的不是传授已有的东西，而是要把人的创造力量诱导出来，将生命感、价值感唤醒。

——题记

隆冬，长春迎接我们的是一片圣洁的天地，到处银装素裹，一片洁白。再看街道的装扮、建筑，无不显示着这座城市的悠久与独特。手扶在东北师范大学"斯文在兹"的石头上，更能感受到这座城市的厚重与儒雅。寒冷没有让我瑟缩，反而激发了我与之抗争的激情，我想这就是外在的一种唤醒吧。如果说寒冷是一种外在的唤醒，那么专家的讲座就打破了我内在学习需求的平衡，唤醒了我内在的学习需求。

一周的时间里，聆听专家讲座，参观学校，与同伴交流，对自己触动最大的可以用三个关键词表达：创新、互联、方向。

一、创新是发展的基因

吉大附中，创新的汇聚地。

走进校园，最耀眼的就是学校的红楼梯。校长说这里是孩子们举行庆典的地方，各种大型活动等都在这里举行。我想这里就是文化设计大师张晗东教授所说的视觉焦点吧，若干年后这里将是孩子们充满回忆的地方。红楼梯前右侧是图书馆，楼梯下方是羽毛球馆，墙上是学校的 logo，楼梯正对面是一个大电子屏。

校长带领我们参观了班级、功能用房。我最大的感受就是：只有让孩子们充分利用的资源才是好资源。他们的功能用房从来都不关门，孩子们吃了饭，想什么时候学就什么时候学。中午时分，我的确看到了功能用房中有跳舞的、绘画的、吹奏乐器的学生，孩子们享受其中。校长鼓励孩子们充分利用闲暇时间，他认为闲暇时间干的事一定是一个人热爱的事。这样的理念不能不说创新吧。杜威说："如果用老师教自己的方式教学生，就是在掠夺孩子的未来。"因为教育要培养适应未来社会的人，现代教师需要用创新的思维，在信息技术的辅助下设计课程、学习模式等来满足学生的需求。因此，创新是时代的需求，是一个学校发展的基因。

二、互联是学习知识的关键

"互联"是张晗东教授口中的一个词。他指出好的校园文化一定要与孩子互联，好东西只有融入孩子们生活、走进孩子们心里才能发挥其应有的作用。他提出的"虚位以待"文化就是互联最好的体现。比如，一所学校里，巴金爷爷的塑像落座在树下，铜像旁边是几把铜椅，这便是虚位以待。孩子们可以坐在巴金爷爷的腿上、椅子上与巴金爷爷交流、讲故事，巴金爷爷就从书本上走进现实中，成了孩子们记忆的一部分。这样的文化就与孩子们发生了互联。张教授还设计了很多独特的校园造型，孩子们都可以从中穿梭、玩耍、

照相等,让冰冷的建筑与孩子们的生活互联。他说文化只有与孩子们互联,成为校园文化的一部分,才能记载历史、承载记忆。

三、方向是专业成长的明灯

方向对了,努力才有价值。

刘华教授的讲座让我认识到,名师得找准自己的研究方向,什么都懂就什么也不精了。抓住一个点研究,才能深入。这些观点,让眉毛胡子一把抓的我扪心自问:我的研究方向是什么?研究的点又是什么?我幡然醒悟:作为名师培养人选,我应该有一定的定力,在这个仁者见仁智者见智的时代,角度决定锐度,如何明辨是非、坚持自己的方向,才是最重要的。

教学中,一不小心就会陷入繁杂琐碎之中无法自拔。一个人的精力是有限的,因此明确自己想要什么,并正确取舍也是成长的一部分。

当然,选择了方向也就是选择了坚持。诚如郭立国教授所说,任何一种成果都是长期的积淀。王志峰校长也说,机会来了,拼的就是平时的积淀、平时的厚度。我们朝着既定的目标前进,需要一步步地走,一点点地做,诚如合抱之木,生于毫末,九层之台,起于累土,千里之行,始于足下。

水本无华,相荡乃生涟漪;石本无火,相击乃生灵光。冰封桃园,塞外长春给予我的是唤醒,唤醒成长的欲望,唤醒坚定的选择,我想这就是学习最大的价值所在吧!

取经千里,只为遇见更好的自己

阳信县翟王镇中心小学　丁晓努

2019年11—12月,我先后到潍坊和威海参加由山东省教科院组织的教学研讨会议。虽路途遥遥,却也着实让人回味悠长,收获满满。研讨会上的所见、所思、所感,将注定会在我的教育生涯中留下浓墨重彩的一笔。

一、"崔六招"妙计,破冰教师专业成长之路

11月17—18日,山东省县域教科研工作研讨暨学校发展现场会议在潍坊举行,来自全省乃至全国各地市的专家领导,给我们带来了一场知识盛宴。这里既有前沿的理论分析,也有诸多扎实有效的科研改革经验。其中,给我印象最深刻的专家是来自华东师范大学的崔允漷教授。

崔教授在报告一开始就指出:"当下培养学科核心素养就是要落实'以学生为主体'这一核心理念,我们教师不要再单纯地教授学科知识,而是要重视学科育人,培养学生的核心素养就好比是构建学科教育的家。"那么我们要如何落实指向学科素养提升的教学工作呢?

崔教授为我们支了几招,并幽默地称之为"崔六招"。"崔六招"直指学校科研改革的主要矛盾,至今仍是指导我课堂教学的"法宝"。第一招,努力让国家课程校本化,也就是先研究国家课程教材、学情资源等,建立学科素养目标体系,再超越学科内容知识界限,予

以整合重组,形成富有学校特色的校本课程体系。当然,教师的课标分解和续写能力是此项工作的基本保障。第二招,设计深度学习。指向核心素养的学习必须是深度学习,即高度投入的学习,所以教师备课时要反复围绕"如何让学生深度学习"进行设计。第三招,采用大单元备课。站位决定眼界,教师首先要制订好学期或学段计划,然后进行大单元设计,再逐步细化到各个课时的设计。大单元设计涉及的主要方面有课题与课时、单元目标、评价任务、学习过程、学习与检测、学后反思等。第四招,变教材内容为教学内容。教学内容是与教学目标相匹配的内容,我们要积极地进行教材内容重组,不片面教教材。第五招,探索不同学科典型的学习方式。比如,医学的典型学习方式是临床,语文的典型学习方式是阅读与鉴赏、表达与交流……总而言之,要尽可能地让学习方式与目标相匹配。第六招,实施"教—学—评"一致的教学。我们要努力让评价任务承上启下,教学目标指到哪里评价就跟到哪里,及时地进行"教—学—评"才是有效的教学。

"崔六招"就是崔教授为当今教育教学改革所开出的"处方药单"。我们教师虽身处当下教育改革的洪流中,但更多的时候是"看不清,想不破",满头雾水,不知所从!崔教授的报告就像一阵清风,瞬间就吹散了学校课程变革和教师专业发展中的迷雾,既让人看清了前方的道路,也让人甘之如饴。

二、学不等于会,内省提升才是真功夫

12月9—11日。我又有幸到威海参加了山东省"教—学—评一致性"课题研讨会议。这是山东省教科院专门以教学评价为研究载体,继续深化全省教科研改革工作的又一强心剂。

研讨会上,我们学习了威海经济开发区教育科学研究中心于丽萍主任"关于区域推进教学评一致实践探究"的研究成果、浙江台州学院王少飞博士关于"评价驱动教学"的学术报告;观摩了来自威海皇冠中学、威海市实验小学的两位教师在"评价量规"指导下进行的现场教学。次日,我们聆听了江苏省吴江实验小学教育集团总校长张菊荣"关于教学评一致性的课堂观察"的主旨报告。整个活动以教学评价实施的全过程为主题展开,有很强的借鉴与学习价值。

三、且行且思,只为遇见更好的自己

回到日常教学工作的日子里,虽忙碌,但培训中的所学所思总会时不时地提醒我时刻不忘教育教学初心,扎实走稳教师专业发展之路。

董菊初先生在《名师成功论》中提出了走"学者型名师"之路的观点:追求学者化应该是教师实现持续发展的一种高层次的追求,教师在发展的过程中,无论是书教得比较好,还是班主任当得比较好,都只是事业的基础。但要持续发展好,还要进行教育研究、探索教育规律、提升教育实效,进而将研究的东西整理出来——也就是写作,这其实就是在向学者型迈步。

所以,我也要努力朝着成为"学者型教师"而努力,既要教又要研,还要写。教是研的前提和基础,研则是教的总结与提高,而写则是教和研的概括与升华。当然"学者型教师"肯定不是一步到位的,或者那也许是我毕生都难以企及的高度。但学无止境,教无止境,

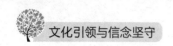

前路漫漫,吾亦将上下而求索,从做个教育的有心人开始,趁着光阴大好,努力朝着"学者型教师"迈进。

见贤思齐,学无止境

阳信县金阳街道张黄小学　孙玉川

2018年10月,我有幸来到鲁东大学,参加了为期十天的山东省小学音乐教师培训项目。专家的精彩报告、鲜活的案例令我受益匪浅。

一、人格魅力,净化心灵

社会发展对教师的要求越来越高,教师既是传道者,又是授业者。教师的一言一行直接影响着身边的每一个学生,为师者要从自身做起,不断提高自己的品德修养和业务水平,做到"学高为师,身正为范",从而对学生产生正面影响。教师高尚的道德修养、表里如一的言行,会对学生产生"随风潜入夜,润物细无声"的教育效果。作为新时代的教师,我们要做到以高尚的人格感染人,以文明的仪表影响人,以和蔼的态度对待人,以丰富的学识引导人,以博大的胸怀容纳人。

二、示范引领,指明方向

简约而不简单的音乐教学能够带动课堂气氛,提高学生对音乐的兴趣。因为音乐是听觉的艺术,需要老师动脑、用心,让学生心动从而达到教学目的。音乐欣赏是小学音乐教学的重要内容,它在开发学生智力、陶冶学生情操和培养学生气质修养等方面都有着不可忽视的积极作用。但是现在的音乐欣赏课并没有发挥其应有的作用,欣赏只不过是放放视频、听听歌而已,大部分教师把"音乐欣赏"上成了"听音乐",教学方法陈腐,模式单调,导致多数学生反映音乐欣赏课"没兴趣""没意思""听不懂",课堂效率低。更有一部分老师不知道音乐欣赏课该如何上。

教无定法,贵在得法。音乐欣赏教学要讲究策略,让学生动起来,能说则说,能舞则舞,充分发挥学生专长,张扬学生个性,让学生在欣赏过程中理解音乐内涵,体验音乐乐趣,领略音乐的独特魅力,从而提高音乐素养,真正成为欣赏课的小主人。这样,单调的课堂就会变得妙趣横生,学生也会爱上音乐欣赏课。

三、教海无涯,学无止境

想给学生一滴水,教师就必须具备源源不断的活水。专家讲的课就充分印证了这句话,他们用渊博的知识旁征博引,深入浅出地给学员们讲述深奥的理论知识和枯燥的乐理知识。令我记忆深刻的是梁玉建老师讲的"舞蹈审美与编创"一课。他从舞蹈的基本要素开始,把我们教学中经常用到的古典舞、藏族舞、蒙古族舞、维吾尔族舞、傣族舞、东北秧歌的基本动作,特别是对动作特点、动律、手位、步伐等一一讲解。他不仅要求我们学会,还告诉我们该如何去指导学生,以让学生在最短的时间以最好的状态完成动作。他不厌其烦地讲解着每个舞种的基本常识,演示着每一个动作,甚至眼神的位置、手形、每个动作的用力点等,连细微的地方也不放过,真是细微之处见功夫,这也体现了专家型教师的专业素养与情怀。我真的很想像他那样,用优美的肢体语言展示心中的梦想,用优雅的舞步表达内心的激情。我甚至愿意做一条"一天到晚游泳的鱼儿",在舞蹈的海洋中尽情遨游。我深知:教海无涯,唯有终身学习。

四、见贤思齐,共同相长。

孔子云:"三人行必有我师焉,择其善者而从之,其不善者而改之。"本次培训,汇聚了来自山东各地的小学音乐骨干教师,每位教师都有丰富的教学经验和扎实的基本功。在培训过程中,我积极与其他学员互动交流,学到了不少优化课堂教学、提高教学效率的有效方法。在培训活动中,大家开诚布公地交流与合作,真正实现了资源共享、共同成长。

这次培训活动,使我不但发现了自己的短板,而且感受到了成为优秀教师的压力,同时也激发了积极进取的信心。要想成为一名优秀的音乐教师,需要付出更多的时间和精力去学习教育理论,研究高效课堂,进行教学反思。十天的培训学习不可能改变我的人生轨迹,但它给我带来的思考和启发会在以后的音乐教学中,为我源源不断地注入动力。相信我以后的音乐教学一定会:百尺竿头,更进一步!

向前走,遇见更好的自己

阳信县实验中学　张延娥

12月4日,怀揣着对华东师范大学的憧憬,我踏上了教育培训之旅。

一、认清自我,寻找教育的出发点

听了金教授的讲座,感触很深!记得他提过这样一个问题:"学校为什么成为一个远离幸福的地方?"作为一名有11年教龄的初中老师,我也在反思这个问题。还记得自己在上小学的时候总是希望去学校和同学交流玩耍,喜欢上学,喜欢老师的每一节课,而现在家长、社会把更多的目光聚焦在学生的分数、名次、考名校上,反而忽视了孩子的心理需求!除了当今社会激烈的竞争之外,很多家长希望孩子按照自己的想法生活,按照自己为孩子设定的轨道走,以满足自己的心理需求!而生命的真正意义是能为自己的人生做选择,按照自己想要的方式生活!金教授说:"任何一个没有精通人性科学理论和技巧的人,很难把人教育成更好的人。"作为一线的老师,我们有义务和责任寻找教育的出发点,教书育人,优化课堂,提高教育能力,让学校成为孩子们的成长乐园,让学校成为幸福的地方。

二、"阅读+反思",做一个思考型的教师

苏霍姆林斯基曾指出:"读书,读书,再读书。"教师的教育素养取决于此。著名教育家

朱永新老师说:"教师的读书不仅是学生读书的前提,而且是整个教育的前提。"教师应该是"职业读书人"。读书是否该成为一种职业,我们姑且不论,但我们可以断言:读书与教师成长之间有着一种天然的联系。教师应该具有与其专业相配套的专业知识结构,用理论来武装自己的头脑,以更好地服务教学。

反思是每位教师都具备的基本能力,有反思才能有成长,才会逐渐成熟。反思建立在研究的基础上。首先要确定一个研究目标,这个目标越小越好,越小的目标越有针对性,不要频繁地更换研究的目标。其次,研究的内容不要繁杂。在一段时间内,持续研究、反思、再研究、再反思……最终形成稳定的状态。每个人都要建立个性化的评课系统,首先是找到听课过程中留下深刻印象的点,再利用自己构建的评价系统去拓展,这种评价要有积累,否则很难有质的变化,最终会形成属于自己的评价风格。

教师一定要善于反思,要会写,更要善于写,把自己的想法或做法记录下来。我们平时写反思,要从备课和上课中发现问题,然后通过思考找出问题产生的原因。总结提炼,形成经验,然后把经验写出来,加以升华,当这些经验积累到一定的数量,就会起到质的变化。

三、"特色 + 艺术",做学生喜欢的老师

教学是关键,教师是基础。教师形成自己的教学特色,才能持久地、有力地推动学校形成办学特色。而教师要想真正得到学生的认可,必须在教学中形成自己的教学特色。我们要以满腔的激情让课堂活力四射、魅力无穷。即使我们做不到像专家那样讲课,但我们可以不断丰富自己的课外知识,用丰富的知识提升课堂的魅力。因此,教师要形成自己的教学风格,要根据学科特点,发挥自身优势,研究适合学生的教学方法,用自己的教学艺术、魅力,让学生喜欢、爱上这一学科。

四、心态健康,做一个快乐的教育者

联合国专家预言:"从现在到 21 世纪中叶,没有任何一种灾难能像心理危机那样给人们持续而深刻的痛苦。"在学校中,教师的喜怒哀乐对学生的影响是深刻而长久的。心理健康的教师能很好地设计促进学生身心健康发展的良好心理环境。心境不好的教师很难营造愉快、轻松的课堂教学环境,他们常表现得烦躁、易怒、易冲突、喜怒无常、情绪不稳定。教师的情绪会影响到学生,如果学生常处于紧张和焦虑中,学习效率不可能高,学习效果也不会好,长此以往会导致学生出现心理问题,甚至疾病。

如果教师健康向上,生活态度积极,就会想方设法不断改进教学方法,因材施教,学生也会积极地学,积极地思考。教师积极的情感、健康的心理会诱发学生的积极情感,促进学生健康心理的形成,对建立良好的师生关系,营造轻松、愉快的课堂气氛,以及学生接受与理解知识均有直接影响。

著名心理学家艾里克森曾指出,不良的师生关系会导致学生产生心理疾病,好的师生关系可以治病。如果遇到一位好教师,学生由于家境等造成的不健康心理可以得到改变。由此可见,教师的心理健康问题不仅关系到教师个人,也关系到学生的身心健康发展,关系到我国教育事业的发展。为了学生的身心健康发展,我们要不断修炼,努力做一个心胸开阔、健康快乐的教师。

读书心得

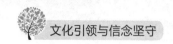

我们一起徜徉书海

阳信县水落坡镇中心小学　张付亭

爱读书的教师周围才会有爱读书的孩子,会学习的教师周围才会有会学习的孩子。没有人会拒绝成长,只是有人舍不得留下汗水和心血而已,就像有人所说:"站在人生的十字路口,其实我知道该往哪里走,但是我不想走,因为太辛苦。"

做任何一件事,自愿便是一种力量,而强制就成了一种较量!只有愿意,才会让每一件事情成为我们成长的阶梯。独学而无友,则孤陋而寡闻;一个人走得快,而一群人才走得远!如果我们愿意成长,大家一起读书,这是个绝佳的途径。大家能因为共同的教育理想和成长愿望,相约读书、一起前行,对谁来说都是一件幸事儿。

一、徜徉书海,我们在行动

李镇西老师讲,一边读书、一边感悟,一边教书、一边反思,这是一个人实现专业成长的法宝。胡兴松老师也有一个"空口袋难以自立"的理论:一个人要自立,不仅要有知识,还要有智慧和思想,更要有爱心,有道德,有人格,有尊严……的确,读书就是和许多名人、名师对话,天天读书学习、天天有所收获,我们便会一直走在成长的路上。

一群人读书是件极有意义的事。大家在一起学习,互相交流,互相影响,互相激励,其中有对你严格要求的人,有经常鼓励你的人,有与你思想碰撞的人,也有为你提供学习资源的人。

但,一群人怎样读书才更有实效呢?我百思无解。

2020 年 3 月,滨州市第三期"三名"人选培养工程开辟网络读书通道、成立线上读书交流群,大家在群里推荐好句、录制音频、分享感悟,使我有了一种哥伦布发现新大陆的喜悦。于是,借此东风我们学校也成立了"做最好的老师"线上读书群,引领老师们天天读书、天天感悟、天天分享、天天向上。

读第一本书时,我们几乎是照搬了"三名"线上读书的模式。老师们每人录制一分钟左右的音频,然后把推荐的好句和自己的感悟分享到群里。我们大家轮流做主持人,主持人除了领读之外,还负责公示当天大家读书任务的完成情况,并汇总大家分享的感悟。

读第二本书时,我们进行了反思:一是再把好句分享一遍有点浪费时间,特别是有些老师家中没有电脑,用手机输入挺麻烦;二是大家虽然分享了感悟,但是缺少交流。于是,我们去掉了推荐好句的环节,把录制音频的时间由一分钟延长为十分钟,不要求每个人都写长篇感悟,而是指定每天有主分享人、主点评人和一般点评人,以便于加强交流。

读第三本书时,我们又发现了新的问题,就是大家写的感悟错别字较多,最后都由组长一个人审核很麻烦,于是我们每一天又指定了一名材料审核人,减轻了组长审核材料的负担。大家的事儿大家一起来分担,减负增效提质。

如今,老师们已经共读了《中国著名特级教师教育思想录》《做最好的老师》《让学生爱上学习》《为什么学生不喜欢上学》《从"小"读到"大"》《班主任工作漫谈》《终身成

长》《龚雄飞与学本教学》《幸福从接纳开始》《唤醒内在成长的力量》等各类书籍十余本。其实,每读一本新书,都是我们读书形式的一次革新,更是生命历程中一次新的起航。

我们经常会苦恼,读书、写笔记的时间从哪里来呢?魏书生老师在《班主任工作漫谈》中将闲话、闲事、闲思称为"三闲"。他说:"我算是一个比较忙的人,但即使在完成较多任务之时,我觉得自己脑子每天都要向'三闲'贡献两三个小时的时间。"魏老师都这样讲,那么我们被"三闲"占去的时间是不是更多呢?其实,每个人的一天一夜都是 24 小时,我们可以把刷微信群、逛朋友圈、参加聚会、闲聊闲逛等时间转化成学习的时间。时间是海绵里的水,挤一挤总会有一些的,坚持让自己行走在个人能力极限的边缘,我想,人生的意义和幸福便也在于此。

说到保持老师们读书的劲头,我们也是不断开动脑筋、创新思路。比如定期召开读书论坛,让大家都登登台、发发言;我们也紧紧抓住市局教师工作科报道我们学校读书活动的契机,严格要求、提高标准。我想,能把教师这支队伍建设好,学生的成长便应该是顺理成章、水到渠成的事了。

二、徜徉书海,我们在成长

在理论指导下的实践才是科学的实践,才会少走弯路;而理论必须通过实践来支撑才会不断丰富,才是科学的理论。读书的过程中总会有一些能留给我们深刻印象的东西——或赞同、共鸣,或歧义、反思,但都是有益的。我们常说"行动就有收获,坚持创造奇迹",或许终究没有什么奇迹会发生,不过成长是肯定有的。

1. 读书在悄悄改变我们的思想观念

陶行知先生留给了我们两笔宝贵的财富:一是"不能舍身试验室,亦当埋骨边疆尘"的教育情怀;二是"生活即教育,社会即学校"的教育理念。余文森教授告诉我们,观念是行动的指南,教学改革必须从教学观念的转变、更新开始。魏书生老师教育思想的两大点、一小点,还有三个守住,通俗、浅显而又深邃。陈铁梅老师说,学校不要给学生背不动的书包,而要给他们"带得走"的教育。戴曙光老师认为,成绩背后的东西变得很强大了,成绩自然就提高了。华应龙老师把课堂教学中的差错融化为一种教学资源,"化腐朽为神奇",变"事故"为"故事"。

我们学校任教语文的张桂凤老师说:"书籍像一束光照亮我前进的道路,开启我不一样的教学生活,指引我在以后的人生中遇见最美好的自己!"任教道法的丁雪松老师说:"茶亦醉人不必酒,书能香我何须花。读书虽然延长不了一个人生命的长度,却在无形中拓宽了你命运的轨迹,人生没有白走的路,亦没有白读的书。"任教数学的孙淑芳老师说:"通过读书,我发现了我班学生的可爱,我对他们有了耐心和信心,少了生气与埋怨,他们也更加喜欢我了。"刚刚走上工作岗位的李晓老师认为:"一个人虽然永远达不到所谓的'最好',但相信今天的自己一定会比昨天的自己好,一天天不断地超越自己,一定会汇成一个人一生的'最好'!学习永远在路上。"年近五十的王振莹校长说:"我虽然不是最好的老师,但我要向最好的老师学习,做最负责任的老师,做问心无愧的老师。"

其实,解决思想观念的问题还只是停留在"知道"的层面,"知道"距离"做到"还有很

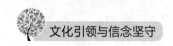

长的一段路要走,这段路就是一边反思、一边实践,再反思、再实践,如此反复,不断成长。

2. 读书在逐步优化我们的教学行为

读以致用,读书才有意义,否则就是读死书、死读书、读书死。因此,让读书、学习落脚到优化我们的教育教学行为上来,为我们的工作、生活增效提质,才是读书的终极目的。

虽然每位教育专家对于教育都有自己独到的见解,但是又都遵循着共同的规律。这些共同的教育规律往往具有很强的普适性,通俗易懂而又深刻明了,我们就是要探寻这些共同的东西来转变我们的思想、优化我们的行为。

一是用心做教育。爱学生应该是教育的底色,也是教育智慧的源头。我们要用爱来培养学生高尚的品质和健全的人格。要想得到葫芦,就必须用我们的爱心培育一棵茁壮的葫芦苗。

林文采博士在《心理营养》一书中提出"温柔而坚持"的育人观点,简·尼尔森也认为"和善而坚定"是有效的正面管教工具,所有这些都指向了"先有关系再有教育"这一理念。如果我们没能和学生建立起良好的师生关系,那么我们的教育就是无效的。和孩子、和学生、和他人建立优质的关系是一件需要用心做的事情。

二是实现生活即教育。陶行知先生提出"生活即教育、社会即学校",并且指出"这是教育进步到最高度的时期"。我们知道教育的最终目的是人能够积极地影响和改变生活,脱离生活的教育便是没有意义的教育。因此,我们必须把生活作为教育的资源库,把社会作为教育的大背景,把教育与生活、与社会交融在一起。这对我们的课程观、课堂观、教学观等都产生了积极的、科学的影响。

三是让教育在活动中真实发生。创设活动便是营造教育的情境,余文森教授讲,情境是汤,教育是盐,盐只有溶入汤中才更容易消化和吸收。我们常常感叹学生难教、难管,常常感叹学生不爱听课、不爱学习,却很少反思自己的教育教学理念和行为。没有生动活泼、形式多样的活动,学生便不会有真兴趣、真感悟、真体验、真经历,教育就不会真正发生。

说起读书,我们要摒弃"读书无用论",也要警惕"读书速效论",还要走出"拿来主义"的误区。好多人希望在读书中找到一些解决身边问题的实操方法,更希望能照搬照套、拿来就用。其实,这样的方法应该会有一点点,但绝对不是主流。因为用这些方法的人存在着差异,面对的问题和对象也存在着差异,世界上没有放之四海而皆准的方法。

因此,大道理我们是必须学的。同时,我们更应该注重理念、理论层面的学习和参悟,渗透了理念和理论,方法便是你自己内化而自然形成的。这就像一句俗话:"师傅领进门,修行在个人。"清华大学彭凯平教授也讲:"我们以前老以为大道理没用,以为那些方法有用。其实很多方法它是因人而异,因地而异,因时而异。就是不同的人、不同的地方、不同的时间,其实它的效果是不一样的,真正有用的一定是大道。"

"一个人思想有多远,他就能走多远!"所以,在成长路上我们不言放弃,风雨兼程,徜徉书海一起成长!

"悦"读越美，书韵留香

阳信县第二实验小学　黄敏

读书，是最能提升一个人格局的通途。读书，是成本最低的投资，是提升自己眼界和格局的最佳途径。

一、主动读书——书非借不能读也

提起读书，我们多有这样的感受：叹借者之用心专，而少时之岁月为可惜也。犹记得我小时候找书看是很难的事，小画本也是你借我、我借你，书店里的书太贵，买不起，村小里除了课本根本没有书，发下课本一两天就全部翻完了。所幸当时父亲在一个办事处驻地小学上班，学校里有一个专门的小书橱，估计有不到200本书的样子，那些书也不知什么途径配备的，内容陈旧、项目很杂乱，有一部分文学书，还有教学参考和工具书，也有农林水利建设、粮食问题、嫁接、养鱼、植桑技术等方面的书。开卷就有益，每一本都没放过，感兴趣的书读了若干遍。从那时候起我对读书充满了浓厚的兴趣。初中时段，没记得学校图书馆对我们开放，还是从父亲的单位找书来读，这个阶段读了不少武侠小说。

读中专时，图书馆馆藏不少，几乎一两天借一本，晚上熄灯后还打着手电筒在被窝里看。每天借还使得管理图书室的李老师颇为厌烦，最后索性不让我写借还记录了，开门后让我自己选，一次十几本，登记一下就拿走。后来图书室更新图书，在劳动实践周，李老师让我们几个学生和他一起编辑整理图书，整理的过程也是阅读的过程。李老师还送给我几本淘汰的陈旧书籍，其中《基督山伯爵》《悲惨世界》《巴黎圣母院》《双城记》《雾都孤儿》等著作就是从那个阶段开始看的。

毕业以后还是比较喜欢看书，一是充分利用学校图书室，二是经常到街边书摊儿上淘，获得茅盾文学奖的作品、历史类书籍等，淘着看了不少。

自考时一般不买教材，嫌贵，多数时候是借书学习，有的能长时间借阅，有的只能借一段时间，必须在规定时间看完。这样的过程可想而知，通宵达旦，疯狂记笔记，当然，记的多数是考点，功利性很强，但是效率很高，读书也必专，归书也必速。

这个阶段读的书相对多一些，有时间就读，睡前必读，很多时候躺着读趴着读，习惯很不好，有时彻夜不息，然后每天写流水账，从记录琐事到感悟，到自己的思考收获。

二、压力读书——若业为吾所有，必高束焉

工作以后，随着年龄的增长，书籍越来越多，但读书的主动性远不如以前。诚如袁枚所说，若业为吾所有，必高束焉。所幸，压力也是动力，所以虽然读的书少了，但毕竟还在读书的路上。

1.工作任务压力

书到用时方恨少，写论文、总结、报告、发言材料等等，在工作中才体会到思想匮乏、理论缺乏、方法单一、语言枯燥，所以压力之下开始根据需要读一些教育学、心理学方面的书

籍,如《爱弥儿》《大教学论》《爱的教育》《第五十六号教室的奇迹》及一些教学方面的杂志《中小学数学》《班主任之友》《中国教育报》等。伴随着阅读和写作的过程也在《山东教育》《中小学数学》等刊物上发表了几篇文章。

2. 进修学习压力

中专毕业后通过自学的方式提高学历,虽然教数学课,自学的却是汉语言文学专业。为了考及格,除了认真研读自考教材,还延伸到古代文学史、外国文学史、现代文学史、美学概论等课程上提到的名著,如《诗经》《离骚》《史记》《十日谈》《唐·吉诃德》《约翰·克里斯托夫》《苔丝》《红与黑》《简·爱》《复活》《钢铁是怎样炼成的》《静静的顿河》《中国小说史略》《三言二拍》《呼兰河传》《金粉世家》《四世同堂》。

3. "三名"建设工程提升的动力

阳信县教体局师训办为我们提供的读书和交流活动层次很高。在这个成长历程中,我也读了一定数量的书,除了专业书籍外,开始涉猎哲学方面的书籍,也系统读了《论语》《大学》《中庸》《道德经》等书。

三、努力回归,让读书成为工作和生活的重要方式

自从加入县"三名"建设工程以来,一大群爱读书、爱写作的同伴相互激励,慢慢地让读书变为一种自觉、一种生活和工作的方式,也有一定的收获。

1. 深入思考,学习哲学地思辨

通过读县"三名"建设工程推荐的《论语》《大学》《中庸》《学记》等古代典籍及国外的《理想国》《大教学论》《爱弥儿》《爱的教育》等书,更多地感受到要跳出教育看教育,辩证地看问题和思考问题。

教育的发展无不和哲学思潮、教育价值论、目的论有直接的关系,无不与经济社会和思想发展水平息息相关。但其沉淀下来的思想对后世和现在教育的发展仍产生着重要的影响。诸如我们儒家教育思想中的有教无类、学思结合,诸如柏拉图的学前教育、终身教育、男女平等,孔子和柏拉图都提到的"全面发展、因材施教"等,一直在深刻影响我们的教育教学和管理,让我们能够站在他们的肩膀上继承和发扬。

2. 眼界开阔,造就理念提升

通过读《重塑学校——吹响破冰的号角》和《好学校之境》体会到,教育的变革随着时代的发展和文化的融合,过程和路线逐步趋于一致,进入一种互相借鉴、互相改进的状态。

3. 术业专攻,拿来具体方法

读书可以借鉴参考很多教学、管理的方法,比如《任勇与数学学习指导》对我的数学教学有很大的帮助。作者任勇曾经长期在学校基层工作,由普通教师、班主任、教务处主任、副校长、校长直至市教育局副局长,有着丰富的实践经验。他关于教育的论述很接地气,对我们的教学、专业成长和管理有现实指导意义。结合他谈的时间管理方法,我也慢

慢养成了"白天走、干、讲,晚上读、写、想"的工作习惯。天天读书写作,随身的小包里经常会装上书、笔、笔记本,随时记写,学会利用碎片化时间,让读书、思考、实践成为常态的生活方式。

现在我国人均阅读书籍的数量整体还是比较低的,教书育人的教师应该先带头多读书,我很赞同郝恩波校长总结的读书成长"五步曲":博览群书——精雕细琢——学以致用——妙笔生花——传经布道。

让我们一起"悦"读越美,让我们的工作、家庭"书韵留香"。

读《苏轼十讲》,做"四有"好老师

阳信一中　温雪岗

林语堂说,李白更为崇高,而杜甫更为伟大,但他偏爱的诗人是苏东坡。苏轼的确适合做灵魂导师。掩卷沉思,浮想联翩。

一、有理想信念

嘉祐年间,弟弟苏辙多次与渑池结缘,再次到来不免有怀旧之感。哥哥苏轼看到弟弟的诗,承接感慨,发出的却是理趣十足的四句诗:

> 人生到处知何似,应似飞鸿踏雪泥。
>
> 泥上偶然留指爪,鸿飞那复计东西。

这得亏是苏轼的诗,不然真有点戚戚之悲。他站在哥哥的角度劝慰弟弟。整首诗是在讲人生的不可知性,但是那又怎样呢?不可知就一定要盲目度日?不计东西,难道它就没有存在过吗?泰戈尔说,天空没有留下痕迹,但飞鸟曾经飞过。相比之下,泰戈尔说得更为直接,而苏轼就显得含蓄多了,但个中深意是一致的。

经历不同,抑或角度不同,大多感触也会有所区别。朱刚教授说"鸿"是苏轼自喻,这当然是对的,但我更觉得这个比喻有普遍性,每个人都会有这样的飘零经历,能写出"寄蜉蝣于天地,渺沧海之一粟"的苏轼,应该不会只是发一己之感慨。现如今,"雪泥鸿爪"也成了一个成语,代表着一切逝去事物的痕迹。

写下"雪泥鸿爪"的苏轼,倾向于只要认真付出,自然就有收获。是的,我们和苏轼一样,都是追梦人。可是,扪心自问,在引导学生树立远大理想的时候,我们内心是否有诗和远方?在告诫学生坚持不懈的时候,我们是不是常常权衡得失而为之?孟子说:"贤者以其昭昭使人昭昭,今以其昏昏使人昭昭。"我不愿做也不能做"以其昏昏使人昭昭"的教师,我告诉自己,要树立理想信念,接受苏轼的劝慰:人生在勤,不计东西。

二、有道德情操

"惟江上之清风,与山间之明月,耳得之而为声,目遇之而成色。"

我原以为到了黄州之后的苏轼变老实了,可是他依然仗义执言。"三军可夺帅也,匹夫不可夺志也。"更何况是苏轼!

《赤壁赋》一开始入目的水月之美并没有真正陶醉苏轼,他依然清楚自己的追求,这才有了"望美人兮天一方"的咏叹。"美人"是君主的象征,正是苏轼"处江湖之远而忧其君"的忠诚。接着入耳的箫声之悲也没有逗引住苏轼,他依然清楚自己的理想,这才有了"哀吾生之须臾"的慨叹。时不我与,正是壮年苏轼"犹不如人"的急切。我尝试用"穷则独善其身,达则兼济天下"来解读苏轼,可是不能够!正如朱刚教授所说,苏轼超越了。以前我讲到苏轼清醒地认识到一瞬与不朽的关系,往下就不会再讲了。朱刚教授的"终极关怀"解决了这个疑问。

循着这个思路去备课,许多深奥难懂的问题都有了一个解答。比如讲到《子路曾皙冉有公西华侍坐》,我问学生:孔子否定了曾皙以外三个人的志向了吗?学生的回答是"没有"。我又问:为什么呢?这又体现了什么呢?其实,四个人都在讲治国安邦:子路讲的是"不挨打",即"强兵";冉有讲的是"不挨饿",即"富国";公西华讲的是"知礼节",即"文明";而曾皙讲的是"幸福",是终极目标。富强、文明的终极目标就是人民的幸福。目标重要,过程也同样重要;既要敢于承担,又要谦逊礼让——这是孔子的态度。在此基础上,班级排演了《侍坐》课本剧,四个"弟子"都是自信满满,雄姿英发。又比如讲《鸿门宴》,司马迁塑造的项羽是英雄,学生学完之后认为他是匹夫。这怎么办呢?硬性灌输是不奏效的,那就来一场辩论。跳出了"成王败寇"的逻辑,大家对项羽这一英雄人物形成了自己的见解。

循着终极关怀的思路审视自己,我的终极目标又是什么呢?我们管理一个班级的终极目标又是什么呢?如果这两个问题想不明白,时不时就会迷失自我。我以为,终极关怀关系道德情操,而苏轼真是给我们上了一堂好课,"浩然正气的伟大",使得他的文章和名气屹立如山,不可动摇。我喜欢苏轼的文字——是造物者之无尽藏也,而吾与子之所共适。

三、有扎实学识

"圣人之道,自本而观之,则皆出于人情。"这是苏轼《中庸论》中的话,师承欧阳修的"人情说"。读到《苏轼十讲》第48页,满篇都在说"人情",这真令我吃惊。我想起了欧阳修的《伶官传序》,想起了《醉翁亭记》,没有看到"人情"的影子。等我上网一查,发现"人情说"竟是欧阳修思想的核心内容。

基于"人情说",欧阳修表现出对现实生活的密切关注。他视"人情"为人的天然属性,将人生价值定位于生存常态。在他的心目中,"人情"与现实生活密切关联,重视"人情",就是重视现实人生。他积极关注"人情",而对理学家津津乐道的"人性"则不感兴趣。他认为"人性"本身并无善恶可言,纠缠于"性善""性恶"的争执,却忽视影响"人性"善恶的现实生活,是"执后儒之偏说,事无用之空言"。这样看来,"人情"并非没有原则的阿谀奉承,而是为人处世乃至治国施政的根本方法。

静下心来看,欧阳修也将"人情说"当作治学方法。中唐"古文运动"以来,思想界以"复古"为最好价值,但是经常与世俗发生冲突。欧阳修致力于"圣人之道"的合情合理、易明易行的解释,"复古"的价值观与日常性相融合,不再显得惊世骇俗,而能被世人普遍接受。

了解了这些,我再一次发现自己孤陋寡闻。老师如果不去学习,不去弥补知识上的不足,将无法立足于讲台。在这个知识爆炸的时代,学生学习的途径越来越多,如果老师故步自封,就有可能被学生淘汰。上周,我布置了一个作业:绘制一学期语文学科的思维导图,有的学生梳理了前三单元的文学常识,有的梳理了课文里的文言知识点,有的梳理了语文答题技巧。而这些都是我以为他们不会所以"强调了八百遍"的东西。那么,问题来了:以前我一堂课的"喋喋不休"在学生那里算有学识吗?教学11年,我以为自己掌握了一些模式、一些方法,但是面对的是新的知识、新的学生,我告诉自己,要有扎实的学识,就要师从经典,不断革新。

四、有仁爱之心

诗以言志,文以载道。苏东坡的诗歌多的是深情厚谊,有"十年生死两茫茫,不自量,自难忘"的夫妻之情,有"人生如梦,一樽还酹江月"的豁达胸襟,有"春江水暖鸭先知"的哲理之思。当然,更少不了求民之谟。

嗟余与子久离群,耳冷心灰百不闻。

若对青山谈世事,当须举白便浮君。

乍看这诗,有高士之风,有诙谐之趣。苏轼说:"虽不指言世事是非,意言时事多不便,不得说也。"这类似于老舍《茶馆》中"莫谈国事"的提示纸条。而朱刚教授的解释更为准确:"字面意思与真实情绪之间的矛盾张力,是这首诗吸引人之处。"嗟叹"离群",仿佛自伤处境凄凉,其实是独立不倚的自我肯定;"百不闻"仿佛消极沉闷,其实并不是真的不管事。苏轼当时任杭州太守,大约相当于今天的杭州市市长,想想苏轼在杭州的作为,便可知道诗歌表面意思只是一些无奈之言。细品诗歌,我从中读出了苏轼的爱民之心。

"十年树木,百年树人。"作为教师,我时时提醒自己,有了爱护学生的赤心,才会产生教书育人的动力,否则,只会应付了事。当讲到《窦娥冤》时,学生吵着要求看视频。又是那几个经常违纪的学生。这一次我没有批评他们,而是问他们为什么要看视频,他们回答可以加深对课文的理解。"看视频不如自己演出来。"我顺势提出了将元杂剧《窦娥冤》改编成现代话剧的要求。经过两周的策划和排演,一幕别开生面的《窦娥冤》上演了,当时我还将演出实况直播给了家长。如果一开始就把"看视频"的呼声当作"起哄"加以呵斥,课堂任务很快就能完成。但这样一来,课堂就会失去太多乐趣。我认为,我有多爱学生,就有多包容他们。我只想让学生能记住,一堂有趣的语文课,一个有爱的温老师。这很难,这不难!

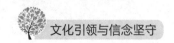

吾归何处

——浅析苏轼诗文中的"家"概念

阳信县第四实验小学　张观岩

嘉祐元年（1056年），21岁的苏轼首次出川赴京应举，与弟弟苏辙一举登科，名动京城。自此，苏轼脱下褐衣，步入士大夫之列，成为官身，也自此，"吾归何处"，何处安家，成了他一直思考的问题。苏轼在诗文中多次提到"家"的概念，透过苏轼诗文中"家"的概念，我们可以追寻苏轼的人生轨迹，了解苏轼的心路历程。

一、我家江水初发源——故土难忘

苏轼故乡眉州眉山县，长江支流岷江纵贯小城，风景秀丽。苏轼一生三次离乡。嘉祐元年（1056年），苏轼第一次随父携弟出蜀入京赶考，嘉祐二年至京兄弟皆中；再次出蜀赴京时已经是嘉祐四年，嘉祐六年应制科，授大理评事、签书凤翔判官，到地方上任，正式开启了他的仕宦生涯，也就是说，真正意义上的离乡开始了；治平三年（1066年），父亲苏洵病逝，苏轼、苏辙扶柩还乡，三年后，已至而立之年的苏轼再次出蜀入京，也就是第三次离乡，自此，苏轼的脚步再也没有踏上眉山这片生养他的土地。

离开家乡，难忘家乡，这是苏轼对于故乡的情感，也是我们中华民族最普通却又最炽热、最感人的情感。

"吾家蜀江上，江水清如蓝。尔来走尘土，意思殊不堪。"（《凤翔八观》东湖）嘉祐末年，苏轼任职凤翔，他把凤翔与"吾家"眉山相比，最是故乡好，"江水清如蓝"的文字里积淀着苏轼对故乡浓浓的思念。"我家江水初发源，宦游直送江入海"（《游金山寺》），这时苏轼被调离京城赴杭州，途宿金山寺，俯瞰长江东流，此行目的地杭州位于长江入海处，自然而然地想到长江上游的家乡，宦游虽远，家乡水永伴。苏轼把滔滔江水结成纽带，将故乡、自己连在一起，浓浓思乡情似滚滚长江水，热烈浓厚。

这两首诗写作时，苏轼离家不久，离家未远，还没有经历乌台诗案，还没有被贬黄州，苏轼心中的家乡还在眉山。

熙宁六年（1073年）冬，苏轼在杭州通判任上任满三年，要转任密州太守，在离开京口的时候写下了"此生飘荡何时歇？家在西南，常作东南别"的诗句，此时，苏轼的那种如鸿如萍般的飘荡不安之感很明显，很强烈，但此时，苏轼心心念念的仍是在西南方的家乡眉州。对眉州家乡的思念，贯穿了他的一生，后来离开黄州时（1084年）写的《满庭芳》首句"归去来兮，吾归何处？万里家在岷峨"，说明苏轼首先想到的还是岷峨眉山。

眉山、蜀江、岷峨，作为故乡的代名词，已经深深烙印在苏轼的心里，是他身心回归、灵魂安放的栖息地。

二、我本无家更安往——迁徙不定

苏轼对蜀地眉州始终怀有浓烈的感情，但是，人生的漂浮不定，让他有了"我本无家更安往"的喟叹。苏轼第三次入京时，朝堂已经变了天，王安石变法开始，苏轼圈子里的人如欧阳修等皆因反对变法离开朝堂，回朝的苏轼处在了政治漩涡中心。不久，出京至杭州任通判。"我本无家更安往，故乡无此好湖山"（《六月二十日望湖楼醉书五绝》之五），宦途之中，身不由己，归家不能，所以只好无可奈何地说自己本无家，所以需要在这里，在杭州，在此好湖山之处暂且安个家。此时的苏轼，开始把家的位置在心理上从蜀地眉山转移到了杭州江南。传说，苏轼在杭州寿星院悟道自己的前世是山中的僧人五祖戒禅师，在此对于家的内涵进行了扩展，有今生的家乡，还有前生的家乡，苏轼已经将自己一点点融入生活的地域，思想不只局限于出生的地域。但是我们不论怎么解说这句诗，还是清清楚楚地感受到有职在身不自由的苏轼"我本无家更安往"的无奈与凄楚。

"永夜思家在何处"（《侄安节远来夜坐三首》之二），侄子安节赴京省试，落第归蜀返乡，特地至黄州看望被贬谪安置的苏轼。面对故乡眉州的侄子咏出了"永夜思家在何处"，其凄楚怨怼之意自然流露。眉山是家，本非无家，但是黄州安置，不得擅离，有家变无家，到底家在何处，自己心里没有答案。经历了乌台诗案的死生，面对较自己更为年轻的执政皇帝宋神宗，苏轼对于将来人生的何去何从难以想象。

我们再来看离开黄州至汝州时的《满庭芳》，"归去来兮，吾归何处？""万里家在岷峨"，万里之外的岷峨老家难归去，"坐见黄州再闰，儿童尽楚语吴歌。山中友，鸡豚社酒，相劝老东坡"。五年的黄州生活，心底很是不舍，东坡在黄州，躬耕东坡，东坡在黄州，建成雪堂，真是"人生底事，来往如梭"。

在诏令离开黄州至汝州安置时，苏轼在奔波路途中经达泗州，除夕，作诗云："旧游似梦徒能说，逐客如僧岂有家。"（《泗州除夜雪中黄师是送酥酒二首》之一）除夕，依照中国习俗，阖家团圆，家的意识最为强烈。可苏轼在除夕却生发出"岂有家"的感叹，这是当时苏轼所处的情境决定的。想要安家常州的奏请没有得到批复，处在舟车劳顿的羁旅之中，被贬谪安置的罪臣身份没有改变，"逐客如僧岂有家"的漂泊之感怎能不在长期被压抑之中，在除夕这一特殊时刻喷薄而出呢？

岷峨眉山是苏轼心中念念而又遥远的家，但渐行渐远。谪居黄州，死里逃生，前途未卜，戴罪之身，未敢安心安家。"吾归何处？"与其说是苏轼对家的思考，毋宁说是他对身世飘零、心境渺茫的感叹。

三、此心安处是吾乡——四海为家

元丰八年，常州居住的奏请被批准，苏轼有了一个家，江南常州的家。这个家有物质形象意义上的田舍，还有精神意义上的心灵归属。自此"扁舟一叶归何处，家在江南黄叶村"。世事难料，神宗英年而逝，政局逆转，苏轼复起，常州未住数月，就匆匆离去，之后只有短暂路过，未得长久居住，直至终老。

世事无常，哲宗执政，新党再度执政，苏轼被一贬再贬，直至海南儋州（据说在宋朝，放逐海南是仅比满门抄斩罪轻一等的处罚）。经历过人生的大起大落，看淡了人世的黯淡繁华，苏轼对"家"的概念已经升华为哲学认知，对"家"追求的是心灵上的归属感。"日啖荔枝三百颗，不辞长作岭南人""我本儋耳氏，寄生西蜀州"，随遇而安，就地而为，移居一地，造福一方。"此生念念随泡影，莫认家山作本元"（《庚辰岁人日作，时闻黄河已复北流，老臣旧数》），家在眉山，此生念念，除却眉山，还可处处安家。如今，苏轼走到哪里，家就在哪里，山河处处都有家，"半醒半醉问诸黎……家在牛栏西复西"。东坡此时的"家"概念就是《定风波》里的"此心安处是吾乡"。

苏轼在第三次出蜀离家后，在地理距离上与眉山之家愈来愈遥远，在心理位置上眉山之家也慢慢模糊。历经磨难后，苏轼最终得道"此心安处是吾乡"。苏轼从身世飘零、前途渺茫的无家可归的零余感中最终彻悟，他用豁达乐观的天性、随缘自适的本领，在诗意的世界里超越苦难，筑建起了自己"家"的精神田园。

超越时空的清醒

—— 《苏轼十讲》"雪泥鸿爪" 有感

阳信县劳店镇果刘小学　万希燕

中国历史上总有一些人的名字能让人心生温暖，苏轼便是其中之一。苏轼，唐宋八大家之一，北宋中期文坛领袖，我国著名的文学家，豪放词派开山鼻祖。纵观苏轼一生，既有不食人间烟火的清冷仙气，亦有温暖浓郁的生活气息。

一、以"鸿"铭志，坚定的自我认知

苏轼的诗词中多次出现"鸿"这一形象。鸿者，天鹅也，大雁也。"鸿"在中国文学作品中，多用来比喻美好的事物，高尚的情操，远大的理想。陈涉曾说，燕雀安知鸿鹄之志。所以苏轼以"鸿"来自喻，固然如《苏轼十讲》文中所说有辗转迁徙流落漂泊的含义，但是我仍然觉得这个"鸿"字自始至终都透露出苏轼远大的理想和想要建功立业的政治抱负，这是一种坚定的自我认知和自我赏识，这来自苏轼的自信。"鸿"，贯穿于苏轼一生各个时期的诗文，表达了他渴望成功的心声，更表达了他渴望自由和平等的心声，这种极其强烈的自我意识和人权意识在等级森严、君臣有别的封建社会是一种超越时空的清醒。

二、以"贬"为生，歌唱的压抑灵魂

殿试第一名的苏轼是有才华的，高中进士的苏轼是志得意满的。才华横溢的苏轼在生活里不拘小节，为人处世不拘俗礼。苏轼的代表作《水调歌头·明月几时有》便是苏轼欢饮达旦，大醉而作；对于当时宋朝的政坛首脑宋神宗和王安石，苏轼觉得他们做事有错，照样一针见血地指出。由此看来，苏轼是狂放的。因其狂放，苏轼的仕途高开低走，人生大起大落，在北宋政坛受尽排挤，几经贬谪。但越是被压抑的灵魂，越是要歌唱，即使屡遭宋神宗贬谪，受尽同僚排挤，苏轼仍然"捡尽寒枝不肯栖"，这句诗现在读来就是苏轼大写的"我不服"。即便是因为反对变法一生颠沛流离，苏轼仍然不肯站到他认为"错"的队伍里。这份坚持真我的勇气，真是让人佩服，苏轼狂得可以。苏轼因才而狂，因狂遭贬，因贬

得文,因文名于后世。1079 年"乌台诗案"后苏轼被贬黄州,在黄州 46 岁的苏轼大喊"莫听穿林打叶声,何妨吟啸且徐行,竹杖芒鞋轻胜马,谁怕? 一蓑烟雨任平生"。61 岁的苏东坡被贬雷州,他高唱"九死南荒吾不恨,兹游奇绝冠平生"。这份豪情、这份胆识超越常人。苏轼留给后世的文学作品中有很多是苏轼出于被贬谪的苦闷压抑而作,所以打压苏轼的人间接地促成了这些辉煌诗篇的诞生。苏轼没有在仕途失落时颓废荒唐,而是选择用笔来歌唱,留给后世一篇又一篇千古绝唱。苏轼的诗词之所以能引起很多现代人的共鸣,这与现代职场的人际关系有很大关系。职场宫斗很伤人,乐观豁达任平生,这也是苏轼超越时空的清醒。

三、以"梦"诉情,凄凉的亡妻之痛

十年生死两茫茫,不思量,自难忘。千里孤坟,无处话凄凉。纵使相逢应不识,尘满面,鬓如霜。

夜来幽梦忽还乡,小轩窗,正梳妆。相顾无言,惟有泪千行。料得年年肠断处,明月夜,短松冈。

苏轼 19 岁时娶了 16 岁的王弗,夫妻和睦感情深厚。可惜天命无常,王弗 27 岁就去世了,时年苏轼 30 岁,这对于苏轼来说是个沉痛的打击。10 年后,苏轼 40 岁,这一年正月二十日,他梦见爱妻,便写下了这首"有声当彻天,有泪当彻地"传诵千古的悼亡诗。这首饱含深情的诗篇我每每读来都会泪目。"纵使相逢应不识,尘满面,鬓如霜"——即使我们再次重逢你可能也认不出我了,因为我已经风尘满面,两鬓斑白。这是苏轼饱蘸着思念与痛楚的血泪写就的诗行。在封建社会男子受到的教育多是"好男儿志在四方""大丈夫要建功立业""不可儿女情长",更有甚者"女人如衣服,兄弟如手足"……在这样的思想大环境下,苏轼敢于公开表达对亡妻的思念之情,且为亡妻手植三万棵雪松,实属难得。对于女性的尊重亦是苏轼超越时空的清醒。

四、以"失"为得,超越时空的清醒

苏轼与王安石均是宋代政坛举足轻重的人物,是中国文学史上不可或缺的巨匠。他们都不是贪赃枉法的龌龊之人,更不是贪图名利之人,他们都为百姓着想,都想改变宋朝积贫积弱的局面。但就是这样两个优秀的人物,却心生嫌隙。两人嫌隙最明显的表现就是对于北宋变法的不同意见,苏轼反对变法的原因是新法搅扰了民生,而王安石变法的目的是促进北宋社会经济的发展。我想两人的出发点都是好的,但是无奈两人政见不同,半生掐架。

隔着历史的长河,我们仿佛可以看到关心百姓疾苦的苏轼与王安石、宋神宗据理力争,苏轼也因此获罪被一贬再贬。即便如此,苏轼仍然不失生活热情,每到一处努力改善自身生活,同时积极地为当地百姓谋福祉。苏轼在杭州任职期间整修西湖;在徐州任职期间创造了美食——"东坡肉";被贬岭南时写诗赞美当地的荔枝,高兴地说"日啖荔枝三百颗,不辞长作岭南人"。

　　东坡是个乐观豁达、努力改善民生的实干家,他具有超越北宋封建王朝时代局限性的清醒。他对自我的肯定,对女性的尊重,对待朋友、兄弟、子孙平等友爱的态度,对生命价值的思考,对普通百姓的人文关怀无不超越了当时社会人们的普遍认识。他的这份清醒渗透在他的每一首诗歌里。他的诗歌描写真我、赞美生活、讴歌自然,表达对生命的敬畏,这些诗歌闪耀着熠熠的人性光辉,被历史淘洗了一次又一次仍流传到今天。"大江东去,浪淘尽,千古风流人物。""十年生死两茫茫,不思量,自难忘。""明月几时有?把酒问青天,不知天上宫阙,今夕是何年。""会挽雕弓如满月,西北望,射天狼。"

　　苏轼的诗词之所以能引起一代又一代人的共鸣,得益于他这份超越时空的清醒。我们应该感谢这份超越时空的清醒,它使苏轼创作了一首又一首脍炙人口的名篇佳作;我们应该感谢这份超越时空的清醒,它使苏轼在辗转中国大江南北之时为当地黎民百姓留下了造福后代千秋的民生工程。我们应该感谢这份超越时空的清醒,它使苏轼不计得失,以"失"为得,流芳千古。这份清醒在有着繁文缛节、严格尊卑的封建社会是多么的难得!

　　希望我们都能有苏轼的勇气,在生活的得意处、失落时亦能保持一份超越时空的清醒!

附 录

阳信县第四批"三名"人选选拔
理论测试题

（时间 60 分钟）

一、填空题（共 15 分，每空 1 分）

1. 习近平总书记在全国教育大会的重要讲话中再次强调_____是我国教育的根本任务。教育要引导学生树立为共产主义远大理想和中国特色社会主义共同理想而奋斗的信念和信心，帮助学生增强中国特色社会主义道路自信、理论自信、制度自信和_____。

2. 我国的教育方针是：教育必须为社会主义现代化建设服务、为人民服务，必须与生产劳动和社会实践相结合，培养德智体美劳全面发展的社会主义_____和_____。

3. 习近平总书记在全国教育大会上的讲话指出，人民教师无上光荣，每个教师都要珍惜这份光荣。做老师就要执着于教书育人，有热爱教育的定力、_____的坚守。

4. 《中小学教师专业标准》的基本内容包括教师_____、专业知识和_____。

5. 课程改革的总目标是知识与技能、_____、_____三位一体的统一。

6. 我国社会主要矛盾已经转化为人民日益增长的美好生活需要和不平衡不充分的发展之间的矛盾，人民对_____的教育的向往更加迫切。

7. 我国的教师职业就其身份特征而言，是_____。

8. 《中国学生发展核心素养总体框架》规定的学生六大素养是人文底蕴、科学精神、学会学习、健康生活、_____和实践创新。

9. 学校应尊重未成年学生的_____，不得随意开除学生。

10. 《中共中央国务院关于全面深化新时代教师队伍建设改革的意见》指出，到 2035 年，教师综合素质、专业化水平和_____大幅提升，培养造就数以百万计的骨干教师、数以十万计的卓越教师、数以万计的_____型教师。

二、单项选择题（共 20 分，每题 1 分）

1. 被认为世界上最早专门论述教育问题的文献是（　　）。

A.《学记》　　　　B.《论语》　　　　C.《大学》　　　　D.《中庸》

2. 主张"以儿童为中心""学校即社会""从做中学"的教育家是（　　）。

A. 夸美纽斯　　　B. 福禄贝尔　　　C. 克伯屈　　　　D. 杜威

3. 强调素质教育面向全体国民和全体适龄学生，反映了素质教育的（　　）。

A. 主体性　　　　B. 发展性　　　　C. 全体性　　　　D. 全面性

4. 根据法律规定，我国义务教育学校的内部管理体制为（　　）。

A. 教师负责制　　　　　　　　　　B. 校务委员会负责制

C. 家长委员会负责制　　　　　　　D. 校长负责制

5. "跳一跳,摘果子"这属于( )理论。

A. 酸葡萄心理　　B. 最近发展区理论　　C. 社会学习理论　　D. 观察学习理论

6. 在学校伤害事故处理中,学校责任适用的归责原则是( )。

A. 过错责任原则　　B. 无过错责任原则　　C. 严格责任原则　　D. 公平原则

7. "近朱者赤,近墨者黑"反映了下列哪一因素对人的发展的影响?( )

A. 遗传　　　　　　B. 环境　　　　　　C. 教育　　　　　　D. 个体活动

8. 2001 年我国颁布的《基础教育课程改革纲要(试行)》明确规定,我国基础教育课程实行( )。

A. 国家一级管理　　　　　　　　　B. 国家、地方二级管理

C. 国家、地方、学校三级管理　　　D. 国家、地方、学校、教研室四级管理

9. 当前教师队伍中存在着以教谋私,热衷于"有偿家教"现象,这实际上违背了( )。

A. 爱岗敬业的职业道德　　　　　　B. 依法执教的职业道德

C. 严谨治学的职业道德　　　　　　D. 廉洁从教的职业道德

10. 教师职业道德区别于其他职业道德的显著标志就是( )。

A. 为人师表　　B. 清正廉洁　　C. 敬业爱民　　D. 团结协作

11. 托尔斯泰说:"如果一个教师把热爱事业和热爱学生结合起来,他就是一个完美的教师。"这意味着教师要( )。

A. 关爱学生、了解学生　　　　　　B. 严格要求学生,对学生一视同仁

C. 尊重学生、信任学生　　　　　　D. 把热爱事业与热爱学生结合起来

12. 师德的灵魂是( )。

A. 关爱学生　　B. 提高修养　　C. 加强反思　　D. 提高业务水平

13. "教学有法,教无定法"体现了教师劳动的( )。

A. 复杂性　　　B. 创造性　　　C. 示范性　　　D. 主体性

14. "活到老,学到老"体现的现代学校教育制度的发展趋势是( )。

A. 延长义务教育年限　　　　　　　B. 终身教育体系的完善

C. 加强教育的国际交流　　　　　　D. 普通教育与职业教育相互渗透

15. "弟子不必不如师,师不必贤于弟子,闻道有先后,术业有专攻,如是而已。"这种观点给当今教育的启示是( )。

A. 教学相长,相互尊重　　　　　　B. 乐教善教,讲究教法

C. 严于律己,为人师表　　　　　　D. 有教无类,教书育人

16. 教师要"感悟"学生,让学生有热情学习,最关键的是培养学生的( )。

A. 兴趣　　　　B. 能力　　　　C. 觉悟　　　　D. 道德

17. 《中华人民共和国义务教育法》对义务教育阶段学校收费的规定是( )。

A. 收学费,不收杂费　　　　　　　B. 不收学费、杂费

C. 不收书本费、杂费　　　　　　　D. 只收杂费

18. ( )是规范中小学教育教学行为的第一责任者。

A. 教育部　　　　　　　　B. 各级教育行政部门

C. 省教育厅　　　　　　　　D. 学校

19. 中小学教师职业道德建设在教师对待教育事业的较高目标是（　　　）。

A. 忠于职守,为人师表,积极进取　　　　B. 取得教学好成绩

C. 献身于人民的教育事业　　　　　　　D. 建立良好的师生关系

20. 不属于教师专业标准基本要求的一项是（　　　）。

A. 师德为先　　　　B. 爱岗敬业　　　　C. 能力为重　　　　D. 终身学习

三、判断正误（共 10 题,每题 1 分）

1. "产婆术"是柏拉图创造的一种要求学生和教师共同讨论、互相激发、共同寻求正确答案的方法。　　　　　　　　　　　　　　　　　　　　　　　　　　　　（　　）

2. 教育均衡发展是教育公平与教育和谐发展的基础保证,但教育的均衡发展并不是平均发展。　　　　　　　　　　　　　　　　　　　　　　　　　　　　　　　（　　）

3. 学生掌握了知识就能够形成相应的能力。　　　　　　　　　　　　　　（　　）

4. 学生成败经验是影响学生自我效能感的重要因素,学生的学习成功经验越多,其自我效能感就会越强。　　　　　　　　　　　　　　　　　　　　　　　　　（　　）

5. 学校教育对学生个体的发展起主导作用是无条件的。　　　　　　　　（　　）

6.《中华人民共和国教育法》规定任何组织和个人不得以营利为目的举办学校及其他教育机构。　　　　　　　　　　　　　　　　　　　　　　　　　　　　　（　　）

7. 教材编写的直接依据是课程计划。　　　　　　　　　　　　　　　　（　　）

8. "时教必有正业,退息必有居学",说明了家庭作业的重要性和必要性。　　（　　）

9. "多学近乎智,无知即无能",说明了知识的掌握与智力的发展是同步的。　（　　）

10. 现代教学论认为,从某种意义上讲,教师的教,就是为了不教。　　　（　　）

四、简答题（共 25 分,每题 5 分）

1. 制定《中小学教师专业标准》的意义与价值。

2. 中小学教师职业道德规范的基本内容是什么?

3. 一堂好课的基本标准有哪些?

4.《中华人民共和国教师法》规定教师享有哪些权利?

5.《山东省中小学教学基本规范》对教师上课做了哪些规范要求?

五、材料分析（从以下材料中任选两题进行分析,共 20 分,每题 10 分）

1. 记得在一个寒冬的早晨,学生在早读。我刚到校,来到班上,手插在裤兜里,面对着全体学生。这时,一个学生走进教室。我大声说:"××,你为什么又迟到?把手放下站好……"忽然,我听到有人嘀咕:"……自己也迟到……"一个女生正在向旁边的同学使眼色,脸上露出不服气的神情。我一惊,正要发作的火一下子熄灭了。我陷入了沉思,平时,

一些看起来很细小、很微不足道的事情,由于没有重视,结果给了学生潜移默化、耳闻目染的影响。课上,有的同学被叫到前边板演,写完后随手把粉笔往台上一扔,不能轻轻地放到粉笔盒里;学生干部用教鞭敲击讲台要同学安静下来……这不都是我的行为在学生身上的再现吗?在学生面前,教师的一举一动都要审慎,数十双眼睛好像明澈的镜子,照得老师毫发毕现。

(1)案例中,教师扮演的是什么角色?为什么?

(2)案例给了我们什么启示?

2. 据《中国教育报》官方微信 2016 年发起的一项调查显示,互联网时代学生获取知识的途径增多,52% 的教师感到教学压力增大,30% 的教师认为"教学思维仍然是传统的",20% 的教师认为"教学信息化技能亟待推升"。教师倍感压力。

(1)分析网络时代中学生学习方式的变化。

(2)在"互联网 + 教育"时代,教师应如何提升自身的专业能力。

3. 教育部重磅通知:2019 年中小学启用语文新教材,大量增加古诗文。其中,小学语文教材中共有 128 篇古诗文,较之前增加了 87%;初中语文教材中的古诗文较之前增加了 51%;高中语文教材中要求学生背诵的古诗文有近百篇。

谈谈你对语文新教材变化的认识及应对措施。

六、认识说明(共 10 分)

阳信县"名校长名班主任名教师"建设工程(简称"三名"建设工程)自 2010 年启动实施,经过几年实践与探索,提炼形成了"三名"核心文化。

工程主题:师德和师能兼修,生命与使命同行。

培养目标:传播先进理念、引领专业发展、奠基未来名家、追梦教育幸福。

培养途径:理论提升、专家引领、同伴互助、自我反思。

会徽解读:以专业发展为导向,以阅读积累为根基,用爱心和责任精心培养中小学名校长、名班主任、名教师。会徽以绿色铺边,时刻提醒我们铭记"教育是农业而不是工业",心怀敬畏之心,尊重教育规律,遵循人才成长规律,守望一方净土,建设绿色、环保工程。

你对阳信"三名"建设工程有哪些了解?为什么要申报参加"三名"建设工程?计划今后借助"三名"平台怎样推进专业发展?请谈谈你的认识。

阳信县第四批名班主任人选选拔
管理能力与实践测评试题

（时间 60 分钟）

第一题：填空题（共 15 分，每空 1 分）

1. 《中小学班主任工作规定》规定，班主任是中小学日常思想道德教育和学生管理工作的＿＿＿＿＿＿＿＿者，是中小学生健康成长的引领者，班主任要努力成为中小学生的＿＿＿＿＿＿＿。

2. 班主任是中小学的重要岗位，从事班主任工作是中小学教师的重要职责。教师担任班主任期间应将班主任工作作为＿＿＿＿＿＿＿＿。

3. 班主任工作量按当地教师标准课时工作量的＿＿＿＿＿＿＿＿计入教师基本工作量。

4. 教育行政部门和学校应制订＿＿＿＿＿＿＿＿规划，有组织地开展班主任岗位培训。

5. 为深入贯彻落实立德树人根本任务，加强对中小学德育工作的指导，切实将党和国家关于中小学德育工作的要求＿＿＿＿＿＿＿＿落实，着力构建方向正确、内容完善、学段衔接、载体丰富、常态开展的德育工作体系，大力促进德育工作专业化、＿＿＿＿＿＿＿＿、实效化，努力形成全员育人、全程育人、＿＿＿＿＿＿＿＿育人的德育工作格局，特制定《中小学德育工作指南》。

6. 中小学德育工作的指导思想是：深入贯彻习近平总书记系列重要讲话精神和治国理政新理念新思想新战略，始终坚持＿＿＿＿＿＿＿＿、德育为先，大力培育和践行社会主义核心价值观，以培养学生良好思想品德和＿＿＿＿＿＿＿＿为根本，以促进学生形成良好＿＿＿＿＿＿＿＿为重点，以落实《中小学生守则（2015 年修订）》为抓手，坚持教育与生产劳动、＿＿＿＿＿＿＿＿相结合，坚持学校教育与家庭教育、社会教育相结合，不断完善中小学德育工作＿＿＿＿＿＿＿＿，全面提高中小学德育工作水平，为中国特色社会主义事业培养合格建设者和可靠接班人。

7. 针对新冠疫情，按照中共中央、国务院关于防控新冠疫情的决策部署，教育部就做好中小学延期开学期间"停课不停学"工作发出通知，要求各地、各学校要坚持国家课程学习与＿＿＿＿＿＿＿＿知识学习相结合，注重加强爱国主义教育、＿＿＿＿＿＿＿＿和心理健康教育，鼓励学生锻炼身体、开展课外阅读。

第二题：情景分析（题后有 4 个问题，在每个问题给出的备选答案中，有至少一个或若干个选项符合题目要求，共 8 分）

素质教育在我国已经推行多年，然而在教育实践中，人们对它仍然有不同的观点。有的人认为实施素质教育就是减少文化课，增加培养学生吹、拉、弹、唱等能力的技能课；也有人认为，应试教育要升学率，素质教育也要升学率，两者没有什么区别。

1. 应试教育与素质教育的区别在于（　　）。

A. 应试教育重分数，素质教育重能力

B. 应试教育鼓励单一发展，素质教育重全面发展

C. 应试教育禁锢学生创造力,素质教育鼓励创新

D. 应试教育导致学生知识狭隘

2. 为克服应试教育的弊端,我国进行了基础教育新课程改革,这是我国的第几次新课程改革?（　　　）

A. 八　　　　　　B. 七　　　　　　C. 六　　　　　　D. 三

3. 素质教育的三大任务是(　　　)。

A. 发展身体素质　　B. 提高心理素质　　C. 培养社会素质　　D. 提高审美素质

4. 1996年联合国教科文组织提出的"学会学习"思想,包括哪些内涵?（　　　）

A. 学会认知　　　　B. 学会做事　　　　C. 学会共同生活　　D. 学会生存

第三题:简答(14分)

1. 《中小学德育工作指南》规定了中小学德育内容主要有哪些? （5分）

2. 一个良好的班集体必须具备哪些基本特征? （4分）

3. 班主任的主要职责与任务有哪些? （5分）

第四题:阐述观点(每小题6分,共24分)

1. 俗话说,"学高为师,身正为范"。作为一名教师,你是如何理解这句话的?

2. "孟母三迁"的故事说明了什么教育观点?可能产生哪些积极和消极的影响?

3. 中共中央、国务院印发了《关于全面加强新时代大中小学劳动教育的意见》,教育部制定了《大中小学劳动教育指导纲要(试行)》,请针对文件出台的重大意义及大中小学加强劳动教育的必要性、紧迫性阐述观点。

4. 你是教什么学科的老师?请结合任教学科特点,阐述如何发挥课堂育人的作用?

第五题:案例分析(12分)

我是一名初三的学生,我现在不知该怎样面对我们的班主任。她对我们动不动就骂,甚至打上几巴掌,有一次把一个同学打得流鼻血了。还有一次,有个学习成绩一般的同学因一些知识点不懂提出疑问,班主任就批评她,甚至课也不上了,向我们大发脾气,说考400分以上的同学留下来听课,其他同学不愿意上课、听不懂就到操场上玩去!不让我们上课,她有这个权利吗?她曾经找我们班的一个女生谈话,说:"×××,你看你脸皮蛮厚的,我从初一教到初三,你考得一塌糊涂却一点愧疚感都没有,脸皮真厚。"你猜猜我们同学管她叫什么? ——变态老师!

（1）试分析上述案例中班主任的做法违背了哪些德育原则。

（2）谈谈班主任教师应该具有怎样的学生观。

第六题:材料分析(12分)

学生李某从小父母离异,跟着年老多病的祖父生活。祖父对他管教不严,他经常和社

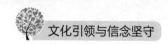

会上的一些无业青年混在一起,打架斗殴。父亲偶尔回家,对他不是打就是骂。在学校,他破坏课堂纪律,拖欠作业,完不成学习任务,还欺负同学,全班同学都看不起他,疏远他。但他喜欢运动,是班级篮球队的主力队员。

(1)简析李某不良品德行为形成的原因。

(2)结合材料分析班主任应当如何对李某开展教育工作。

第七题:讲话提纲设计(15分)

作为班主任,模拟开学后的第一次班会场景,请设计一份不超过300字的讲话提纲。

阳信县第四批名校长人选选拔
管理能力与实践测评试题

（时间 60 分钟）

第一题：填空题（共 15 分，每空 1 分）

1. 校长是履行学校_____与_____工作职责的专门人员。

2.《中共中央国务院关于全面深化新时代教师队伍建设改革的意见》指出，加强中小学校长队伍建设，努力造就一支政治过硬、品德高尚、业务精湛、_____的校长队伍。支持教师和校长大胆探索，创新教育思想、教育模式、教学方法，形成教学特色和风格，营造_____脱颖而出的制度环境。

4. 教育行政部门和学校应制订_____规划，有组织地开展班主任岗位培训。

5. 深入贯彻落实立德树人根本任务，加强对中小学德育工作的指导，切实将党和国家关于中小学德育工作的要求_____落实，着力构建方向正确、内容完善、学段衔接、载体丰富、常态开展的德育工作体系，大力促进德育工作专业化、_____、实效化，努力形成全员育人、全程育人、_____育人的德育工作格局，特制定《中小学德育工作指南》。

6. 中小学德育工作的指导思想是：深入贯彻习近平总书记系列重要讲话精神和治国理政新理念新思想新战略，始终坚持_____、德育为先，大力培育和践行社会主义核心价值观，以培养学生良好思想品德和_____为根本，以促进学生形成良好_____为重点，以落实《中小学生守则（2015 年修订）》为抓手，坚持教育与生产劳动、_____相结合，坚持学校教育与家庭教育、社会教育相结合，不断完善中小学德育工作_____，全面提高中小学德育工作水平，为中国特色社会主义事业培养合格建设者和可靠接班人。

7. 针对突发的新冠疫情，按照中共中央、国务院关于防控新冠疫情的决策部署，教育部就做好中小学延期开学期间"停课不停学"工作发出通知，要求各地、各学校要坚持国家课程学习与_____知识学习相结合，注重加强爱国主义教育、_____和心理健康教育，鼓励学生锻炼身体、开展课外阅读。

第二题：情景分析（题后有 4 个问题，在每个问题给出的备选答案中，有至少一个或若干个选项符合题目要求。共 8 分）

素质教育在我国已经推行多年了，然而在教育实践中，人们对它仍然有不同的观点。有的人认为实施素质教育就是减少文化课，增加培养学生吹、拉、弹、唱等能力的技能课；也有人认为，应试教育要升学率，素质教育也要升学率，两者没有什么区别。

1. 应试教育与素质教育的区别在于（　　）

A. 应试教育重分数，素质教育重能力

B. 应试教育鼓励单一发展，素质教育重全面发展

C. 应试教育禁锢学生创造力，素质教育鼓励创新

D. 应试教育导致学生知识狭隘

2. 为克服应试教育的弊端,我国进行了基础教育新课程改革,这是我国的第几次新课程改革?(   )

A. 八   B. 七   C. 六   D. 三

3. 素质教育的三大任务是(   )

A. 发展身体素质   B. 提高心理素质   C. 培养社会素质   D. 提高审美素质

4. 1996年联合国教科文组织提出的"学会学习"思想,包括哪些内涵?(   )

A. 学会认知   B. 学会做事   C. 学会共同生活   D. 学会生存

第三题:简答(14分)

1. 《中小学德育工作指南》规定了中小学德育内容主要有哪些? (5分)

2. 一个良好的班集体必须具备哪些基本特征? (4分)

3. 《义务教育学校校长专业标准》规定校长的职责有哪些? (5分)

第四题:阐述观点(每小题6分,共24分)

1. 俗话说,"学高为师,身正为范"。作为一名教师,你是如何理解这句话的?

2. "孟母三迁"的故事说明了什么教育观点?可能产生哪些积极和消极的影响?

3. 今年3月,中共中央、国务院印发了《关于全面加强新时代大中小学劳动教育的意见》,7月,教育部制定了《大中小学劳动教育指导纲要(试行)》,请针对文件出台的重大意义及大中小学加强劳动教育的必要性、紧迫性阐述观点。

4. 作为校长,你准备从哪几个方面提升自己的课程领导力?

第五题:解答问题(12分)

校长是引领教师专业成长的第一责任人,请结合本校实际,针对"线上教学"说说如何推进教师专业能力的全面提升?

第六题:案例分析(12分)

下课时,某校五年级一男生用手扶着不锈钢栏杆,从走廊的一头滑向另一头,突然他喊道:"我的手出血了。"老师急忙从教室里跑出来查看,原来不锈钢栏杆割破了男孩的手。没打磨光滑的不锈钢栏杆,因没有严重损坏,平时很少有人注意,因此学校没有及时处理,导致男生的手被割伤。事后,学生家长到学校指责学校的管理有问题,并要求索赔。

问题:(1)分析此次事故是否属于校方责任?

(2)遇到类似事故校长应如何处理?

(3)校长应采取哪些措施防止学校安全事故的发生?

第七题:讲话提纲设计(15分)

作为中小学校长,模拟开学后的第一次学校干部、教师全体会议场景,请设计一份不超过300字的讲话提纲。

后 记

与君一牵手,衣袖十年香。

十年的日月轮回,3000多个时日流逝。阳信县"三名"建设工程,在历经岁月淘漉中,风采依然。翻看着十年前我们定格的合影,阅读着十年前我们写下的文字,触摸着时光倏忽而去的痕迹,我们,400多位"三名"人,年轻依旧。

阳信县"三名"之风采,在于她包容的品格和宽广的胸怀:只要你热爱教育,渴望成长,修己达人,"三名"建设工程就是你海阔天空的平台。这也是"三名"的初心,海纳百川,有容乃大。"三名",以师者之仁心,友者之同心,关心、关注、呵护着每一位人选的成长;秉持着宽严相济、兼容并蓄的原则,严格过程管理,关键时刻助力。"三名",已经成为阳信教育人的精神家园。

教育是我们一生的信仰,心怀仁爱之心,为学生一生的幸福奠基,过一种幸福而完整的教育生活,是我们不变的追求。十年来,"三名"给我们的不仅是一次次培训中获得的知识,不仅是一次次跟岗实践中开拓的视野,还让我们的教育理想越来越坚定,让我们依然保持教育的初心,在教育的田地里做有追求的耕耘者。

这十年,是我们的修为之旅。阳信县"三名"建设工程引领每一位人选积极作为,立德、立言、立行。读《论语》《大学》《中庸》,感悟先贤的智慧;读《苏轼十讲》,体会东坡身处逆境时的豁达与从容;培训学习,汲取专家学者的知识滋养;成长论坛,分享成长心得,启迪共生智慧;协作组活动,交流教学经验,凝聚团队力量;编辑简报,梳理学习历程,记载成长岁月。最重要的是,我们把教书育人的使命铭记心中,生命与使命同行,这是"三名"建设工程给予我们最好的礼物。

这十年,是我们的追梦之旅。在"三名"团队里,我们每个人都是追梦人。"三名"建设工程,是引领我们把梦想变成现实的过程。这十年,我们"南征北战",参加培训学习;这十年,我们的团队收获了看得见的成果:特级教师、"齐鲁名校长""齐鲁名师"、全国乡村青年教师奖励人选、两本书籍出版、100多期简报、9期"三名"专刊、7次专业成长论坛;我们更收获了看不见的成果:教师专业素养的提升、专业发展的自觉、师德师能的兼修。带着梦想而来,带着新的梦想而去,这是"三名"建设工程最大的价值:为更多的有教育情怀与教育理想的人,持续赋能,助燃添力。

十年铸剑,万千回忆。这回忆中,有我们共同学习、相互陪伴的美好时光,有我们独自修炼、自我沉潜的执着身影,有我们共同奔赴的星辰大海。我们把过往的历程汇编成册,记录下我们在"三名"建设工程里成长的每一步,记录下每一个为梦想而奋斗的日子。这本书是已出版的《制度设计与创新培养》《生命的价值与教育情怀》的续集,主题是"文化引领与信念坚守",这是阳信县"三名"建设工程的第三重境界。阳信县"三名"建设工程,

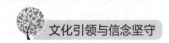

成于制度,久于文化,长于信念。阳信县"三名"建设工程,已经沉淀为一种文化:勤勉、进取、谦逊、修为。这种文化,已经成为阳信教育人的价值追求。阳信县"三名"建设工程,已经成为阳信教育人的信念:修己、达人、家国、天下。

本书的编写工作,得到了各级领导的大力支持,滨州市教育局党组书记、局长李美对本书提出了很多建设性的意见,并欣然为本书题写了序言。阳信县教体局领导将本书编纂工作列入落实滨州市委、市政府"83"工程重点项目。编委会成员对此书倾注了全部心血,字斟句酌,精益求精,力求完美。在此,一并表示深深的感谢!

谨以此书,致敬为阳信县"三名"建设工程付出努力和心血的人们。

谨以此书,致敬每一位用心做教育的人,致敬美好的教育生活。

编者

2023 年 9 月